省级精品课程教材
高等学校会计学与财务管理专业系列教材

会计学基础

（第三版）KUAIJIXUE JICHU

金树颖 编著

2019年增值税
全新修订
最新会计准则

高等教育出版社·北京

内容提要

本书是高等学校会计学与财务管理专业系列教材之一。共分三部分：第一部分包括总论、复式记账原理、会计循环等基础会计的内容；第二部分包括筹资与投资业务、购销业务与商业账款、货币资金收支业务、存货、长期资产、应交税费及其他应付款项、成本核算、经营成果的计算与分配、财务报表等财务会计的内容；第三部分包括会计核算形式和会计分析的内容。本书各章章末的相关知识介绍还反映了小企业会计准则的相关内容。

本书可作为高等学校非会计学专业相关课程教材，也可作为相关人员学习会计的自学教材或参考读物。

本书通过贯穿全书的会计案例反映了完整的会计核算过程，并配教学课件、习题及参考答案、课程学时分配参考标准等相关教学资源。

图书在版编目(CIP)数据

会计学基础/金树颖编著.—3版.—北京：高等教育出版社，2019.8

ISBN 978-7-04-052527-4

Ⅰ.①会… Ⅱ.①金… Ⅲ.①会计学-高等学校-教材 Ⅳ.①F230

中国版本图书馆CIP数据核字(2019)第174664号

策划编辑 林 荫 郭昕宇 **责任编辑** 郭昕宇 林 荫 **封面设计** 张文豪 **责任印制** 高忠富

出版发行	高等教育出版社	**网　　址**	http://www.hep.edu.cn
社　　址	北京市西城区德外大街4号		http://www.hep.com.cn
邮政编码	100120		http://www.hep.com.cn/shanghai
印　　刷	上海天地海设计印刷有限公司	**网上订购**	http://www.hepmall.com.cn
开　　本	787 mm×1092 mm 1/16		http://www.hepmall.com
印　　张	19		http://www.hepmall.cn
字　　数	445千字	**版　　次**	2019年8月第3版
			2006年7月第1版
购书热线	010-58581118	**印　　次**	2019年8月第1次印刷
咨询电话	400-810-0598	**定　　价**	38.00元

物 料 号 52527-00

第三版前言

自2014年出版《会计学基础》(第二版)以来,我国会计、税收等政策法规发生了重大变化,财政部对基本会计准则和部分具体会计准则及应用指南进行了修订和补充。2016年5月1日起,我国全面实行了营业税改增值税政策,会计核算也发生了相应的变化;2017至2018年,财政部又发布、修订了具体会计准则及应用指南十余项;2019年,对财务报表格式进行了规范,并进一步深化增值税改革。这一系列新政策的出台与实施,要求我们的会计工作必须与时俱进,会计的教学内容也必须及时更新。

本书是以我国最新的政策法规为指导,结合作者多年从事会计理论教学和注册会计师工作的经验,吸收和借鉴了国内外会计学的最新研究成果。让会计的理论教学内容更通俗化,更贴近实际,更易于学生在有限的学时内理解和掌握,是作者长期以来一直在思考、钻研、并为之努力的方向。本书的编写符合人们的思维习惯和认识规律,以实际应用为导向,将理论教学内容与实际会计工作紧密结合,以完整案例贯穿全文,展现了会计核算过程的全貌;同时配有习题、教学课件和仿真会计模拟动态软件,努力实现理论到实际的零距离。具体特色为:

(1) 内容新。本书反映了截至2019年7月我国会计、税收法律法规的有关规定,包括财政部、税务总局、海关总署发布的《关于深化增值税改革有关政策的公告》、财政部制定的企业会计准则体系等会计规范及对会计核算的基本要求;同时还对比反映了《小企业会计准则》的相关内容。

(2) 对比讲解直观、易懂。本书对每一项具体经济业务的会计处理,既有理论上的讲解、分析,又有实务过程的模拟体现。理论和实务的同步进行,使平面教学立体化,在课堂上为学生创造实践环境。

(3) 符合人的认知规律。本书的体系设计从实际应用出发,按照人们的思维习惯,从企业组建、购销业务核算、成本核算、经营成果计算、财务报告编制等制造业企业的基本生产经营活动流程展开,模拟实践活动,循序渐进展开讲解,思路清晰,易于初学者入门和掌握。

(4) 案例贯穿全书,体现了完整的会计核算过程。本书注重实战技能,以制造业企业为例设计了一套连续的例题,并辅以动态的辅助教学软件,模拟会计核算过程,实现了理论与实践的交互教学。

(5) 内容丰富而精炼,便于自主学习和知识拓展。本书以《企业会计准则》为基础,对会计学的主要内容进行了科学的精简和合理的规划,使学生能够在有限的课时内掌握会计学的基本知识,并能够将所学会计知识应用于实践工作。同时,每章还设计了"相关知识介绍",具体反映最新《企业会计准则》和《小企业会计准则》在会计核算上的差异,以及教材内容的延伸和拓展,可以使读者花费最短的时间来了解相关知识,从而大大地提高学习效率,达到事半功倍的效果。

本书可以作为高等学校非会计专业本科学生学习用书和会计专业教学参考书。同时,本书也能很好地满足其他相关专业人员拓展知识领域,以及会计职业培训、会计自学的需要。

本书是在2014年金树颖编著的《会计学基础》(第二版)的基础上进行全面修改、扩展和延伸的。具体分工为:金树颖编写第二章、第三章、第四章、第五章、第六章、第七章、第八章、第九章、第十章(第二节)、第十一章和第十二章;孙畅编写第一章(除第五节外);赵晓玲编写第一章(第五节)、第十章(第一节和第三节)、第十三章;宫姝琳编写第十四章。赵晓玲和宫姝琳制作了本书的教学课件;金树颖负责全书的修改、补充和总纂,并编写各章的"相关知识介绍"。教师教学软件的制作主要由金树颖和孙畅完成。在书稿的撰写过程中,学校有关部门和人员给予了大力支持,谭欣和王鹏为本书作了认真的校对工作,在此表示由衷的感谢。同时,对为本书模拟教学软件的研制提供支持和帮助的有关部门和人员表示衷心的感谢,对本书参考文献的作者深表谢意。

尽管我们为编写此书进行了严肃认真的工作和努力,但由于作者水平所限,书中难免存在不足和不完善之处,恳请有关专家和广大读者批评指正,请将您的建议和意见发送至shuyingsh@163.com,以利于本书的进一步完善。

编　者

2019年7月

第一版前言

为了满足经济、社会的快速发展和对外开放对会计人才的需求，适应社会对早出人才、快出人才的要求，结合会计课程理论性、实践性强的特点，编写了本书。同时，运用优秀的多媒体开发工具 Authorware 制作完成了配套的会计模拟软件（会计实务操作动态模拟电子教程），该软件的信息量达 78 兆字节。

本书的主要特点是：

（1）对会计基础方法的介绍，密切结合会计实务操作。也就是对每一项会计处理程序和具体经济业务的会计处理，既有理论上的讲解、分析，又有会计模拟软件模拟实务过程，使平面教学立体化，在课堂上为学生创造了实践工作环境。

（2）本书的体系设计是从企业组建、发生购销业务、成本核算、经营成果计算等制造业的基本生产经营活动流程展开的，模拟实践活动，进行业务讲解，循序渐进，使初学者既了解生产经营过程，又明确会计核算的内容，思路清晰，目的明确，通俗易懂，便于读者对会计基本理论和复式记账原理这一难点内容的理解和运用。

（3）书中以制造业为例设计了一套连续的例题，并辅以动态的会计模拟软件，模拟会计核算过程，实现理论与实践的交互教学。同时，可以在课堂上完整地实现根据原始凭证编制记账凭证、登记账簿、编制财务报表的全部会计核算过程，有关数据的来龙去脉，清晰可见、形象直观。

（4）书中各章的习题答案，在会计模拟软件中提供，习题与答案分离有助于学生独立地完成课后作业。

本书适用于高等院校财经类专业和其他相关专业的本专科学生学习基本会计知识的需要，同时也可以满足高职教育、各种会计职业培训、自学会计人员的需要。

在本书的编写和会计模拟软件的研制过程中，得到了有关部门和人员的大力支持和帮助，在此表示衷心的感谢。

由于水平有限，书中难免存在错误和不足之处，恳请读者批评指正。请您将意见和建议发至 Qy0035@sina.com，zhliu@hepsh.com。

编　者

2006 年 5 月

教学安排建议

章	章　　名	48 课时	56 课时	72 课时
第一章	总论	4	4	4
第二章	复式记账原理	3	3	3
第三章	会计循环	3	4	5
第四章	筹资与投资业务	3	3	4
第五章	购销业务与商业账款	5	7	8
第六章	货币资金收支业务	3	3	4
第七章	存货	4	5	6
第八章	长期资产	5	6	8
第九章	应交税费及其他应付款项	3	3	4
第十章	成本核算	3	4	6
第十一章	经营成果的计算与分配	4	4	4
第十二章	财务报表	4	4	6
第十三章	会计核算形式	4	4	4
第十四章	会计分析	0	2	6

注：1. 表中所列的课时为理论教学学时。本课程也可以根据开课情况另外增加 20～24 课时的实践教学环节。

2. 请根据授课对象（本科/专科/工商管理硕士/高职）安排相应的课时。

目录

第一章　总论……………………………………………………………………… 001
第一节　会计概述……………………………………………………………… 001
第二节　会计对象要素的具体内容与相互关系式………………………… 007
第三节　会计假定与会计核算基础………………………………………… 016
第四节　会计信息质量要求与会计计量…………………………………… 019
第五节　会计职业道德……………………………………………………… 022
相关知识介绍…………………………………………………………………… 024
本章小结………………………………………………………………………… 025
思考题…………………………………………………………………………… 025

第二章　复式记账原理……………………………………………………… 026
第一节　会计科目与账户…………………………………………………… 026
第二节　复式记账原理……………………………………………………… 031
相关知识介绍…………………………………………………………………… 035
本章小结………………………………………………………………………… 038
思考题…………………………………………………………………………… 039

第三章　会计循环……………………………………………………………… 040
第一节　会计循环概述……………………………………………………… 040
第二节　会计凭证……………………………………………………………… 041
第三节　会计账簿……………………………………………………………… 049
第四节　财产清查……………………………………………………………… 059
相关知识介绍…………………………………………………………………… 063
本章小结………………………………………………………………………… 064
思考题…………………………………………………………………………… 065

第四章　筹资与投资业务…………………………………………………… 066
第一节　吸收投资……………………………………………………………… 066

第二节　借款业务 …… 070
第三节　对外投资 …… 074
相关知识介绍 …… 077
本章小结 …… 078
思考题 …… 079
核算题 …… 079

第五章　购销业务与商业账款 …… 081
第一节　购销业务概述 …… 081
第二节　购货业务的核算 …… 082
第三节　销货业务的核算 …… 088
第四节　商业账款的核算 …… 094
第五节　商业汇票的核算 …… 099
第六节　坏账损失的核算 …… 102
相关知识介绍 …… 107
本章小结 …… 107
思考题 …… 109
核算题 …… 109

第六章　货币资金收支业务 …… 112
第一节　货币资金管理 …… 112
第二节　货币资金的核算 …… 113
第三节　货币资金的清查 …… 118
相关知识介绍 …… 123
本章小结 …… 124
思考题 …… 125
核算题 …… 125

第七章　存货 …… 127
第一节　存货概述 …… 127
第二节　存货发出的计价方法 …… 129
第三节　期末存货的核算 …… 134
第四节　期末存货的计量 …… 139
相关知识介绍 …… 140
本章小结 …… 141
思考题 …… 141
核算题 …… 142

第八章　长期资产 …… 144
第一节　固定资产概述 …… 144

第二节　固定资产的核算 …… 145
第三节　固定资产的折旧方法 …… 154
第四节　无形资产与商誉 …… 157
相关知识介绍 …… 162
本章小结 …… 163
思考题 …… 164
核算题 …… 165

第九章　应交税费及其他应付款项 …… 167
第一节　应交税费 …… 167
第二节　其他应付款项 …… 175
相关知识介绍 …… 179
本章小结 …… 180
思考题 …… 180
核算题 …… 181

第十章　成本核算 …… 182
第一节　生产经营过程概述 …… 182
第二节　成本核算简例 …… 184
第三节　成本核算的方法 …… 190
相关知识介绍 …… 201
本章小结 …… 202
思考题 …… 202
核算题 …… 203

第十一章　经营成果的计算与分配 …… 204
第一节　经营成果的计算 …… 204
第二节　利润总额的核算 …… 207
第三节　所得税与净利润的核算 …… 210
第四节　利润分配 …… 212
相关知识介绍 …… 216
本章小结 …… 216
思考题 …… 217
核算题 …… 217

第十二章　财务报表 …… 219
第一节　财务报表概述 …… 219
第二节　资产负债表 …… 221
第三节　利润表 …… 233

第四节　现金流量表……236
第五节　所有者权益变动表及附注……244
相关知识介绍……246
本章小结……247
思考题……248
核算题……248

第十三章　会计核算形式……252
第一节　会计核算形式概述……252
第二节　科目汇总表核算形式的运用……255
相关知识介绍……261
本章小结……262
思考题……263
核算题……263

第十四章　会计分析……265
第一节　本量利分析……265
第二节　财务分析……275
相关知识介绍……287
本章小结……288
思考题……289
核算题……289

主要参考文献……291

第一章　总论

第一节　会计概述

在人类社会发展中，会计的产生和发展经历了漫长的过程。在人类社会的早期，人们只是凭借大脑的记忆和简单的记数、计算来计量生产活动中的所得与所费。随着生产的发展，生产规模日益扩大，生产活动日趋繁杂，人们开始追求用较少的耗费，取得较大的劳动成果。于是，专门对生产过程中人、财、物等劳动消耗进行计量，对所取得的劳动成果进行记录和计算，以及对所得与所费进行比较、分析的会计产生了。会计是从简单计算财产收支的过程，逐渐发展到用货币计量，综合核算，进而全面监督经济活动的整个过程，已经成为现代企业经营管理中不可缺少的基本组成部分。

现代会计是经济高度发展、企业所有权和经营权相分离的产物，可以区分为财务会计和管理会计两大分支。一方面，随着市场竞争的加剧，企业外部环境复杂多变，为使企业在竞争中处于有利地位，需要从内部管理的计划和控制出发，通过科学的预测，确立企业短期和长期经营目标，进行经营决策，因此，这就要求为企业内部各级管理者提供经营规划、经营管理和经营决策的相关信息。这种注重预测信息，以向企业内部管理者提供决策依据为目标的会计分支就是管理会计。管理会计亦称内部会计。另一方面，现代企业筹集资金的渠道和方式多种多样，资本数额巨大，从事业务范围广泛，债权债务关系复杂，企业所有权和经营权分离，与企业有直接或潜在利益关系的政府管理部门、投资人、债权人以及与企业有关联的各种利益群体都要求企业能如实地向他们提供有关经营成果和财务状况以及现金流量方面的信息。这种注重过去信息，以向外部关系人提供财务信息为主要目标的会计分支就是财务会计。财务会计亦称外部会计。由于财务会计信息服务于外部信息使用者，在保护投资者及社会公众利益、维护市场经济秩序及稳定方面的地位日益凸显，因此，本书内容主要以财务会计为主。

一、会计的对象

要了解会计的对象，首先要弄清资金在企业的运动过程。

(一) 企业资金运动的过程

任何企业要从事生产经营活动,必须有一定的资金来源,以此来开展正常的生产经营活动,这里,以制造业为例,说明企业资金运动的基本过程,如图 1-1 所示。

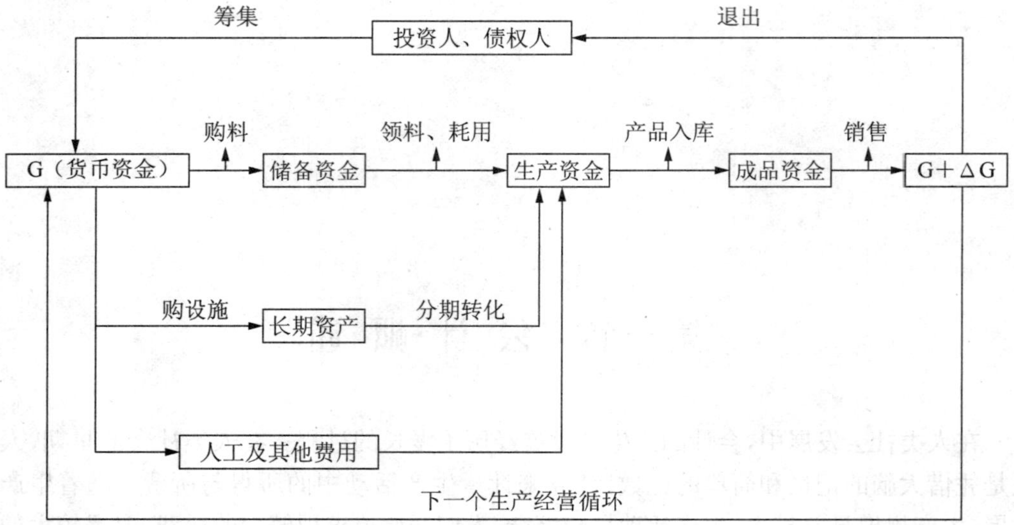

图 1-1　企业资金运动的基本过程

从图 1-1 可见,资金在企业的运动包括资金的筹集、资金的运用和资金的退出三个主要环节。

1. 资金筹集

企业要申请开业,必须拥有一定数量的资本金。投资人可以用货币出资,也可以用实物、无形资产作价出资。这是保证企业生产经营活动能够顺利进行的基础。由此形成了投资人的权益——所有者权益。企业在收到资本的基础上,还可以通过借贷方式筹集生产经营活动资金,由此形成了债权人的权益——负债。投资人的投入资本和企业的借入资金构成了企业初始资金来源,这些资金来源形成了企业的全部资产。

2. 资金运用

资金的运用,就是资金的循环和周转。企业为了开展正常的生产经营活动,首先要进行生产准备,用所筹集的资金,购买或建造厂房、设备,形成各种固定资产;购买原材料、燃料等生产物资,形成企业的存货储备;招聘、培训员工开始产品生产活动。在此过程中,企业要消耗各种材料物资、固定资产因磨损而折旧、发生人工费及其他费用支出,这些生产费用形成企业的在产品成本。产品加工完成验收入库,形成了库存商品储备。在销售过程中,发生运输、广告等各项销售费用,同时收回货款,取得收入。在此过程中收回的资金,不仅可以补偿产品生产费用支出,同时产生了资金增值。这其中的大部分又会投入到下一个生产经营循环中去。在资金的循环和周转过程中还会发生企业与购货单位、销货单位的货款结算关系,与税务部门的税务结算关系,与员工之间的工资结算关系,以及与有关单位之间的劳务结算关系等。

3. 资金退出

企业获得的收入，扣除各项成本费用支出后，形成企业的税前利润，即企业的资金经过一个生产经营循环而产生的增值。这部分增量资金在按规定缴纳企业所得税、提取公积金储备后，可以向投资者分配。这样，企业缴纳的税款、分配给投资者的利润以及偿还的借款等资金就退出了企业的生产经营过程，而其余的资金将进入下一个生产经营循环。

（二）会计的对象与会计对象要素

根据资金运动的过程，我们可以看出，企业通过一系列的经济业务活动过程，将资金的形态不断予以转化，其中对应的每一项具体的经济业务就是会计的对象。在资金运动过程中形成的资产、负债、所有者权益、收入、费用、利润，就是对资金运动中各项具体经济业务的基本分类，称为会计对象要素，也称财务报表要素或会计要素。

由以上分析可见，会计的对象就是企业的资金运动，具体表现为企业一系列的经济业务活动。会计要素是对企业资金运动所作的基本分类，是对会计核算对象的具体化。根据我国《企业会计准则——基本准则》，会计要素划分为两大类六大要素，一类是反映企业财务状况的会计要素，包括资产、负债、所有者权益；另一类是反映企业经营成果的会计要素，包括收入、费用和利润。

二、会计的职能

会计的职能就是会计在经济管理中所具有的功能。会计的基本职能包括核算职能和监督职能。

（一）会计核算职能

会计核算是会计最基本的职能，也称会计反映职能。它贯穿于经济活动的全过程。它是以货币为主要的计量单位，对特定主体发生的各项经济业务的信息进行收集、加工，采用专门的技术方法进行计量、记录，对其特定时点的资产、负债、所有者权益和一定时期的收入、费用、利润以及现金流入和现金流出进行计算，并将这些财务状况、经营成果、现金流量等定量化的信息以财务报表形式向企业内部各级管理者和企业外部利益相关者报告，帮助人们对资源安排和使用做出合理的决策。

（二）会计监督职能

会计监督职能也称会计控制职能，是指会计人员在进行会计核算的同时，对特定对象经济业务的合法性、合理性进行审查。合法性审查是保证会计核算符合国家有关的法律法规，遵守财经纪律，遵守国家的各项方针政策；合理性审查是检查各项财政收支是否符合特定主体的财务收支计划，符合内部控制要求，以此保证其财产的安全与完整。会计监督职能除了体现在企业内部会计对经济活动进行的监督检查外，还体现在政府主管部门和财政、税务、审计等部门的监督。

(三)会计核算职能和监督职能的关系

会计核算的两个基本职能是相辅相成、互为依存的。会计核算是会计监督的基础,没有会计核算提供的各种信息,会计监督就失去了依据;而会计监督又是会计核算质量的保障,只有两者结合起来,才能保证会计核算所提供信息的真实性和可靠性。

随着经济社会的进步,生产力水平的提高,社会经济关系的日益复杂和管理理论的发展,会计的地位和作用越来越重要,会计的职能也在不断地发展变化。除上述基本职能外,会计还具有预测经济前景、参与经济决策、评价经营业绩等功能。

三、会计的含义

对于什么是会计,一直以来,尚无一个明确、统一的定义,究其根源,关键在于人们对会计活动的本质认识上存在不同看法,目前主要有两大观点:

一是会计信息系统论,认为会计是一种经济语言,是一种特殊门类的信息服务。其主要目的是对一个组织的经济活动提供某种有意义的信息,即会计通过一系列的确认、计量和报告程序,为政府、投资人、债权人等提供有关单位财务状况、经营成果和现金流量的重要信息。

二是会计管理活动论,认为会计的本质是一种经济管理活动,即会计是以货币为主要计量单位,采用专门的技术方法,对特定主体实际发生的经济业务,进行全面、连续、系统的核算和监督,并向有关方面提供会计信息的一种经济管理活动。

在此根据会计的职能和会计的对象以及会计在经济管理中发挥的重要作用,本书倾向于“会计管理活动论”的观点。简单来说,会计主要反映企业的财务状况、经营成果和现金流量信息,并对企业经营活动和财务收支进行监督。

四、会计的作用

会计作为现代企业一项重要的基础工作,已经成为政府部门、投资者、债权人以及其他各个方面了解和掌握企业财务状况、经营成果和现金流量的重要信息来源,它通过一系列会计程序,提供对决策有用的会计信息,服务市场经济的有序健康发展,并参与经营管理决策,为企业提高经济效益提供保障。具体来说,会计的作用主要包括以下两个方面。

(一)为有关各方了解企业财务状况和经营成果提供会计信息

会计信息是投资人、债权人等经济决策的依据,也是国家宏观经济管理部门制定财政经济政策、开展宏观调控的依据。企业处于一定的社会经济环境中,与其他各个方面有着密切的联系,企业会计通过其核算或反映职能,提供企业财务状况、经营成果和现金流量方面的有关信息,是相关各方进行决策的依据。对于企业的投资者来说,会计信息有助于投资者评价一个企业的投资风险和报酬,选择投资对象、衡量投资风险、作出投资决策;对于债权人来说,会计信息有助于银行的债权人评价企业的信贷风险,分析企业能否到期还本付息;对于供货单位和客户来说,有助于评价企业经营风险,进行商业决策,如是否建立商业联系，是否给予商业信用等。对于社会经济管理者的政府部门来说，有助于制定经济政策、进行宏观调控、配置社会资源，需要从总体上掌握企业的资产负债结构、损益状况和现金流转情况，从宏观上把握经济运行的状况和发展变化趋势。

（二）为企业加强内部经营管理提供会计信息

企业经营管理水平高低直接影响着企业的经济效益、经营风险、竞争能力和发展前景，在一定程度上决定着企业的前途和命运。为了满足企业内部经营管理对会计信息的需要，现代会计已经形成了以满足内部经营管理需要为主的管理会计，但这并不意味着企业内部经营管理不需要财务会计信息。实际上，财务报告提供的有关企业财务状况、经营成果和现金流量信息，既是管理会计工作的基础和出发点，同时也是内部经营管理的直接信息来源。会计信息有助于企业发展战略的研究和制定，包括融资战略、技术创新、市场营销等企业发展战略的研究和制定；有助于加强财务、成本、资金、人才、质量等各方面的管理工作，为各项职能管理提供必要信息，做好参谋；有助于防范和化解信用风险，发挥会计信息的预警作用。会计信息还有助于评价企业的业绩，有助于考核企业领导人经济责任的履行情况。

五、会计工作的规范

通常，企业外部的利害关系人要求企业能够通过对外财务报告，如实地向他们提供有关的财务状况、经营成果和现金流量等方面的信息，这就要求对会计核算的程序和方法以及财务报告的内容和格式进行规范化。一方面，为了使不同企业或同一企业在不同时期的财务信息具有可比性；另一方面，也为了防止企业管理者为了达到某种目的而蓄意地调整会计信息，如为了掩盖偿债能力的不足而高估资产价值，为了少缴税或限制股利发放而压低盈利，或企业使用了不恰当的会计处理方法而导致财务信息失真等。会计核算的规范化，是通过会计准则来实现的。

会计准则最早产生于20世纪30年代的美国，随后英国、法国、日本等国也先后制定了本国的会计准则。一些发达国家的会计准则是以官方为主渠道制定的，如法国、日本等国，但也广泛吸收民间有权威的人士参与；而大多数西方国家的公认会计准则是由民间的权威机构制定的，如美国、英国、加拿大、澳大利亚等国，它的权威性实际上是由官方支持和授予的。1973年，由澳大利亚、加拿大、法国、美国等九个国家的会计团体发起成立了国际会计准则委员会，制定和发布了国际会计准则，以协调各国的会计实务。

中国的会计准则是在借鉴国际会计准则的基础上，依据《中华人民共和国会计法》（以下简称《会计法》），结合中国的具体情况制定的，适用于在中华人民共和国境内设立的企业。《会计法》是会计法律制度中层次最高的法律规范，是制定其他会计法规的依据，也是指导会计工作的最高准则。我国第一部《会计法》于1985年1月21日，由第六届全国人民代表大会常务委员会第九次会议通过，同年5月1日起施行。为了进一步深化经济体制改革对会计工作提出的新的要求，1999年10月31日，第九届全国人民代表大会常务委员会第十二次会议审议通过了重新修订的《会计法》，并于2000年7月1日起施行。

根据会计法制定的企业会计准则，包括基本准则和具体准则，具体准则是依据基本准则制定的。中国企业会计准则最早是于1992年11月30日以财政部令第5号发布的,并于1993年7月1日起开始施行。经过十多年的实践,为了进一步规范企业会计确认、计量和报告行为,保证会计信息质量,2006年财政部根据《中华人民共和国会计法》和其他有关法律、行政法规,对《企业会计准则》财政部令第5号进行了修订,修订后的《企业会计准则——基本准则》于2006年2月15日予以公布,包括《企业会计准则——基本准则》和《企业会计准则第1号——存货》等38项具体准则,自2007年1月1日起在上市公司范围内施行,并鼓励其他企业执行。随着国际会计准则的变化以及业务类型和范围的变化,中国对企业会计准则的内容也在适时地修改、补充和完善。2014年财政部又进行了重大会计改革,对基本准则和部分具体准则及应用指南进行了修订和补充,修订了1项基本会计准则、5项具体会计准则,同时修订发布了8项具体会计准则的应用指南,并于2014年7月1日开始正式实施。2017年3月之后,财政部又发布了4项具体准则,自2018年陆续开始施行。目前,我国已形成了较为完整的会计准则体系,具体包括1项基本会计准则和42项具体会计准则。

(一) 企业基本会计准则

企业基本会计准则是对会计核算的一般要求和会计核算的主要方面作出原则性的规定,为具体会计准则的制定提供基本架构。我国《企业会计准则——基本准则》对会计核算的信息质量要求以及会计要素的确认、计量和报告原则作了明确规定。企业基本会计准则是根据《会计法》和其他有关法律、行政法规制定的,适用于在中华人民共和国境内设立的企业。

基本会计准则是用来指导具体准则的制定,是所有交易和事项会计处理的指导原则。它包括以下几个部分:

(1) 适用范围、会计目标、会计假定。

(2) 对会计信息质量要求。

(3) 会计计量。

(4) 会计要素。

(5) 财务会计报告。

(二) 企业具体会计准则

企业具体会计准则是根据基本会计准则制定的,是用来指导企业各类经济业务确认、计量、记录和报告的规范。它是根据基本准则的要求,对会计核算的基本业务和会计处理作出的具体规定。如对各项会计要素进行具体分类后如何定义、如何计量、如何在资产负债表中列示等。

(三) 企业会计准则应用指南

企业会计准则应用指南是根据基本会计准则和具体会计准则制定、指导会计实务的操作指南。企业会计准则应用指南主要解决在运用会计准则处理经济业务时所涉及的会计科目、账务处理、财务报表及其格式的相关问题,类似于以前的会计制度。

（四）会计基础工作规范和内部会计管理制度

会计基础工作规范是由财政部发布的会计规章，是企业会计基础工作具体操作规范。内部会计管理制度是对本单位会计工作和会计资料完整性、真实性加以规范的制度，是根据会计基础工作规范制定，结合本单位的具体情况和内部管理的需要而建立的。

第二节 会计对象要素的具体内容与相互关系式

会计对象要素是对会计核算对象或资金运动的基本分类，也就是对实际发生的各项经济业务（也称交易或事项）的基本分类。在企业资金运动中形成的资产、负债和所有者权益反映了会计主体特定时日的财务状况，是构成资产负债表框架的基本要素；而收入、费用和利润反映了会计主体一定时期的经营成果，是构成利润表框架的基本要素。

资产负债表和利润表是会计主体两种最基本的财务报表，资产、负债、所有者权益、收入、费用和利润是其构成的基本单位，故会计要素也称为财务报表基本要素。

一、资产负债表基本要素及其关系式

（一）资产负债表的基本要素

1. 资产

资产是指过去的交易或者事项形成的，由企业拥有或者控制的、预期会给企业带来经济利益的资源。资产具有以下三个特征：

(1) 资产都是企业在过去发生的交易、事项中获得的。只有过去发生的交易、事项才能增加或减少企业的资产，如企业购货、生产、建造行为等，而不能根据谈判中的交易或计划中的经济业务来确认一笔资产。

(2) 资产是由企业拥有或者控制的资源。一个企业从事生产经营活动，必须具备货币资金、厂房场地、机器设备、原料材料等物质资源，这些资产都应为企业所拥有，或者即使企业不拥有这些资产的所有权，但也是由企业所控制的，能够排他性地从资产的使用中获得经济利益，如融资租入的固定资产。

(3) 资产预期能为企业带来经济利益。这是指企业的资产投入到生产经营循环中，直接或者间接导致现金和现金等价物流入企业的潜力，也就是能够帮助企业赚钱，能够给企业带来资产价值的增值。

2. 负债

负债是指企业过去的交易或者事项形成的、预期会导致经济利益流出企业的现时义务。负债具有以下三个特征：

(1) 负债是由于过去发生的经济业务、事项引起的。企业预期将要发生的经济业务、事项可能产生的债务不能作为负债。如:某企业向银行借款 700 万元,即属于过去的交易或者事项所形成的负债。若同时企业还与银行达成了 3 个月后借入 1 000 万元的借款意向,则不属于过去的交易或者事项,不能形成企业的负债。

(2) 负债是企业承担的现时义务。现时义务是指企业在目前已承担的还款义务,未来将发生的交易或者事项形成的义务或借款已经归还,不属于现时义务,不应当确认为负债。

(3) 负债的清偿预期会导致经济利益流出企业。为了清偿债务,企业往往需要在将来转移资产。比如,企业的债务未来用现金偿还或者实物资产清偿,或者通过提供劳务来偿还,或同时用资产和提供劳务偿还,也有可能将债务转为所有者权益。

3. 所有者权益

所有者权益是指企业资产扣除负债后由所有者享有的剩余权益,又称企业投资人对其净资产享有的权益。企业的所有者权益,实际上是由出资人投入的资本和资金运动累计形成的留存收益构成的。股份公司的所有者权益又称为股东权益。所有者权益具有以下三个特征:

(1) 除非发生减资、清算或分派现金股利,企业不需要偿还所有者权益。

(2) 企业破产清算时,只有在清偿所有的负债后,所有者权益才返还给投资人。

(3) 投资人凭借所有者权益能够参与企业的利润分配。

负债和所有者权益都是企业的资金来源,负债是借来的钱,也称为债权人权益;所有者权益是投资人投入的钱和企业经营积累的留存收益。对于借来的钱形成的负债,企业是要归还的,所以,负债是表明企业债务关系的会计要素。而投资人投入的钱企业一般是不需要归还的,因此,所有者权益是表明企业产权关系的会计要素。由此可见,所有者权益要素与负债要素是有本质区别的。

(二) 资产负债表的基本要素关系式

企业要从事生产经营活动,必须拥有一定数量的资产。这些资产以各种不同的形态分布于企业生产经营活动过程中,成为企业赖以生产经营活动的基础。同时,这些资产可能来源于债权人,形成债权人权益,即企业的负债;也可能来源于投资人,形成企业的所有者权益,也就是“公司的资产=向债权人借债+投资人投资”。由此可以看出,资产与负债、所有者权益之间,实际上是同一价值运动的两个侧面,即资产和权益(包括所有者权益和债权人的权益)实际上是企业所拥有的经济资源在同一时点上所表现的不同形式。资产表明的是资源在企业的存在和分布的形态,而权益表明的是资源取得和形成的渠道,即“资金占用=资金来源”,如图 1-2 所示。资产来源于权益,两者必然相等。这就构成了资产、负债、所有者权益各要素之间的基本关系式:

资产=负债+所有者权益

或: 资产=权益

这个基本关系式称为静态会计恒等式,也称为会计平衡公式。它表明各会计要素之间的基本数量关系和内在联系。

会计恒等式表明某一会计主体在某一特定时点所拥有的各种资产,同时表明企业所拥有的全部资产都是由债权人和投资者提供的,也就是资产等于债权人权益与所有者权益之和。需要注意的是,企业的负债加上所有者权益与企业资产的具体项目并无一一直接对应的关系,只是在整体上与企业资产保持数量上的平衡关系。

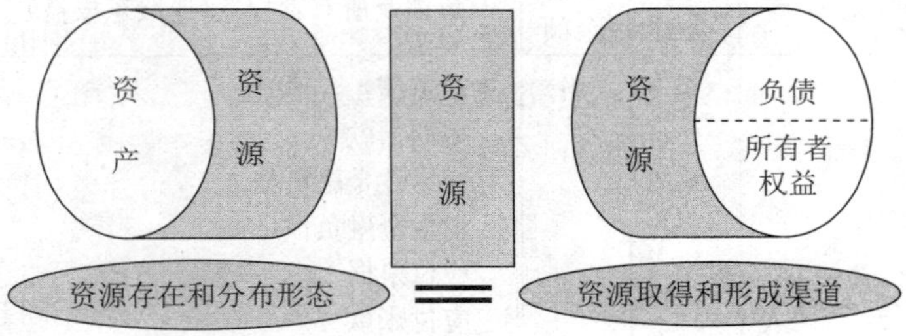

图 1-2 静态会计恒等式

下面举例来说明资产负债表基本要素的静态恒等关系。

(1) 经济业务发生引起等式两边金额同时增加,增加的金额相等,变动后等式仍保持平衡。

【例 1-1】 投资人向 A 企业投入固定资产,价值为 200 000 万元。

解析: 这项经济业务表明 A 企业收到的 200 000 万元固定资产是由投资人提供的。从会计等式来看,资产和所有者权益同时增加 200 000 万元,等式的平衡关系不变。

(2) 经济业务的发生引起等式两边金额同时减少,减少的金额相等,变动后等式仍保持平衡。

【例 1-2】 A 企业用银行存款偿还银行短期借款 100 000 元。

解析: 此项经济业务表明企业用 100 000 元银行存款资产去归还向债权人借入的短期借款,资产和债权人权益同时减少。从会计等式来看,资产和负债同时减少 100 000 元,等式的平衡关系不变。

(3) 经济业务的发生引起等式左边即资产内部的项目此增彼减,增减后总金额不变,等式仍保持平衡。

【例 1-3】 A 企业用银行存款 150 000 元购买了一台汽车,已交付使用。

解析: 这项经济业务表明企业的固定资产汽车增加了 150 000 元,同时银行存款资产也减少了 150 000 元,也就是说企业的资产内部发生增减变动,但资产总额未改变,恒等关系不变。

(4) 经济业务的发生引起等式右边负债或所有者内部项目此增彼减,或负债和所有者权益项目之间此增彼减,增减的金额相同,变动后等式右边的总额不变,等式仍保持平衡。

【例 1-4】 A 企业以盈余公积金 500 000 元转增实收资本,已经获得批准。

解析: 这项经济业务表明企业的所有者权益项目盈余公积减少了 500 000 元,同时企业的另一项所有者权益项目的实收资本增加了 500 000 元,即所有者权益内部项目发生一增一减变动,但所有者权益总额不变,恒等关系不变。

(三) 资产负债表的基本形式

资产负债表的基本形式如表 1-1 所示。

表 1-1　资产负债表

会企 01 表

编制单位：　　　　＿＿＿年＿＿＿月＿＿＿日　　　　单位：元

资　　产	期末余额	年初余额	负债及所有者权益（或股东权益）	期末余额	年初余额
流动资产：	（略）	（略）	流动负债：	（略）	（略）
货币资金			短期借款		
交易性金融资产			交易性金融负债		
衍生金融资产			衍生金融负债		
应收票据			应付票据		
应收账款			应付账款		
应收款项融资			预收款项		
预付款项			合同负债		
其他应收款			应付职工薪酬		
存货			应交税费		
合同资产			其他应付款		
持有待售资产			持有待售负债		
一年内到期的非流动资产			一年内到期的非流动负债		
其他流动资产			其他流动负债		
流动资产合计			流动负债合计		
非流动资产：			非流动负债：		
债权投资			长期借款		
其他债权投资			应付债券		
长期应收款			其中：优先股		
长期股权投资			永续债		
其他权益工具投资			租赁负债		
其他非流动金融资产			长期应付款		
投资性房地产			预计负债		
固定资产			递延收益		
在建工程			递延所得税负债		
生产性生物资产			其他非流动负债		
油气资产			非流动负债合计		
使用权资产			负债合计		
无形资产			所有者权益（或股东权益）：		
开发支出			实收资本（或股本）		
商誉			其他权益工具		
长期待摊费用			其中：优先股		
递延所得税资产			永续债		
其他非流动资产			资本公积		
非流动资产合计			减：库存股		
			其他综合收益		
			专项储备		
			盈余公积		
			未分配利润		
			所有者权益（或股东权益）合计		
资产总计			负债及所有者权益（或股东权益）总计		

企业的资产负债表是按照静态会计恒等式“资产＝负债＋所有者权益”这一账户式结构编制的。

表1-1中，企业的资产一般按流动性分为流动资产和非流动资产。

流动资产是指企业主要为交易目的而持有的，预计在一年内变现、出售或耗用的资产，主要包括货币资金、交易性金融资产、应收账款、应收票据、预付款项、存货和一年内到期的非流动资产等。

非流动资产是指流动资产以外的资产，包括债权投资、长期应收款、长期股权投资、投资性房地产、固定资产、在建工程、无形资产等。

相应地，企业的负债一般按其流动性分为流动负债和非流动负债。

流动负债是指企业预计在一年内清偿的债务，包括短期借款、应付账款、应付票据、预收款项、应付职工薪酬、应交税费、其他应付款和一年内到期的非流动负债等。

非流动负债是指流动负债以外的负债，包括长期借款、应付债券、长期应付款、预计负债和递延所得税负债等。

表1-1可以反映出，所有者权益是全部资产减去全部负债后的剩余权益，由资本和留存收益两部分构成，资本主要包括实收资本（或者股本）、资本公积和其他权益工具；留存收益具体包括其他综合收益、专项储备、盈余公积和未分配利润。

资本是指投资人投入企业的出资额，它既包括构成企业注册资本或者股本部分的金额，也包括投入资本超过注册资本或者股本部分的金额，即资本溢价或者股本溢价。留存收益是企业历年实现的净利润留存于企业的部分，主要包括累计计提的盈余公积和未分配利润。

二、利润表基本要素及其关系式

（一）利润表的基本要素

1. 收入

收入是指企业在日常活动中形成的、会导致所有者权益增加的、与所有者投入资本无关的经济利益的总流入。收入具有以下三个特征：

（1）收入是从企业的日常活动中形成的。包括在企业正常性的、经常性的活动中产生的，如工商企业销售商品、提供劳务的收入，金融企业从事贷款、证券投资业务的收入、咨询公司提供的咨询服务收入等；也包括不是经常发生的，但与日常经营活动直接相关的收入，如制造企业出售原材料、包装物的收入。有些交易、事项也能为企业带来经济利益，如制造企业接受捐赠收益等，由于它不是日常活动的收益，只能作为利得收益。

（2）收入是与所有者投入资本无关的经济利益的总流入。日常经营活动产生的经济利益的流入，会导致资产增加或负债减少，且经济利益的流入额能够可靠计量时才能予以确认，但和所有者投入资本无关。例如，企业销售商品，增加银行存款或形成应收账款，应当收到现金或者在未来有权收到现金等。

（3）收入将引起企业所有者权益的增加。收入与相关的成本费用相配比后产生的净收益，是属于投资人的权益。因此，收入将引起企业所有者权益的增加。

按日常活动在企业所处的地位,收入还可以分为主营业务收入和其他业务收入。主营业务收入是企业为完成其经营目标而从事的日常活动中的主要项目,可根据企业营业执照上规定的主营业务范围确定。例如,制造业、商品流通企业的主营业务是销售商品,银行的主营业务是存贷款和办理结算等。其他业务收入是主营业务以外的其他日常活动。如制造企业销售材料、出租固定资产和包装物等。此外,收入还包括对外投资取得的投资收益、公允价值变动损益等。

2. 费用

费用是指企业在日常活动中发生的、会导致所有者权益减少的、与向所有者分配利润无关的经济利益的总流出。费用与收入相配比,即为企业经营活动中取得的盈利或损失。与收入相对应,费用具有以下三个特征:

(1) 费用是企业在日常活动中形成的。这些日常活动的界定与收入定义中涉及的日常活动的界定相一致。

(2) 费用是与向所有者分配利润无关的经济利益的总流出。日常经营活动产生的经济利益的流出,会导致资产减少或负债增加,且经济利益的流出额能够可靠计量时才能予以确认,但与向所有者分配利润无关。例如,支付股利产生的货币资金流出不属于费用。

(3) 费用会导致所有者权益的减少。与费用相关的经济利益的流出,将会导致企业的净收益减少,从而导致企业的所有者权益减少。

费用是企业在销售商品、提供劳务等日常活动中发生的经济利益的流出。企业为生产产品、提供劳务等发生的可归属于产品成本、劳务成本等的费用,应当在确认主营业务收入、劳务收入时将已销售产品、已提供劳务的成本等计入当期损益,如主营业务成本和其他业务成本以及税金及附加(销售商品、提供劳务等经营活动负担的相关税费)。企业发生的与产品生产无关的支出,应当在发生时确认为费用,计入当期损益,即期间费用,包括销售费用、管理费用、财务费用等。

3. 利润

利润是指企业在一定会计期间的经营成果,即企业在一定会计期间的收入和费用配比后形成的经营净收益。

通常情况下,如果企业实现了利润,则表明企业的所有者权益将增加,业绩得到了提升;反之,如果企业发生了亏损(即利润为负数),表明企业的所有者权益将减少,业绩下滑了。因此,利润往往是评价企业管理层业绩的一项重要指标,也是投资者等财务报告使用者进行决策时的重要参考。

(二) 利润表的基本要素关系式

企业开展经营活动,在一定期间内实现了收入,但同时也要付出一定的代价,即成本费用,企业取得的收入与为取得收入所花费的成本费用相抵后,形成了企业的损益。如果收入大于成本费用,则产生了利润;如果收入小于成本费用,则形成了亏损。因此,可得出收入、费用、利润各要素之间的基本关系式:

$$收入-费用=利润$$

上式构成了动态会计恒等式,表明经营成果与相应期间的收入和费用的关系。

(三) 利润表的基本形式

表 1-2 利润表

会企 02 表

编制单位: ____年____月 单位:元

项 目	本期金额	上期金额
一、营业收入		
减:营业成本		
税金及附加		
销售费用		
管理费用		
研发费用		
财务费用		
其中:利息费用		
利息收入		
加:其他收益		
投资收益(损失以"—"号填列)		
其中:对联营企业和合营企业的投资收益		
以摊余成本计量的金融资产终止确认收益(损失以"—"号填列)		
净敞口套期收益(损失以"—"号填列)		
公允价值变动收益(损失以"—"号填列)		
信用减值损失(损失以"—"号填列)		
资产减值损失(损失以"—"号填列)		
资产处置收益(损失以"—"号填列)		
二、营业利润(亏损以"—"号填列)		
加:营业外收入		
减:营业外支出		
三、利润总额(亏损总额以"—"号填列)		
减:所得税费用		
四、净利润(净亏损以"—"号填列)		
(一) 持续经营净利润(净亏损以"—"号填列)		
(二) 终止经营净利润(净亏损以"—"号填列)		
五、其他综合收益的税后净额		
(一) 不能重分类进损益的其他综合收益		

续 表

项　　目	本期金额	上期金额
1. 重新计量设定受益计划变动额		
2. 权益法下不能转损益的其他综合收益		
3. 其他权益工具投资公允价值变动		
4. 企业自身信用风险公允价值变动		
……		
(二)将重分类进损益的其他综合收益		
1. 权益法下可转损益的其他综合收益		
2. 其他债权投资公允价值变动		
3. 金融资产重分类计入其他综合收益的金额		
4. 其他债权投资信用减值准备		
5. 现金流量套期储备		
6. 外币财务报表折算差额		
……		
六、综合收益总额		
七、每股收益		
(一)基本每股收益		
(二)稀释每股收益		

由表 1-2 可见,利润包括营业利润、利润总额和净利润。其相互关系为:

收入 − 费用 = 营业利润

营业利润 + 营业外收入 − 营业外支出 = 利润总额

利润总额 − 所得税费用 = 净利润

其中,营业外收入和营业外支出,是指直接计入当期损益的利得与损失。

直接计入当期损益的利得,是指与其日常活动无直接关系的偶然利益流入,即营业外收入,如取得罚款、接受捐赠等。

直接计入当期损益的损失,是指与其日常活动无直接关系的各项偶然利益流出,即营业外支出,如罚款损失、公益性捐赠支出、自然灾害引发的非常损失等。

企业日常经营活动所取得的收入抵减费用所取得的营业利润,要通过对非日常活动产生的利得和损失的调整后,再扣除所得税费用,得到企业的净利润。会计等式中的利润指的是净利润。

三、两种基本财务报表的关系

（一）扩展的会计恒等式

根据以上对六大会计要素之间关系的分析，可以看出，静态会计恒等式揭示了企业期初、期末会计要素间的平衡；动态会计恒等式揭示了企业在会计活动期间会计要素间的平衡；将两者联系起来，就形成了扩展的会计恒等式。

资产＝负债＋所有者权益＋利润

资产＝负债＋所有者权益＋（收入－费用）

或：资产＋费用＝负债＋所有者权益＋收入

扩展的恒等式表明，企业收入大于费用，即企业获得了利润，则会增加所有者权益，增加企业的资产；反之，就会减少所有者权益，并相应地减少企业的资产。扩展的恒等式揭示了企业会计期间终了时各会计要素之间的平衡关系。

会计恒等式也是复式记账、试算平衡和编制财务报表的理论依据，其中资产、负债、所有者权益要素构成了企业资产负债表的框架；收入、费用、利润要素构成了企业利润表的框架。

（二）两种基本财务报表的链接

在企业生产经营过程中形成的、尚未向投资者分配的净利润，既增加了企业的资产，同时形成了所有者权益。其各会计要素之间的关系可直接用下式来表达：

资产＝负债＋所有者权益＋利润（收入－费用）

上式表明：

（1）利润的实现将使投资人在企业中的所有者权益数额增加；反之，企业经营亏损，只能由所有者承担，即投资人在企业中的所有者权益数额减少。

（2）企业的经营成果最终要影响到企业的财务状况，企业实现利润，将使企业资产增加或负债减少；企业亏损，将使企业资产减少或负债增加。

（3）会计期末，企业实现的净利润经分配后的余额，即留存收益转入所有者权益，各会计要素之间又形成了最基本的恒等关系（资产＝负债＋所有者权益）。

由以上分析可以得出，反映各个会计期末企业财务状况的静态报表，即资产负债表，以及反映各个会计期间企业经营成果的动态报表，即利润表，这两种基本财务报表之间的关系是通过以下关系式链接起来的。

所有者权益＝资本＋净利润－分派股利

＝资本＋留存收益

上式表明企业所有者权益的变化，除了投资人的资本外，企业经营活动产生的净利润扣除向投资人分派的股利后所形成的留存收益是其主要影响因素。企业的净利润来源于利润表，净利润分配之后形成的留存收益增加资产负债表的所有者权益，由此将两张基本财务报表联系在一起。

第三节 会计假定与会计核算基础

进行会计核算,首先要对会计对象的空间范围、会计核算的时间范围以及会计确认和计量等方面作出合理的假定,即会计核算的假设条件,也称会计假定或基本前提。会计假定是指为了保证会计工作的正常进行和会计信息的质量,对会计核算的范围、内容、基本程序和方法所做的基本假定。

一、会计假定

会计假定是在长期会计实践中,人们逐步认识和总结形成的,是对客观情况合乎事理的推断。这些假设是会计工作的前提条件,也是企业设计和选择会计方法的重要依据。因会计运行的环境不同,会计假定也将随之变化。一般情况下,会计假定包括会计主体、持续经营、会计分期和货币计量。

(一) 会计主体

会计主体又称经济主体或会计实体,是指会计工作为其服务的特定单位或组织,它规定了会计确认、计量和报告的空间范围。也就是说,企业应当对其本身发生的交易或者事项进行会计确认、计量和报告,反映企业本身所从事的各项生产经营活动。一个企业的经济业务必须同其他企业区别开来。例如,甲企业向乙企业销售商品一批,价值为5万元,尚未收到货款。这笔业务对于甲企业这一会计主体来说,是应收款项,是债权;而对于乙企业这一会计主体来说,则是应付款项,是债务。

明确界定会计主体是进行会计确认、计量和报告工作的重要前提。明确会计主体,才能划定会计所要处理的各项交易或事项的范围,才能将会计主体的交易或者事项与投资人的交易或者事项以及其他会计主体的交易或者事项区分开来。例如,企业投资人的经济交易或者事项是基于企业投资人主体所发生的,不应纳入企业会计核算的范围。但是企业投资人投入到企业的资本或者企业向投资人分配的利润,则属于企业主体所发生的交易或者事项,应当纳入企业会计核算的范围。

会计主体不同于法律主体。一般来说,法律主体必然是一个会计主体,但会计主体并不一定就是法律主体。会计主体可以是独立法人(如有限公司),也可以是非法人(如独资、合伙企业);可以是单一企业,也可以是企业内部的某一责任单位或企业中的一个特定部分(如分公司、事业部),还可以是由几个企业组成的企业集团。例如,一个企业集团,母公司拥有若干子公司,母公司不是法律主体,而各个子公司是不同的法律主体,但是母公司对于子公司拥有控制权,为了全面反映企业集团的财务状况、经营成果和现金流量信息,需要将企业集团作为一个会计主体,编制合并财务报表。而每个子公司也分别是一个会计主体独立进行会计核算。

会计主体的作用在于界定了不同会计主体核算的空间范围。一个企业的会计记录和财务报表涉及的只是会计主体范围内的经济活动，而不核算企业投资者或所有者的经济活动，也不核算其他企业或其他经济主体的经济活动。

（二）持续经营

持续经营是指在可以预见的将来，企业或会计主体的生产经营活动将会按当前的经营目标和状态继续经营下去，不会停业或大规模削减业务，也不会清算、解散或倒闭。

持续经营假定规定了会计核算的时间范围，是企业在会计核算上选择的一系列会计处理方法的基础，会计确认、计量和报告都是以企业持续、正常的生产经营活动为前提的。这也就意味着会计主体将按照既定用途使用资产，按照既定的合约条件清偿债务，会计人员可以在此基础上选择会计处理方法。例如，若一个企业是持续经营的，则其固定资产会在生产经营过程中长期发挥作用，那么固定资产的价值就可以根据历史成本进行记录，并采用一定的折旧方法，在一定的期间内将其分摊到相关的成本费用中。倘若企业不能持续经营，固定资产就不能采用历史成本进行记录并按期计提折旧，而应采用清算价值来计量。

在持续经营假定下，可以采用历史成本作为企业经济资源的计价基础，可以对长期资产按一定的方法进行折旧和摊销，可以进行有关企业偿债能力的计算等。一旦企业破产清算，原来采用的会计处理方法将不再适用。

（三）会计分期

会计分期，又称会计期间，是指将企业持续经营的生产经营活动人为地划分为若干个长短相同的时间间隔，即将企业实际发生的经济业务归属于各个期间，以便分期结算账目和编制财务会计报告，及时地向有关方面提供反映企业财务状况、经营成果和现金流量的信息，及时满足企业内部加强经营管理及其有关方面进行决策的需要。

会计分期假定是对持续经营假定的修正，规定了会计核算的时间范围。根据持续经营假设，一个企业将按当前的规模和状态持续经营下去。但是，无论是企业的生产经营决策者还是投资者、债权人等在决策时都需要获得及时的信息，通过会计期间的划分，可以分期确认、计量和报告企业的财务状况、经营成果和现金流量，及时提供有关的财务信息，满足方方面面利害关系人的需要。

中国企业的会计期间分为月度、季度、半年度、年度，均以公历起止日期确定。会计年度自公历每年的 1 月 1 日至 12 月 31 日；半年度、季度、月度均称为会计中期，会计中期是指短于一个完整的会计年度的报告期间。实务中所称的期末，是指月末、季末、半年末和年末。会计期间的划分对会计核算有着重要的影响。由于有了会计期间，就产生了本期与非本期的区别，在会计核算上就有了收付实现制和权责发生制。

（四）货币计量

货币计量是指会计主体在会计确认、计量和报告时以货币反映会计主体的生产经营活动。会计计量是会计记录的前提，会计记录又必须经过分类和总结，才能编制成反映企业全貌的财务报表，这就需要一个计量各项经济业务的影响和结果的共同尺度。货币作为商品的一般等价物,具有衡量一般商品价值共同尺度的属性。而其他的计量单位,如实物量的千克、米、台、件等,只能反映企业一个侧面的生产经营情况,无法进行加总和比较,不便于会计计量和经营管理。因此,在会计核算过程中采用货币作为主要计量单位,记录、反映企业的生产经营活动,其他计量单位在会计核算中作为辅助计量单位应用。

在中国,企业的会计核算以人民币作为记账本位币。业务收支以人民币以外的货币为主的企业,可以选定其中一种货币作为记账本位币,但是在编制财务会计报告时应当折算为人民币来反映。在境外设立的中国企业向国内报送的财务会计报告,应当折算为人民币反映。

货币计量假设是以币值稳定假设为前提条件的,如果发生恶性通货膨胀因素,就需要用特殊的会计原则,如用物价变动会计来处理相关经济业务。

二、会计确认与核算基础

会计确认与核算基础是指会计主体在进行会计业务处理时对有关会计要素的确认、计量和报告的原则。

(一) 配比原则

配比原则是根据收入与费用的内在关系,要求企业将一定时期的收入与为取得收入所发生的费用在同一会计期间进行确认和计量。也就是要求企业在进行会计核算时,收入与其成本、费用应当相互配比,同一会计期间内的各项收入和与其相关的成本、费用,应当在同一会计期间内确认。

配比原则包括两层含义:一是因果配比,将收入与其对应的成本相配比,例如,主营业务收入与主营业务成本相配比,其他业务收入与其他业务成本相配比;二是时间配比,将一定时期的收入与同时期的费用相配比,例如当期的收入与当期的销售费用、管理费用、财务费用相配比。正确运用配比原则,才能完整地反映特定时期的经营成果,从而有助于正确评价企业的经营业绩。

(二) 划分收益性支出和资本性支出原则

资本性支出是指一项支出可以在较长的时间内为企业提供效用,通常使用期限可以达到几个会计年度,如购买机器设备、厂房、专利技术等的支出。而收益性支出是指一项支出只能在一个会计年度内产生效用,如办公用品、差旅费、工资、广告费等支出。划分收益性支出与资本性支出原则就是要求企业进行会计核算时应当合理划分收益性支出与资本性支出的界限。

(三) 权责发生制

企业的会计确认、计量和报告应当以权责发生制为基础。权责发生制也称应收应付制,是企业以收入的权利和支出的义务是否归属于本期为标准来确认收入、费用的一种会计处理基础。即:凡是当期已经实现的收入和已经发生或应当负担的费用,不论款项是否收付,都应当作为当期的收入和费用;凡是不属于当期的收入和费用,即使款项已在当期收付，也不应当作为当期的收入和费用。也就是以应收应付为标准，而不是以款项的实际收付是否在本期发生为标准来确认本期的收入和费用。

在实务中，企业交易事项的发生时间与相关货币收支时间有时并不完全一致。例如，销售已经实现，但货款尚未收到；或者款项已经支付，但受益期不是本期，也就是不是为本期的生产经营活动所发生的付款，如预付下一年度的保险费。为了更加真实、客观地反映企业特定会计期间的财务状况和经营成果，企业会计准则明确规定，企业的会计核算应当以权责发生制为基础。

权责发生制与收付实现制是相对的，收付实现制是以实际收到或支付现金作为确认收入和费用的依据，又称现金制。根据权责发生制确认收入与费用，能更真实地反映特定会计期间经营活动的成果。两种记账基础在业务内容的会计确认方面的区别如表 1-3 所示。

表 1-3 两种记账基础的比较 单位：元

业务内容	权责发生制		收付实现制	
	收入	支出	收入	支出
销售商品 7 000 元，款项尚未到	7 000			
收回前期销货款 5 000 元			5 000	
年初支付全年保险费 6 000 元		500		6 000
计提银行借款利息 1 000 元		1 000		
合计	7 000	1 500	5 000	6 000

与收付实现制相比，权责发生制能够更加准确真实地反映会计期间财务状况和经营成果。目前，中国企业的资产负债表和利润表是以权责发生制为基础编制的，现金流量表是以收付实现制为基础编制的。

第四节 会计信息质量要求与会计计量

会计信息质量要求与会计计量是在会计假定基础上记录经济业务的指南，是指导会计数据的处理和会计信息的加工与利用的准绳，是会计核算工作必须遵循的规范，据此规范企业会计确认、计量和报告的内容，有利于提高会计信息的质量，保护投资者及社会公众利益，维护市场经济秩序。

一、会计信息质量要求

根据现行的《企业会计准则——基本准则》，会计信息质量要求主要有八项内容。

（一）真实可靠性

真实可靠性也称客观性，它要求企业应当以实际发生的交易或者事项为依据进行会计确认、计量和报告,如实反映符合确认和计量要求的各项会计要素及其他相关信息,保证会计信息真实可靠、内容完整。即会计核算应当以实际发生的经济业务(也称交易或事项)及证明经济业务发生的合法凭证为依据,如实反映企业的财务状况、经营成果和现金流量,做到内容真实,数字准确,资料可靠,具有可检验性。也就是对于同一经济业务,分别由两位或两位以上的会计人员同时进行会计处理,能够得出相同的会计核算结果。真实可靠性是对会计信息质量的一项最基本的要求。因为会计信息失真,会导致会计信息使用者作出错误的决策。

(二) 相关性

相关性也称有用性,它要求企业提供的会计信息应当与财务会计报告使用者的经济决策需要相关,有助于财务会计报告使用者对企业过去、现在或者未来的情况做出评价或者预测。即企业提供的会计信息应当能够反映企业的财务状况、经营成果和现金流量,能够满足会计信息使用者的需要。会计信息的价值在于与使用者的决策相关,能够有助于使用者做出正确的决策。会计信息的使用者包括投资者、债权人、政府及其有关部门和社会公众等。

(三) 可理解性

可理解性也称明晰性,它要求企业提供的会计信息应当清晰明了,便于财务会计报告使用者理解和使用。即企业的会计记录和编制的财务会计报告应当清晰、简明、易懂,能够简单明了地反映企业的财务状况、经营成果和现金流量信息,有助于会计信息使用者正确理解、准确掌握企业的经营情况,便于加以利用。

(四) 可比性

可比性要求企业提供的会计信息应当相互可比,包括以下两种情况:

一是要求同一企业不同时期发生的相同或者相似的交易或者事项,应当采用一致的会计政策,不得随意变更。确实需要变更的,应当在财务报表附注中说明。即企业采用的会计政策前后各期应当保持一致,不得随意变更。这样,才能对前后期间的会计信息进行比较、分析和利用,它强调的是一贯性,纵向可比。若要变更会计政策,必须符合下列条件之一:①法律、规章等的要求;②这种变更能够提供有关企业财务状况、经营成果和现金流量等更可靠、更相关的会计信息。

二是要求不同企业发生的相同或者相似的交易或者事项,应当采用规定的会计政策,确保会计信息口径一致、相互可比。即不同企业的会计核算应当按照规定的会计处理方法进行,会计指标应当口径一致,相互可比。也就是说,不同行业、不同地区的企业,只要是同样的经济业务,就应当采用同样的会计处理方法和程序,以便进行相互比较、分析。它强调的是统一性,横向可比。

(五) 实质重于形式

实质重于形式,也称实质性,它要求企业应当按照交易或者事项的经济实质进行会计确认、计量和报告,不应仅以交易或者事项的法律形式为依据。即企业应当按照交易或事项的经济实质进行会计核算,而不应当仅仅按照它们的法律形式作为会计核算的依据。

有时，经济业务的外在法律形式并不能真实反映其经济实质内容。如按法律规定，企业拥有所有权的资产，属于企业的资产，对于融资租赁，这项资产应作为出租方的资产入账，但事实上，承租方已享有该项资产的未来经济利益，同时也承担了相应的风险。如果不考虑经济实质，仅看法律形式，就不能真实反映这笔业务对企业的影响。按照经济实质，融资租赁应作为承租方的资产入账。

（六）重要性

重要性要求企业提供的会计信息应当反映与企业财务状况、经营成果和现金流量等有关的所有重要交易或者事项。即企业在会计核算中对交易或事项应当区别其重要程度，采用不同的核算方式。若对资产、负债、损益等有较大影响，并进而影响财务会计报告使用者据其作出合理判断的重要会计事项，必须按照规定的会计方法和程序进行处理，并在财务会计报告中予以充分、准确地反映；对于次要的会计事项，在不影响会计信息真实性和不至于误导财务会计报告使用者作出正确判断的前提下，可适当简化处理。简单来说，就是对经营决策有重大影响的会计信息应单独披露，对于非重大的次要业务应简化核算或合并反映。这样既考虑了会计信息的效用，又可以降低核算成本。例如，对同属于劳动资料的机器设备和工具，在实务中划分为固定资产和低值易耗品就体现了重要性的要求。

（七）谨慎性

谨慎性也称稳健性，它要求企业对交易或者事项进行会计确认、计量和报告应当保持应有的谨慎，不应高估（多计）资产或者收益、低估（少计）负债或者费用，不得计提秘密准备。它是会计实务中对市场经济固有的不确定性和风险所作的谨慎反映，要求企业会计人员在选择会计处理方法时，应倾向于避免高估资产和收益、低估负债或费用。即应当在会计处理上保持谨慎的态度，充分估计到可能发生的风险和损失，并予以合理的预计，而对于可能产生的收益则不应预计。例如企业对应收账款计提坏账准备；对技术含量高、更新换代快的固定资产采用加速折旧法计提折旧；物价上涨时对存货发出采用后进先出法；对一些有证据表明已减值的资产计提减值准备等都体现了谨慎性要求的应用。

（八）及时性

及时性要求企业对于已经发生的交易或者事项，应当及时进行会计确认、计量和报告，不得提前或者延后。即企业的会计核算应当及时进行，以保证会计信息时效性。只有能够满足经济决策的及时需要，信息才有价值。根据及时性的要求，应及时收集会计信息，及时对会计信息进行加工处理，及时编制财务会计报告，及时传递会计信息，以便企业管理部门及有关各方的及时利用。

二、会计计量

会计计量是指企业将符合会计要素确认条件的交易或事项，按照规定的计量属性，确定其金额的过程。会计计量属性主要有历史成本、重置成本、可变现净值、现值和公允价值。企业在对会计要素进行计量时，通常采用历史成本计量。

(一) 历史成本

历史成本又称原始成本,是指取得资产时实际发生的成本。在历史成本计量下,企业的各项财产在取得时应当按照实际成本计量。在以后期间,各项财产如果发生减值,应当按照有关规定计提相应的减值准备。除法律、行政法规和企业会计准则另有规定外,企业一律不得自行调整其账面价值。这样处理的根据是,历史成本是实际发生的,有客观依据,比较可靠,便于查核,也容易确定,而且历史数据比较容易取得。

(二) 重置成本

重置成本又称现行成本或现实投入成本,是指企业重新取得与其所拥有的资产相同或功能相当的资产需要支付的现金或现金等价物。在重置成本计量下,资产按照现在购买相同或者相似资产所需支付的现金或者现金等价物的金额计量。负债按照现在偿付该项债务所需支付的现金或者现金等价物的金额计量。例如,两年前购买了一台新电脑价值为 6 000 元,现在若购置同样功能的一台全新电脑需要的价格,即是这台电脑的重置成本。

(三) 可变现净值

可变现净值是指在日常活动中,资产的估计售价减去至完工时估计将要发生的成本、估计的销售费用以及相关税费后的金额。在可变现净值计量下,资产按照其正常对外销售所能收到的现金或者现金等价物的金额扣减该资产至完工时估计将要发生的成本、估计的销售费用以及相关税费后的金额计量。例如,一件尚未完工的产品,估计成品售价10 000元,该产品至生产完工还需投入成本 2 000 元,预计销售费用及相关税费 700 元,则该产品的现时可变现净值为 7 300 元。

(四) 现值

现值是指资产和负债形成的未来现金流量的折现价值。在现值计量下,资产按照预计从其持续使用和最终处置中所产生的未来净现金流入量的折现金额计量。负债按照预计期限内需要偿还的未来净现金流出量的折现金额计量。例如,在未来 5 年每年将收入 1 000 元,它相当于现在一次收入的金额,即现值。

(五) 公允价值

公允价值是指市场参与者在计量日发生的有序交易中,出售一项资产所能收到或者转移一项负债所需支付的价格。

第五节 会计职业道德

会计工作涉及社会经济生活各方面,经济与社会事业越发展,财会工作就越重要。随着经济国际化的日益形成，各种经济形式的不断涌现，给企业的发展带来了无限的商机和收益，也给企业会计人员的工作带来机遇和挑战，会计人员在不断学习新知识、解决新问题的同时，还要面对各种各样的诱惑。因此，加强会计职业道德建设，提高会计人员素养，就显得尤为重要。

一、会计职业道德的概念

会计职业道德是一个比较广泛的概念，是一般社会公德在会计工作中的具体体现，是引导、制约会计行为，调整会计人员与社会、会计人员与不同利益集团以及会计人员之间关系的社会规范。具体地说，它是指在会计职业活动中应当遵循的、体现会计职业特征的、调整会计职业关系的职业行为准则和规范。

二、会计职业道德规范的主要内容

会计职业道德的基本内容表现为会计职业道德规范。会计职业道德规范是指一定社会经济条件下，对会计职业行为及职业活动的系统要求或明文规定。它是职业道德在会计职业行为和会计职业活动中的具体体现。

根据中国的会计工作、会计人员的实际情况，结合会计职业道德的一般要求，会计人员的职业道德规范主要包含八个方面的内容。

(1) 爱岗敬业。这是财会人员职业道德规范的首要前提。它要求财会人员充分认识本职工作在整个经济和社会事业发展过程中的地位和作用，从而珍惜自己的工作岗位，热爱会计工作，安心本职岗位，忠于职守，尽心尽力，尽职尽责。

(2) 诚实守信。这是财会人员职业道德规范的基本要求。它要求会计人员做老实人，说老实话，办老实事，执业谨慎，信誉至上，不为利益所诱惑，不弄虚作假，不泄露秘密。

(3) 廉洁自律。这是会计职业道德的内在要求。它要求会计人员公私分明，不贪不占，遵纪守法，清正廉洁。

(4) 客观公正。这是财会人员职业道德规范的灵魂。它要求会计人员端正态度，依法办事，实事求是，不偏不倚，保持应有的独立性。

(5) 坚持准则。这是财会人员职业道德规范的重中之重。它要求会计人员熟悉国家法律、法规和会计准则，始终坚持按法律、法规和会计准则的要求进行会计核算，实施会计监督。

(6) 提高技能。这是财会人员职业道德规范的时代要求。它要求会计人员增强提高专业技能的自觉性和紧迫感，勤学苦练，刻苦钻研，不断进取，提高业务水平。

(7) 参与管理。简单地讲就是间接参加管理活动，为管理者当参谋，为管理活动服务。它要求会计人员在做好本职工作的同时，努力钻研相关业务，全面熟悉本单位经营活动和业务流程，主动提出合理化建议，协助领导决策，积极参与管理。

(8) 强化服务。它要求会计人员树立服务意识，提高服务质量，努力维护和提升会计职业的良好社会形象。

三、会计职业道德与会计法律制度的关系

(一) 会计职业道德与会计法律制度的联系

会计职业道德是会计法律制度正常运行的社会和思想基础,会计法律制度是促进会计职业道德规范形成和遵守的制度保障。两者有着共同的目标和相同的调整对象,承担着同样的职责,在作用上相互补充;在内容上相互渗透、相互重叠;在地位上相互转化、相互吸收;在实施上相互作用、相互促进。

(二) 会计职业道德与会计法律制度的区别

(1) 性质不同。会计法律制度通过国家机器强制执行,具有很强的他律性;会计职业道德主要依靠会计从业人员的自觉性,具有很强的自律性。

(2) 作用范围不同。会计法律制度侧重于调整会计人员的外在行为和结果的合法化;会计职业道德则不仅要求调整会计人员的外在行为,还要调整会计人员内在的精神世界。

(3) 实现形式不同。会计法律制度是通过一定的程序由国家立法机关或行政管理机关制定的,其表现形式是具体的、明确的,有正式形成文字的成文规定;会计职业道德出自于会计人员的职业生活和职业实践,其表现形式既有明确的成文规定,也有不成文的规范,存在于人们的意识和信念之中。

(4) 实施保障机制不同,会计法律制度有国家强制力保障实施;会计职业道德既有国家法律的相应要求,又需要会计人员的自觉遵守。

【相关知识介绍】

从 2007 年 1 月 1 日开始施行的《企业会计准则》体系,包含 1 项基本会计准则和 38 项具体会计准则,之后又进行了一系列的修订和完善。截至 2019 年 7 月,我国已形成了较为完整的会计准则体系,具体包括 1 项基本会计准则和 42 项具体会计准则。准则体系以基本准则为指导原则,构筑起了与中国国情相适应同时又充分与国际财务报告准则趋同的、涵盖各类企业各项经济业务、独立实施的会计准则体系。适用于在中华人民共和国境内设立的企业(包括公司)。目前,企业会计准则体系按要求在上市公司和大中型企业施行。

《小企业会计准则》是财政部 2011 年发布的、要求自 2013 年 1 月 1 日起在小企业范围内执行,微型企业参照执行。小企业是指在中华人民共和国境内依法设立的、符合《中小企业划分标准规定》(工信部联企业〔2011〕300 号所规定的小型企业标准)的企业。小企业可以选择执行《小企业会计准则》,也可以选择执行《企业会计准则》。一旦选定,就必须严格按该准则执行,不能随意转换。

本书中,考虑到《企业会计准则》的适用面较宽,因此对于各类经济业务的会计核算,是以《企业会计准则》为基础的,但在各章后的【相关知识介绍】中给出了两部会计准则在一些经济业务的会计处理上的差别。

本章小结

资金在企业的运动包括资金的筹集、资金的运用和资金的退出三个主要环节。也就是具体通过一系列的经济业务活动过程，将资金的形态不断予以转化。会计的对象就是资金运动对应的每一项具体的经济业务。会计对象要素就是对资金运动中各项具体经济业务的基本分类，包括资产、负债、所有者权益、收入、费用和利润。会计要素之间存在恒等的关系：资产＝负债＋所有者权益，收入－费用＝利润。

会计是以货币为主要计量单位，采用专门的技术方法，对特定主体实际发生的经济业务，进行全面、连续、系统的核算和监督，并向有关方面提供会计信息的一种经济管理活动。会计的基本职能包括核算职能和监督职能。会计核算的规范化是通过会计准则来实现的，包括基本会计准则和具体会计准则。基本会计准则包括：会计的适用范围、会计目标、会计假定，会计信息质量要求，会计计量、会计要素和财务会计报告的基本内容和要求；具体会计准则是根据基本会计准则的要求，对会计核算的基本业务和会计处理作出的具体规定。会计假定包括会计主体、持续经营、会计分期、货币计量，会计确认与核算基础包括权责发生制、划分收益性支出和资本性支出原则、配比原则。会计信息质量要求包括真实可靠性、相关性、可理解性、可比性、实质重于形式、重要性、谨慎性和及时性。会计计量属性主要包括历史成本、重置成本、可变现净值、现值和公允价值。会计职业道德是一般社会公德在会计工作中的具体体现，是引导、制约会计行为，调整会计人员与社会、会计人员与不同利益集团以及会计人员之间关系的社会规范。

思考题

1. 如何理解会计的定义？
2. 请简述会计的对象、会计要素及相互关系、会计要素的具体内容。
3. 请简述会计假定、会计确认与核算基础的具体内容。
4. 请简述会计计量属性有哪些？对会计信息质量的具体要求是什么？
5. 请简述会计核算的基本职能。
6. 如何理解会计的职业道德？

第二章　复式记账原理

会计确认、计量、记录、报告是会计核算的基本程序。会计确认是以权责发生制为基础，会计计量是以历史成本为基础。会计报告将在第十二章中予以介绍。在本章中将主要介绍会计记录的基础——复式记账原理。

第一节　会计科目与账户

会计要素是对实际发生的经济业务进行的基本分类。由于各会计要素包含的内容仍然很多，如资产类要素包括企业的货币资金、机器设备、材料、物资等，负债类要素包含企业的银行借款、购货欠款、应支付给员工的薪酬、应上缴给税务部门的税费等，要详细地反映某一项资产或负债等会计要素的具体情况，还需要对各种会计要素再进行具体分类，这些对会计基本要素具体分类的项目称为会计科目。

一、会计科目

我国企业的一级会计科目一般是由财政部统一规定的，对于二级及以下会计科目，企业可以根据实际需要自行设置，其设置原则应结合会计对象的特点全面反映会计对象的内容。企业会计准则应用指南中规定的会计科目的名称、编号和适用范围如表 2-1 所示。

表 2-1　企业会计科目表

编号	会计科目名称	适用范围	编号	会计科目名称	适用范围
	一、资产类		1012	其他货币资金*	
1001	库存现金*		1021	结算备付金	证券专用
1002	银行存款*		1031	存出保证金	金融共用
1003	存放中央银行款项	银行专用	1101	交易性金融资产*	
1011	存放同业	银行专用	1111	买入返售金融资产	金融共用

续 表

编号	会计科目名称	适用范围	编号	会计科目名称	适用范围
1121	应收票据*		1461	使用权资产	租赁专用
1122	应收账款*		1471	存货跌价准备*	
1123	预付账款*		1481	持有待售资产	
	合同资产		1482	持有待售资产减值准备	
	合同资产减值准备		1501	债权投资*	
1131	应收股利*		1502	债权投资减值准备*	
1132	应收利息*		1511	长期股权投资*	
1201	应收代位追偿款	保险专用	1512	长期股权投资减值准备*	
1211	应收分保账款	保险专用	1521	投资性房地产*	
1212	应收分保合同准备金	保险专用	1531	长期应收款*	
1221	其他应收款*		1532	未实现融资收益	
1231	坏账准备*		1541	存出资本保证金	保险专用
1301	贴现资产	银行专用	1601	固定资产*	
1302	拆出资金	金融共用	1602	累计折旧*	
1303	贷款	银行专用	1603	固定资产减值准备*	
1304	贷款损失准备	银行专用	1604	在建工程*	
1311	代理兑付证券	金融共用	1605	工程物资*	
1321	代理业务资产		1606	固定资产清理*	
1401	材料采购*		1611	未担保余值	租赁专用
1402	在途物资*		1621	生产性生物资产	农业专用
1403	原材料*		1622	生产性生物资产累计折旧	农业专用
1404	材料成本差异*		1623	公益性生物资产	农业专用
1405	库存商品*		1631	油气资产	石油天然气开采专用
1406	发出商品*		1632	累计折耗	石油天然气开采专用
1407	商品进销差价*		1701	无形资产*	
1408	委托加工物资*		1702	累计摊销*	
1411	周转材料*		1703	无形资产减值准备*	
1421	消耗性生物资产	农业专用	1711	商誉*	
1431	贵金属	金融共用	1801	长期待摊费用*	
1441	抵债资产	金融共用	1811	递延所得税资产	
1451	损余物资	保险专用	1821	独立账户资产	保险专用

续　表

编号	会计科目名称	适用范围	编号	会计科目名称	适用范围
1901	待处理财产损溢*		2701	长期应付款*	
	二、负债类			租赁负债	
2001	短期借款*		2711	专项应付款*	
2002	存入保证金	金融共用	2801	预计负债	
2003	拆入资金	金融共用	2901	递延所得税负债	
2004	向中央银行借款	银行专用		三、共同类	
2011	吸收存款	银行专用	3001	清算资金往来	银行专用
2012	同业存放	银行专用	3002	货币兑换	金融共用
2021	贴现负债	银行专用	3101	衍生工具	
2101	交易性金融负债*		3201	套期工具	
2111	卖出回购金融资产款	金融共用	3202	被套期项目	
2201	应付票据*			四、所有者权益类	
2202	应付账款*		4001	实收资本(或股本)*	
2203	预收账款*		4002	资本公积*	
2211	应付职工薪酬*			其他综合权益	
2221	应交税费*		4101	盈余公积*	
2231	应付利息*		4102	一般风险准备	金融共用
2232	应付股利*		4103	本年利润*	
2241	其他应付款*		4104	利润分配*	
2251	应付保单红利	保险专用	4201	库存股	
2261	应付分保账款	保险专用	4301	专项储备	
2311	代理买卖证券款	证券专用		五、成本类	
2312	代理承销证券款	金融共用	5001	生产成本*	
2313	代理兑付证券款	金融共用	5101	制造费用*	
2314	代理业务负债		5201	劳务成本*	
2401	递延收益		5301	研发支出*	
2501	长期借款*		5401	工程施工	建造承包商专用
2502	应付债券*		5402	工程结算	建造承包商专用
2601	未到期责任准备金	保险专用	5403	机械作业	建造承包商专用
2602	保险责任准备金	保险专用		合同履约成本	
2611	保户储金	保险专用		合同履约成本减值准备	
2621	独立账户负债	保险专用		合同取得成本	

续　表

编号	会计科目名称	适用范围	编号	会计科目名称	适用范围
	合同取得成本减值准备		6403	税金及附加*	
	六、损益类		6411	利息支出	金融共用
6001	主营业务收入*		6421	手续费及佣金支出	金融共用
6011	利息收入	金融共用	6501	提取未到期责任准备金	保险专用
6021	手续费及佣金收入	金融共用	6502	提取保险责任准备金	保险专用
6031	保费收入	保险专用	6511	赔付支出	保险专用
6041	租赁收入	租赁专用	6521	保单红利支出	保险专用
6051	其他业务收入*		6531	退保金	保险专用
6061	汇兑损益	金融共用	6541	分出保费	保险专用
6101	公允价值变动损益*		6542	分保费用	保险专用
6111	投资收益*		6601	销售费用*	
6115	资产处置损益		6602	管理费用*	
6117	其他收益		6603	财务费用*	
6201	摊回保险责任准备金	保险专用	6604	勘探费用	石油天然气开采专用
6202	摊回赔付支出	保险专用	6701	资产减值损失*	
6203	摊回分保费用	保险专用	6702	信用减值损失*	
6301	营业外收入*		6711	营业外支出*	
6401	主营业务成本*		6801	所得税费用*	
6402	其他业务成本*		6901	以前年度损益调整*	

注：表 2-1 中所列的会计科目中没有编号的项目，系目前主管部门尚未给出统一的科目代码编号。

表 2-1 中所列的会计科目按会计科目的性质分为六类，即资产类、负债类、共同类、所有者权益类、成本类和损益类，涵盖了各类企业涉及的会计科目。本书中主要介绍制造业的各种交易或事项所涉及的主要会计科目（共同类会计科目在此不作介绍），其中，具体介绍在表 2-1 中带有“*”的会计科目。

二、会计账户与会计科目的关系

会计科目只是对会计对象具体内容进行具体分类的项目。若要对各项经济业务分类、系统、连续地进行记录，还需要根据规定的会计科目在账簿中开设账户。会计账户是以会计科目命名的，是具有一定格式的记账实体。

会计账户与会计科目是两个既有区别又相互联系的概念。它们都被用来分门别类地反映会计对象的具体内容。账户是根据会计科目开设的，但会计科目只是账户的名称，它只能表明某项经济内容，而账户除了名称之外，还具有一定的格式，可以进行连续、系统的记录,以反映某项经济业务的增减变化及其结果。

三、账户的结构

由经济业务引起的各项会计要素变动从数量上看只有增加或减少两种情况,因此,用来记录经济业务的账户,在结构上也相应地将其分为两部分,用以分别记录各项会计要素增加或减少的数额。账户的基本结构一般应包括以下内容:

(1) 账户名称,也就是会计科目。

(2) 日期,表明账户记录的时间。

(3) 凭证字号,用来说明账户记录的依据。

(4) 摘要,用来概括经济业务的内容。

(5) 借方(或贷方),用来反映增加(或减少)的金额,即实际发生的金额。

(6) 余额,用于反映本账户期末计算出的结余金额。

账户基本结构如表 2-2 所示,这是企业会计账簿中的账页基本形式。账户简化形式(T 形账户)如表 2-3 所示。T 形账户在会计理论教学中常常被使用,其左右两方用来说明账户的金额增减变化过程。

表 2-2　账户基本结构

账户名称(会计科目)

年		凭证字号	摘要	借方	贷方	余额
月	日					

表 2-3　账户简化形式

借方	账户名称(会计科目)	贷方

四、会计科目或账户的分级

为了反映会计信息的不同详细程度,表 2-1 中所列的会计科目为一级会计科目,企业可以根据不同的需要来设置二级、三级等多级明细科目。如“应收账款”科目可按客户名称设置二级科目;“原材料”科目可设置多级科目,如“原材料——主要材料——钢材——圆钢——D50”科目;而“库存现金”科目就不用再分级了。

一级会计科目也称总分类科目,简称总账科目,用于提供有关指标的总括信息;二级及以下科目统称为明细分类科目,简称明细科目,用于提供有关指标的详细和具体的信息。从性质来看,总账科目对其下设的明细科目具有逐级统驭的关系;从数量来看,总账科目的金额等于其下设的明细科目的金额之和。同样地,根据一级会计科目设置的账户为一级账户或总分类账户,简称总账账户;根据二级及以下会计科目设置的账户为明细账户。总账账户和明细账户之间在性质上同样具有统驭和从属的关系;在金额上也同样是相等关系。如“应收账款”总账账户余额 10 万元,“应收账款”明细账中甲账户 6 万元,乙账户 4 万元,明细账中两个账户的金额之和等于总账账户金额。

第二节 复式记账原理

一、会计要素增减变动的对应关系

企业在生产经营活动中发生的各项经济业务，会引起资产、负债、所有者权益项目之间的增减变动，但始终保持“资产＝负债＋所有者权益”的恒等关系。即任何一项经济业务的发生都会对会计等式产生双重影响，这便是复式记账原理的基础。例如，一项资产的增加，可能是由负债的增加引起的，如向银行借入资金，赊购材料、物资等承担负债取得资产，或由所有者权益的增加引起的，如投资人投入资产等；也可能是另一项资产的减少引起的，如用银行存款购买材料、机器设备、专利技术等；还有可能是收入或利得的增加引起的，如现销或赊销产品收入、接受捐赠等；或费用的减少引起的，如制造费用分配计入在制品成本等。

相应地，根据会计恒等式则很容易推导出负债、所有者权益、收入、费用各会计要素的这种增减变动的对应关系，具体如表 2-4 所示。

表 2-4 会计要素增减变动的对应关系

某类项目的变动	对应项目的变动
资产增加	资产减少
负债减少	负债增加
所有者权益减少	所有者权益增加
收入减少	收入增加
费用增加	费用减少

二、复式记账原理及记账规则

根据以上的分析，我们得到了会计要素之间的增减变化的对应关系。下面具体介绍借贷复式记账原理。

首先，将以上五类会计要素项目分别开设一个分左、右两方的 T 字形账户，左方称为借方，右方称为贷方。然后，将以上五类项目的变动及对应关系列示于 T 字形账户中，左边一列作为借方记录，右边一列作为贷方记录。具体表述如下：

(1) 资产和费用类项目的增加额记入其账户的借方，负债、所有者权益和收入类项目的增加额记入其账户的贷方。

(2) 相应地，减少额记入与增加额相反的另一方。

(3) 每一笔经济业务均以相等的金额至少同时记入一个账户的借方和另一个对应账户的贷方。记账规则：有借必有贷，借贷必相等。

(4) 每一账户在任何会计期间的期末余额，即项目在期间内增减变动的结果，可用如下公式得到：

期末余额＝期初余额＋本期增加额－本期减少额

上式可具体表述为：

期末借方余额＝期初借方余额＋本期借方发生额－本期贷方发生额
期末贷方余额＝期初贷方余额＋本期贷方发生额－本期借方发生额

(5) 任何账户的正常余额都在记录其增加额的一方。即资产和费用类项目应为借方余额;负债、所有者权益和收入类项目应为贷方余额。

复式记账法表示如下：

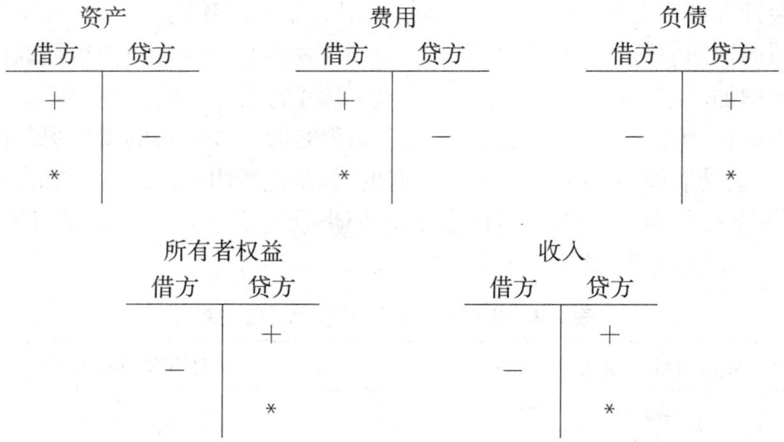

注:“＋”表示增加额,“－”表示减少额,“*”表示正常余额。

【例 2-1】 20×5 年 10 月 W 公司发生的各项经济业务如下：

(1) 兴达公司以货车投资,货车价值 100 000 元,已办妥产权转移手续。

(2) 从银行借入短期借款 60 000 元,已存入银行。

(3) 月末,用银行存款偿还短期借款 30 000 元。

(4) 销售商品价款为 40 000 元,增值税税额为 5 200 元,款项已存入银行。

(5) 用银行存款支付广告费 1 000 元。

解析：

(1) W 公司收到投资,增加了所有者权益,应记入“实收资本”账户的贷方;同时,收到的货车增加了企业的非流动资产,应记入“固定资产”账户的借方。详见下列账户中的①。

(2) W 公司将借入款项存入银行,资产增加,应记入“银行存款”账户的借方;该存入资金来自银行的短期借款,增加了公司的流动负债,应记入“短期借款”账户的贷方。详见下列账户中的②。

(3) W 公司用银行存款偿还短期借款,银行存款这项资产减少,应记入“银行存款”账户的贷方;短期债务减少,应记入“短期借款”账户的借方。详见下列账户中的③。

(4) W 公司销售商品收取的价税合计 45 200 元已存入银行,银行存款增加,应记入其账户的借方;取得销售收入 40 000 元,主营业务收入增加,应记入其账户的贷方;应向购货单位收取的增值税 5 200 元,按规定应记入“应交税费”账户的贷方。详见下列账户中的④。

(5) W 公司用银行存款支付广告费,银行存款减少,应记入其账户的贷方;广告费用支出，一般在销售费用中列支，即销售费用增加，应记入其账户的借方。详见下列账户中的⑤。

对以上各项业务进行复式记账如下：

资产类账户

借方	固定资产	贷方
① 投资 100 000		

所有者权益类账户

借方	实收资本	贷方
		① 投资 100 000

资产类账户

借方	银行存款	贷方
② 借入 60 000		③ 还借款 30 000
④ 销货 45 200		⑤ 付广告费 1 000

负债类账户

借方	短期借款	贷方
③ 还借款 30 000		② 借入 60 000

收入类账户

借方	主营业务收入	贷方
		④ 销货 40 000

负债类账户

借方	应交税费	贷方
		④ 销货 5 200

费用类账户

借方	销售费用	贷方
⑤ 付广告费 1 000		

复式记账法包括借贷记账法、增减记账法、收付记账法等几种具体方法。其中，借贷记账法是世界各国普遍采用的一种记账方法。现行企业会计准则规定，我国境内的所有企业都应当采用借贷记账法记账。

由以上分析可知，借贷复式记账法就是以“借”“贷”为记账符号，对每一笔经济业务，都要在两个或两个以上的相互联系的账户中以借贷相等的金额进行登记，用以反映经济业务来龙去脉的记账方法。

三、会计分录

在实际会计业务核算中，为了便于对各项实际发生的经济业务进行规范化的处理，通常要编制分录凭证。分录就是对特定经济业务进行分析而作出的应借、应贷的账户和金额的记录。会计分录要按照经济业务发生的时间顺序进行编制,以此反映每一笔经济业务对有关账户的影响。

会计分录是根据复式记账原理来编制的,只是与账户的表达方式不同。将【例 2-1】中的经济业务编制成会计分录,其规范的表达形式如下:

(1) 借:固定资产　　100 000
　　贷:实收资本　　　100 000
(2) 借:银行存款　　60 000
　　贷:短期借款　　　60 000
(3) 借:短期借款　　30 000
　　贷:银行存款　　　30 000
(4) 借:银行存款　　45 200
　　贷:主营业务收入　　　40 000
　　　　应交税费　　　5 200
(5) 借:销售费用　　1 000
　　贷:银行存款　　　1 000

在会计核算中,编制会计分录实际上是企业根据原始凭证所编制的记账凭证的简化形式。记账凭证除了应标出借、贷记账方向、账户及明细项目、金额外,还应注明日期、凭证编号、经济业务的简明摘要等。具体见第三章第二节“会计凭证”。

会计分录分为简单会计分录和复合会计分录两种。只涉及一借一贷的会计分录为简单会计分录,如【例 2-1】中的业务(1)(2)(3)(5);涉及一借多贷、一贷多借或多借多贷的会计分录为复合会计分录,如【例 2-1】中的业务(4)即为一借多贷形式。

编制会计分录时,账户的对应关系必须清楚,不得将内容不同的经济业务混合编制成多借多贷、对应关系模糊的会计分录。

综上所述:

(1) 企业会计记账应采用借贷复式记账法。

(2) 借贷复式记账法具有以下特点:

① “借”和“贷”究竟表示增加还是减少,取决于账户的性质。一般情况下,借方记录资产和费用的增加,负债、所有者权益和收入的减少;贷方记录负债、所有者权益和收入的增加,资产和费用的减少。

② 记账规则为“有借必有贷,借贷必相等”。

③ 期末,可以运用记账规则和资产与权益的恒等关系来检验一定时期内所发生经济业务在账户中记录的正确性,即进行发生额试算平衡和余额试算平衡。其计算公式如下:

全部账户本期的借方发生额合计＝全部账户本期的贷方发生额合计

全部账户期末借方余额合计＝全部账户期末贷方余额合计

注:试算平衡只能通过借贷金额是否相等来检查账户的记录是否正确。如果借贷不平衡,可以肯定账户的记录和计算有错误。如果借贷平衡,并不能肯定记账没有错误,因为有些错误并不影响借贷双方的平衡。例如,某项经济业务在有关账户中全部被漏记或重记;又如,把应借应贷的账户互相颠倒,或一方错记账户;或借贷双方等额多记或少记;等等。

【例 2-2】续【例 2-1】。编制发生额试算平衡表,如表 2-5 所示。

表 2-5 发生额试算平衡表

会计科目	借方发生额	贷方发生额
银行存款	105 200	31 000
固定资产	100 000	
短期借款	30 000	60 000
应交税费		5 200
实收资本		100 000
主营业务收入		40 000
销售费用	1 000	
合 计	236 200	236 200

【相关知识介绍】

在企业的会计核算中，小企业由于核算内容相对简单，因此，设置的会计科目相对较少，其中绝大多数和一般企业设置的会计科目一致，仅有少量会计科目有所不同，但其核算内容有所差异。小企业会计准则和企业会计准则中设置的主要会计科目转换对照表如表 2-6 所示。

表 2-6 小企业会计准则与企业会计准则主要会计科目转换对照表

小企业会计准则会计科目	企业会计准则会计科目
一、资产类	一、资产类
库存现金	库存现金
银行存款	银行存款
其他货币资金	其他货币资金
短期投资*	交易性金融资产*
应收票据	应收票据
应收账款	应收账款
预付账款	预付账款
应收股利	应收股利
应收利息	应收利息
其他应收款	其他应收款
	坏账准备
材料采购	材料采购
在途物资	在途物资
原材料	原材料

续　表

小企业会计准则会计科目	企业会计准则会计科目
材料成本差异	材料成本差异
库存商品	库存商品
	发出商品
商品进销差价	商品进销差价
委托加工物资	委托加工物资
周转材料	周转材料
消耗性生物资产	消耗性生物资产
	存货跌价准备
长期债券投资*	债权投资*
	债权投资减值准备
长期股权投资	长期股权投资
	长期股权投资减值准备
	投资性房地产
固定资产	固定资产
累计折旧	累计折旧
	固定资产减值准备
在建工程	在建工程
工程物资	工程物资
固定资产清理	固定资产清理
生产性生物资产	生产性生物资产
生产性生物资产累计折旧	生产性生物资产累计折旧
无形资产	无形资产
累计摊销	累计摊销
	无形资产减值准备
长期待摊费用	长期待摊费用
	递延所得税资产
待处理财产损溢	待处理财产损溢
二、负债类	二、负债类
短期借款	短期借款
应付票据	应付票据

续 表

小企业会计准则会计科目	企业会计准则会计科目
应付账款	应付账款
预收账款	预收账款
应付职工薪酬	应付职工薪酬
应交税费	应交税费
应付利息	应付利息
应付股利	应付股利
其他应付款	其他应付款
递延收益	递延收益
长期借款	长期借款
长期应付款	长期应付款
	递延所得税负债
三、所有者权益类	四、所有者权益类
实收资本(或股本)	实收资本(或股本)
资本公积	资本公积
盈余公积	盈余公积
本年利润	本年利润
利润分配	利润分配
四、成本类	五、成本类
生产成本	生产成本
制造费用	制造费用
	劳务成本
研发支出	研发支出
工程施工	工程施工
	工程结算
机械作业	机械作业
五、损益类	六、损益类
主营业务收入	主营业务收入
其他业务收入	其他业务收入
投资收益	投资收益
营业外收入	营业外收入
主营业务成本	主营业务成本

续 表

小企业会计准则会计科目	企业会计准则会计科目
其他业务成本	其他业务成本
税金及附加	税金及附加
销售费用	销售费用
管理费用	管理费用
财务费用	财务费用
营业外支出	营业外支出
所得税费用	所得税费用
	以前年度损益调整

注:1. 以下三类企业不得执行《小企业会计准则》:一是股票或债券在市场上公开交易的小企业;二是金融机构或其他具有金融性质的小企业;三是企业集团内的母公司和子公司。

2. 因经营规模或企业性质变化导致企业不符合小型企业界定标准的企业,应当从次年1月1日起转为执行《企业会计准则》,其会计科目的转换按表2-6来处理。

本章小结

会计科目是对会计基本要素具体分类的项目。中国企业的一级会计科目一般是由财政部统一规定的,对于二级会计科目,企业可以根据实际需要进行设置。会计科目按其性质分为资产类、负债类、共同类、所有者权益类、成本类和损益类。会计账户是根据会计科目开设的,具有一定的格式,可用其对各项经济业务进行连续、系统的记录。

根据会计恒等式得出资产、负债、所有者权益、收入、费用各会计要素之间的增减变动的对应关系,由此规定借贷复式记账原则:

(1) 以“借”“贷”为记账符号,表示增加或减少。资产和费用类项目的增加额记入其账户的借方,负债、所有者权益和收入类项目的增加额记入其账户的贷方;相应地减少额记入与增加额相反的另一方。

(2) 每一笔经济业务均以相等的金额至少同时记入一个账户的借方和另一个对应账户的贷方。记账规则:有借必有贷,借贷必相等。

(3) 每一账户在任何会计期间的期末余额计算公式为:

期末余额 = 期初余额 + 本期增加额 − 本期减少额

任何账户的正常余额都在记录其增加额的一方，即资产和费用类项目应为借方余额；负债、所有者权益和收入类项目应为贷方余额。

企业会计记账采用借贷复式记账法。借贷复式记账法就是以“借”“贷”为记账符号，对每一笔经济业务，都要在两个或两个以上的相互联系的账户中以借贷相等的金额进行登记，用以反映经济业务来龙去脉的记账方法。会计分录是对特定经济业务进行分析而作出的应借、应贷的账户和金额的记录。在会计期末，可以运用记账规则和资产与权益的恒等关系来检验一定时期内所发生的经济业务在账户中记录的正确性，即进行发生额试算平衡和余额试算平衡。

思考题

1. 请解释下列基本概念：复式记账；借贷复式记账法；会计科目；账户；会计分录。
2. 如何理解账户的对应关系？
3. 如何理解复式记账原理和记账规则？
4. 请默写出表 2-1 中带“＊”的会计科目。
5. 如何理解会计科目与会计账户的关系？
6. 试算平衡的方法及意义是什么？

第三章　会计循环

会计核算的过程，通常是通过一系列专门的技术方法，对实际发生的经济业务进行加工处理，生成会计信息的过程。这一过程是周而复始进行的，称为会计循环。

第一节　会计循环概述

一、会计循环流程

会计循环流程如图 3-1 所示。

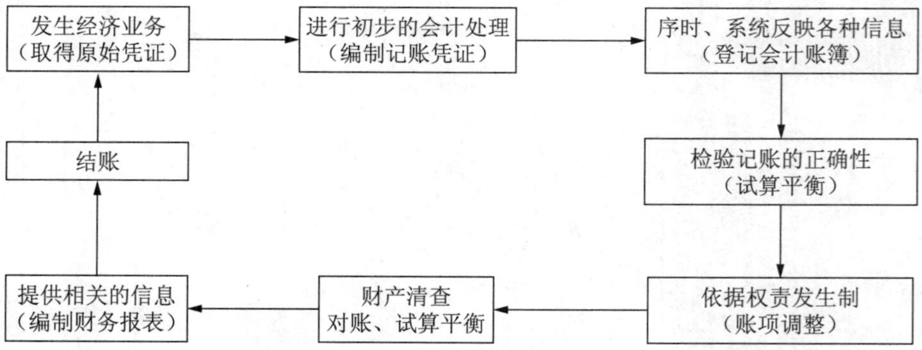

图 3-1　会计循环流程

二、会计循环流程的基本环节

（一）取得原始凭证

原始凭证是指在经济业务发生或完成时取得或填制的，用以记录经济业务发生或完成情况的书面证明，是进行会计核算的基本依据。

（二）编制记账凭证

记账凭证也称分录凭证，它是根据审核无误的原始凭证，分析经济业务，确定应借记和贷记的账户与金额的一种会计凭证。

（三）登记会计账簿

登记会计账簿也称过账，它是根据分录凭证，将借记和贷记的金额分别转记于总分类账和明细分类账或日记账中的相应账户。

（四）编制试算平衡工作表

编制试算平衡工作表，通常在账项调整之前和之后各进行一次，以检查本期实际发生的经济业务过账和账项调整分录过账的正确性，工作表最好采用发生额余额试算平衡表形式。

（五）账项调整

账项调整是根据权责发生制的要求，调整某些账户中的有关记录。如按受益或赚取的会计期间摊配已入账的资本性支出（计提折旧等）或预收的收益；计提相应会计期间已发生但尚未入账的费用，或已赚取但尚未入账的收入。

（六）财产清查

财产清查就是将会计账簿记录与实物、款项及有关资料相互核对，保证会计账簿记录与实物及款项的实有数相符。

（七）结账

结账就是期末在所有的经济业务全部按规定记录完毕后，结清损益类账户。可在编制财务报表之前或之后进行。结账后损益类账户的余额为零。因此，损益类账户也称为虚账户；相应的资产负债表类账户也称为实账户。

（八）编制财务报表

编制财务报表一般是会计核算的最后一个环节。根据试算平衡后的有关账户余额和发生额编制财务报表，可以向有关方面提供财务信息。它以会计账簿为依据，按照规定的格式和编制方法，全面、综合、系统地反映企业特定时点的资产、负债、所有者权益状况及特定时期的经营成果和现金流量状况。

第二节 会计凭证

会计凭证是记录经济业务、明确经济责任的书面证明，是用来登记账簿的依据。会计凭证按照填制程序和用途不同可分为原始凭证和记账凭证两类。

一、原始凭证

会计核算的对象是实际发生的各项经济业务,如何证明这些经济业务已经实际发生或完成,需要有书面的凭据。那些在经济业务发生时取得或填制的,证明经济业务发生和完成情况的书面证明,就是原始凭证。原始凭证是会计核算的基本依据,审核无误的原始凭证是编制记账凭证的合法依据。

(一) 原始凭证的分类

1. 按来源不同,分为外来原始凭证和自制原始凭证

外来原始凭证是由企业外部人员在执行和完成经济业务时填制的,并由本企业有关人员所取得的凭证,如购货发票、增值税专用发票(表 3-1)、借款凭证(表 3-2)。

辽宁增值税专用发票

表 3-1　　发票联

发票代码:
发票号码:
开票日期:20×5 年 10 月 5 日
校验码:

<table>
<tr><td rowspan="4">购买方</td><td colspan="5">名　　称:W 有限责任公司</td><td rowspan="4">密码区</td><td colspan="3" rowspan="4">(略)</td></tr>
<tr><td colspan="5">纳税人识别号:210105433110988</td></tr>
<tr><td colspan="5">地 址、电 话:沈阳市皇姑区香山路 800 号 808-123456666</td></tr>
<tr><td colspan="5">开户行及账号:工商银行香山支行</td></tr>
<tr><td colspan="2">货物或应税劳务、服务名称</td><td>规格型号</td><td>单位</td><td>数量</td><td>单价</td><td colspan="2">金额</td><td>税率</td><td>税额</td></tr>
<tr><td colspan="2">主组件</td><td>A</td><td>件</td><td>20</td><td>3 000.00</td><td colspan="2">60 000.00</td><td>13%</td><td>7 800.00</td></tr>
<tr><td colspan="2">主组件</td><td>B</td><td>件</td><td>20</td><td>2 000.00</td><td colspan="2">40 000.00</td><td>13%</td><td>5 200.00</td></tr>
<tr><td colspan="2">合　计</td><td></td><td></td><td></td><td></td><td colspan="2">¥ 100 000.00</td><td></td><td>¥ 13 000.00</td></tr>
<tr><td colspan="2">价税合计(大写)</td><td colspan="5">壹拾壹万叁仟圆整</td><td colspan="3">(小写)¥ 113 000.00</td></tr>
<tr><td rowspan="4">销售方</td><td colspan="5">名　　称:沈阳洁美有限责任公司</td><td rowspan="4">备注</td><td colspan="3" rowspan="4">沈阳洁美有限责任公司
210124823136631
发票专用章</td></tr>
<tr><td colspan="5">纳税人识别号:210124823136631</td></tr>
<tr><td colspan="5">地 址、电 话:沈阳市和平区七纬路 15 号 0025-00030348</td></tr>
<tr><td colspan="5">开户行及账号:交通银行和平支行</td></tr>
</table>

第三联 发票联 购买方记账联

收款人:　　复核:　　开票人:孙方　　销售方(章):

自制原始凭证是由本企业经办人员在执行和完成经济业务时填制的凭证,如收料单(表 3-3)、产品出库单、材料发出汇总表、固定资产折旧费分配表(表 3-4)。

2. 按填制次数及内容不同,分为一次凭证、累计凭证和汇总凭证

一次凭证是指一次填制完成、只记录一笔经济业务的原始凭证,如发票、银行进账单、领料单、借款单等。

表 3-2 借款凭证

20×5 年 10 月 2 日

<table>
<tr><td rowspan="2">借款单位全称</td><td rowspan="2">W 有限责任公司</td><td rowspan="2">借款种类</td><td rowspan="2">工程借款</td><td colspan="2">开户行</td><td colspan="9">工行香山支行</td></tr>
<tr><td colspan="2">账号</td><td colspan="9">808-1234566666</td></tr>
<tr><td rowspan="2">借款金额
（大写）</td><td rowspan="2" colspan="4">人民币贰拾万元整</td><td>千</td><td>百</td><td>十</td><td>万</td><td>千</td><td>百</td><td>十</td><td>元</td><td>角</td><td>分</td></tr>
<tr><td></td><td>¥</td><td>2</td><td>0</td><td>0</td><td>0</td><td>0</td><td>0</td><td>0</td><td>0</td></tr>
<tr><td rowspan="2">贷款用途</td><td rowspan="2" colspan="2">建造生产线</td><td rowspan="4">分次还款记事</td><td colspan="2">年</td><td colspan="2">月</td><td colspan="2">日</td><td colspan="2">偿还</td><td colspan="2">借欠</td><td>复核</td></tr>
<tr><td colspan="2"></td><td colspan="2"></td><td colspan="2"></td><td colspan="2"></td><td colspan="2"></td><td></td></tr>
<tr><td rowspan="2">约定还款期限</td><td rowspan="2" colspan="2">20×8 年 10 月 2 日</td><td colspan="2"></td><td colspan="2"></td><td colspan="2"></td><td colspan="2"></td><td colspan="2"></td><td></td></tr>
<tr><td colspan="2"></td><td colspan="2"></td><td colspan="2"></td><td colspan="2"></td><td colspan="2"></td><td></td></tr>
<tr><td colspan="4">根据你单位的申请，经我行审查同意，将此贷款转入你单位账户。</td><td colspan="11">中国建设银行×市
分行财务专用章</td></tr>
</table>

表 3-3 收料单

供货单位：*沈阳洁美有限责任公司*　　20×5 年 10 月 5 日　　材料类别：*原材料*

材料编号	材料名称	规格	材质	单位	数量		实际成本			
					发货票	实收	材料金额	运杂费	实际单价	合计
	主组件	A		件	20	20			3 000.00	60 000.00
	主组件	B		件	20	20			2 000.00	40 000.00
	合　计					40				¥ 100 000.00

质量检验员：　　仓库验收：程行　　经办人：罗林

表 3-4 固定资产折旧费分配表

20×5 年 10 月 20 日

项　目	生产车间	管理部门	合　计
房屋折旧费	1 000.00	500.00	1 500.00
合　计	1 000.00	500.00	¥ 1 500.00

会计主管：冯雪　　制单：肖伟

累计凭证是指在一定时期或一定限额内，多次累计记录发生的同类型经济业务的原始凭证。具有代表性的累计凭证是限额领料单，如表 3-5 所示。

汇总凭证是指对一定时期内，经济业务相同而数量较多的若干张原始凭证，可以按照一定的目的要求，进行汇总而形成的原始凭证，如发出材料汇总表（表 3-6）、差旅费报销单、工资结算汇总表等。

表 3-5　限额领料单

领料部门：　　　　　　　　　　　　　　　　　　　　　　仓库编号：
领料用途：　　　　　　　　年　　月　　日　　　　　　　发料仓库：

材料类别	材料编号	材料名称及规格	计量单位	领用限额	实际领用	单价	金额	备注
供应部门负责人：					计划生产部门负责人：			
日期	领用				退料			限额结余
	请领数量	实发数量	发料人盖章	领料人盖章	退料数量	退料人盖章	收料人盖章	

表 3-6　发出材料汇总表

20×9 年 10 月 20 日

用途	主组件 A			主组件 B			零配件	金额合计
	数量（件）	单价	金额	数量（件）	单价	金额		
生产车间								
其中：Y 型产品	5	3 000.00	15 000.00				6 000.00	21 000.00
Z 型产品				5	2 000.00	10 000.00	4 000.00	14 000.00
合　计	5		15 000.00	5		10 000.00	10 000.00	￥35 000.00

领料人：隋逸　　　　　　　　　　　　　发料人：郑智

（二）原始凭证的内容

原始凭证的内容包括七个方面：

（1）原始凭证的名称。

（2）填制凭证的日期。

（3）接受凭证单位的名称。

（4）经济业务的内容（含数量、单价和总额）。

（5）填制凭证单位盖章。

(6) 经办人员的签名或盖章。

(7) 其他。

在实际工作中,根据经营管理和具体业务的需要,除上述基本内容外,还可以增加必要的内容。如对于一些单位经常发生的共同性经济业务,有关部门可以制定统一的凭证格式,这样的凭证有增值税专用发票,其凭证上还标明了购货、销货双方的名称、地址和电话、纳税人登记号、开户银行和账号等内容。人民银行统一制定的银行转账结算凭证,其凭证上还标明了结算双方单位名称、账号等内容。

(三) 原始凭证填制的基本要求

(1) 记录的内容真实、完整,符合实际情况。

(2) 签章手续完备,以明确经济责任,确保凭证的合法性、真实性。

(3) 填制要及时、准确,书写清楚、规范。原始凭证要按规定填写,文字要简明扼要,不得使用未经国务院公布的简化汉字。大小写金额必须相符且填写规范,小写金额前要加人民币符号"￥",紧随其后的金额不得连笔书写;大写金额前应有人民币字样,大写金额到元、角止的,后面要写"整"或"正"字。如小写金额￥3 006.50,大写金额应写成"人民币叁仟零陆元伍角整"。

(4) 编号要连续。对外凭证必须有连续的编号。

(5) 不得随意涂改、刮擦、挖补。原始凭证有错误的,应由出具单位重开或更正,更正时需加盖出具单位印章;若金额有错误的,则只能由出具单位重开,不得更改。若发票、支票等重要凭证写错作废时,不得撕毁,应加盖"作废"戳记,妥善保管。

(四) 原始凭证的审核

对原始凭证审核的主要内容包括:

(1) 业务内容是否合法、合理。合法性是指是否符合国家的法律法规;合理性是指是否符合企业生产经营有关的计划、预算,合同、契约以及有关的开支标准等。

(2) 填列项目是否完整、正确。完整性是指基本项目是否填列齐全,有关人员或单位是否全部签章等;正确性是指金额的计算和书写、凭证的更改以及使用的凭证联次等是否正确。

(五) 原始凭证审核后的处理

(1) 对于完全符合要求的原始凭证,应转入下一个会计处理程序——据此编制记账凭证。

(2) 对于合法、合理但内容不够完整、正确的原始凭证,应退回给有关的经办人员予以补充完整、更正或重开。

(3) 对于不合法合理的原始凭证,会计人员应不予受理;对于违法、违纪的,应及时向单位负责人报告。

二、记账凭证

记账凭证是由会计部门依据审核无误的原始凭证填制的,指明经济业务所涉及的账户名称、金额和记账方向的凭证,也是登记会计账簿的直接依据。通常编制的会计分录就是记账凭证的简化形式。

编制记账凭证的目的是对记载企业所发生的各种经济业务的原始凭证进行分析、整理,形成规范的分录凭证,作为记账的依据,以此保证账簿记录的正确、整洁。同时,记账凭证有严格的顺序编号,并将有关的原始凭证粘附于记账凭证之后,以便于存档和查阅。

填制记账凭证,是会计处理程序中的第一个关键步骤。

(一) 记账凭证的分类

按照经济业务是否涉及货币资金,可分为收款凭证、付款凭证和转账凭证。

收款凭证是用于记录与库存现金或银行存款收款有关经济业务的记账凭证,如表 3-7 所示。

付款凭证是用于记录与库存现金或银行存款支付有关经济业务的记账凭证,如表 3-8 所示。

转账凭证是用于记录与库存现金和银行存款收支无关的经济业务的记账凭证,如表 3-9 所示。

在经济业务简单、规模较小、收付款业务不多的企业,可以采用编制一种通用记账凭证来记录所有的经济业务。即将所有的经济业务都用一种相同格式的凭证来编制分录,并顺次编号,通用记账凭证如表 3-10 所示。

表 3-7 收款凭证

借方科目　　　　　　　　　　　　年　月　日　　　　　　　　收字第　号

摘要	贷方科目		记账	金额
	一级科目	二级或明细科目		
合　计				

附件　张

会计主管:　　　记账:　　　出纳:　　　审核:　　　制单:

表 3-8 付款凭证

贷方科目　　　　　　　　　　　　年　月　日　　　　　　　　付字第　号

摘　要	贷方科目		记账	金额
	一级科目	二级或明细科目		
合　计				

附件　张

会计主管:　　　记账:　　　出纳:　　　审核:　　　制单:

表 3-9 转款凭证

年 月 日　　　　　　转字第 号

摘 要	会计科目		记账	借方金额	贷方金额
	一级科目	二级或明细科目			
合 计					

附件 张

会计主管：　　记账：　　出纳：　　审核：　　制单：

表 3-10 通用记账凭证

出纳编号

沈财会账证 44-3 号　　年 月 日　　凭证编号

摘要	结算方式	结算号数	会计科目		借方金额											记账符号	贷方金额											记账符号
			总账科目	明细科目	亿	千	百	十	万	千	百	十	元	角	分		亿	千	百	十	万	千	百	十	元	角	分	
附单据 张 合 计																												

会计主管人员：　　记账：　　稽核：　　制单：　　出纳：　　交领款人：

(二) 记账凭证的内容

记账凭证的内容主要包括：

(1) 记账凭证名称。一般为收款、付款、转账凭证或通用记账凭证。

(2) 填制凭证的日期。一般为填制凭证的当日，一般应尽可能与原始凭证的日期相同或略稍后。

(3) 凭证的编号。若采用通用记账凭证，按本期经济业务发生的顺序，顺次编号。如根据一张原始凭证编制两张记账凭证，可编号为“$5\frac{1}{2}$”，表示第五笔业务有两张记账凭证；若采用收款、付款、转账凭证则分类编号，如“收 1”“付 1”“转 5”等。

(4) 经济业务内容摘要。要求该内容应简明扼要。

(5) 经济业务所涉及的会计科目名称（含明细项目）、记账方向和金额。

（6）所附原始凭证张数。它是指编制本张记账凭证所依据的原始凭证数目。

（7）记账标记。它用于记账人员登记账簿后，在记账凭证上所作的标记。

（8）会计主管、记账、审核、制单及出纳等有关人员的签章。

【例 3-1】 根据表 3-2 所示的原始凭证，编制记账凭证。编制完成的记账凭证如表 3-11 所示。

表 3-11　通用记账凭证

出纳编号

沈财会账证 44-3 号　　20×5 年 10 月 2 日　　凭证编号　4

摘要	结算方式	结算号数	会计科目		借方金额											记账符号	贷方金额											记账符号
			总账科目	明细科目	亿	千	百	十	万	千	百	十	元	角	分		亿	千	百	十	万	千	百	十	元	角	分	
收到长期借款			银行存款	工行香山支行				2	0	0	0	0	0	0	0													
			长期借款	建行×市分行																2	0	0	0	0	0	0	0	
附单据	壹	张	合　计				¥	2	0	0	0	0	0	0	0				¥	2	0	0	0	0	0	0	0	

会计主管人员：　　记账：　　稽核：　　制单：秦勤　　出纳：　　交领款人：

（三）记账凭证审核的主要内容

（1）记账凭证与其所附原始凭证的内容是否相符，张数是否相等。

（2）记账凭证使用的应借、应贷的会计科目是否正确，是否符合国家的统一规定。

（3）记账凭证的金额与其所附原始凭证的金额是否一致，计算是否正确。

（4）凭证各个项目是否填制齐全，有关人员是否已签章。

此外，出纳人员在收、付款业务办理完毕后，应在相关的收、付款记账凭证上加盖“收讫”或“付讫”的戳记，以免重收重记。

涉及货币资金之间的收付款业务，只需编制一张付款凭证。例如，从银行提取现金业务，库存现金增加，银行存款减少。这笔业务所涉及两个会计科目都是货币资金，这样的经济业务只需编制一张记账凭证。按付款方，即减少的一方为准，此项应编制一张银行存款付款凭证。

只有经审核无误后的记账凭证，才能作为登记账簿的依据。

三、会计凭证的装订与保管

会计凭证是重要的经济档案，要定期分类、整理，按凭证编号顺序，连同所附的原始凭证一起加具封面、封底装订成册。装订人员在装订线上加贴封条并签名或盖章。

会计凭证封面应注明单位名称、凭证种类、凭证张数、起止号数、年度、月份、会计主管人员、装订人员等有关事项，会计主管人员和保管人员应在封面上签章。

会计凭证通常应由专人保管。会计凭证的保管期限一般为30年。

第三节　会计账簿

根据企业发生的每一项经济业务编制的分录凭证，能够很具体、详细地反映个别经济业务的内容，但它是分散的、互不联系的。若要全面、连续地具体反映每一类经济业务，就要按照一定的程序和方法，将会计凭证登记到具有专门格式的账页中去，这种把具有一定格式的账页连接在一起，连续、系统地记录和反映各项经济业务内容的簿籍，称为账簿。

一、会计账簿的分类

（一）按照账簿的用途，可分为序时账、分类账和备查账

1. 序时账

序时账也称日记账，是按照经济业务发生或完成日期的先后顺序，进行逐日、逐笔、连续登记的账簿。具体分为普通日记账和特种日记账。前者用来记录全部经济业务，如在西方国家常用的会计分录簿；后者仅用来记录某一类经济业务，如库存现金日记账、银行存款日记账（表3-15）等。

2. 分类账

分类账是将各个具体账户系统地集合在一起，分类记载经济业务的账簿。按照所提供会计信息的详略程度可分为总分类账簿和明细分类账簿。总分类账簿简称总账，是按照一级账户来总括反映经济业务，具体按会计六大要素的顺序，反映全部一级账户的信息；明细分类账簿简称明细账，是按照二级或明细账户来分户具体反映经济业务，即用多个二级或明细账户来反映一个一级账户的内容，长期借款明细账的账页形式如表3-16所示。总账提供的是总括的会计信息，明细分类账提供的是详细的会计信息，二者相辅相成，互为补充。

3. 备查账

备查账也称辅助登记账，通常用于对企业的主要账簿（日记账和分类账）中不作登记或登记不够详细的经济业务进行补充登记。例如，受托加工物资等所有权不属于企业的资产，应作备查登记；企业购销活动中产生的商业汇票，尽管分类账簿中反映了应收票据或应付票据的金额，但票据是否带息、票面利率、期限、出票日、到期日、合同号等详细资料要通过登记备查账来反映。

(二)按照账簿的形式,可分为订本账、活页账和卡片账

1. 订本账

订本账是启用之前已将账页装订在一起,并对账页进行了连续编号的账簿。其优点是能避免账页散失和防止抽换账页。其缺点是不能准确地为各账户预留账页:预留太多,造成浪费;预留太少,影响连续登记。这种账簿一般适用于总分类账、库存现金日记账、银行存款日记账。

2. 活页账

活页账是将账页装在活页账夹中,随时使用随时抽取,在账簿登记完毕之后(通常是一个会计年度结束之后),再将已登记的账页予以装订,加具封面,并给各账页连续编号。其优点是记账时可根据实际需要使用账页,既节约成本,又便于分工记账;其缺点是如果管理不善,可能会造成账页散失或故意抽换账页。通常适用于各种明细分类账,如应收账款、短期借款、实收资本等明细分类账。

3. 卡片账

卡片账是将账户所需格式印制在硬质卡上,放置在特制的卡片箱中,随用随取,但不加以装订。其本质也是一种活页账,优点是可以长期使用,一般不需逐年更换,能随同实物转移。通常适用于一些财产物资的实物登记,如固定资产登记卡、低值易耗品登记卡、材料卡等。

(三)按照账簿的账页格式,可分为三栏式、多栏式、数量金额式和双币式账簿

1. 三栏式账簿

三栏式是指有借方、贷方和余额三个基本金额栏目的账簿,在会计实务中较为常用,适用于总账和反映债权债务关系的非实物明细账,如表 3-15、表 3-16 所示。

2. 多栏式账簿

多栏式是在账簿的基本栏目借方和贷方按需要分设若干专栏的账簿,专栏设在借方,还是设在贷方,或是两方同时设专栏,设多少专栏,则根据需要确定,适用于收入、费用、生产成本等明细账。借方多栏式明细账(制造费用明细账)如表 3-12 所示。

表 3-12　制造费用明细账

产品名称:甲产品　　　　　　　　　　　　　　　　　　　　单位:元

20××年		凭证号数	摘　要	成　本　项　目			
月	日			直接材料	直接人工	制造费用	合计
3	1		月初余额	6 000	3 400	1 600	11 000
	1		本月领用材料	13 000			13 000
	31		生产工人薪酬		7 400		7 400
	31		本月电费	1 250			1 250
	31		本月制造费用			2 450	2 450
	31		本月发生额	14 250	7 400	2 450	24 100
	31		结转完工产品成本	20 250	10 800	4 050	35 100
	31		月末余额	0	0	0	0

3. 数量金额式账簿

数量金额式是在账簿的借方、贷方和余额三个栏目内，再分设数量、单价和金额三小栏，以反映财产物资的实物数量、单价和总价值，适用于反映实物的明细账，如原材料、库存商品、周转材料等。数量金额式明细账（原材料明细账）如表 3-13 所示。

表 3-13 原材料明细账

二级科目：原料及主要材料　　　　计量单位：千克
材料名称：B 材料　　　　最高储备：
材料规格：　　　　最低储备：

20××年		摘要	收入			发出			结存		
月	日		数量	单价	金额	数量	单价	金额	数量	单价	金额
3	1	月初余额							500	2	1 000
	6	车间领用				100	2	200			
	10	购入	1 000	2	2 000						
	12	车间领用				500	2	1 000			
		……	……	……	……	……		……			
3	31	本月发生额及月末余额	4 000	2	8 000	3 600	2	7 200	900	2	1 800

4. 双币式账簿

双币式账簿是在账簿的借方、贷方和余额三个栏目内，再分设外币金额、汇率和人民币金额三小栏，以反映外币原值金额、折算所用的汇率以及折算出的人民币金额，适用于有外汇业务的企业。双币账（外币账）如表 3-14 所示。

表 3-14 外币账

总账科目
GEN.IEG.A/C ________　分类账（外币）
明细科目　LEDGER(FOR.CY.)　外币名称　科目编号
SUB.IEG.A/C ________　FOR.CY ________　A/C NO. ________

年 DATE		凭证号数 VOUCHER NO.	摘要 EXPLANATION	借方 DEBIT			√	贷方 CREDIT			√	借或贷 DE/CR	余额 BALANCE		
月	日			外币金额 FOR.CY. AMOUNT	汇率 FX RATE	人民币金额 RMB AMOUNT		外币金额 FOR.CY. AMOUNT	汇率 FX RATE	人民币金额 RMB AMOUNT			外币金额 FOR.CY. AMOUNT	汇率 FX RATE	人民币金额 RMB AMOUNT

二、账簿的主要内容

（1）封面。主要表明账簿的名称，如总账、明细账、银行存款日记账等。

(2) 扉页。列明账簿启用和经管人员一览表、账户目录。

(3) 账页。其格式因账簿不同而有所区别,但主要内容应包括:

① 账户的名称,包括总分类账户、二级账户或明细账户。

② 过账日期。

③ 凭证种类和编号。

④ 摘要。

⑤ 借方、贷方金额。

⑥ 余额及余额方向。

⑦ 总页次和分户页次。

三、登记账簿的方法

(1) 日记账是按照经济业务发生的时间先后顺序,进行逐日逐笔的登记。库存现金日记账和银行存款日记账必须采用订本式账簿。一般应于每日终了计算出当日收入、支出合计数及余额,并将余额与库存现金核对相符,做到日清日结,每月月末还要汇总计算出当月全部收入、支出合计数及余额,将银行存款日记账余额与银行对账单余额核对相符。切实保证库存现金、银行存款账务处理的正确性及实物的安全完整性。银行存款日记账的登记如【例 3-2】中表 3-15 所示。

(2) 总分类账是按总分类账户(或一级账户)分别开设的账簿,一般为三栏式账页。在登记时,根据业务量的多少,可依据每张记账凭证逐笔过入,也可先将记账凭证采用一定的方法汇总定期编制成汇总记账凭证或科目汇总表,然后再据其过入总账,以减少登记总账次数。根据科目汇总表填制总账的方法如【例 3-3】中表 3-17、表 3-18 所示。

(3) 明细分类账依据总分类账户设置,根据会计核算业务的需要,开设二级明细账户或三级明细账户,一般采用活页式账簿。明细账的登记方法,应根据业务量的大小、管理上的需要以及所记录的经济业务而定,可以根据原始凭证、记账凭证逐笔登记,也可以根据这些凭证逐日或者定期汇总登记。长期借款明细账的登记如【例 3-2】中表 3-16 所示。

【例 3-2】 根据【例 3-1】编制的记账凭证表 3-11,登记银行存款日记账和长期借款明细账。登记结果如表 3-15 和表 3-16 所示。

【例 3-3】 根据科目汇总表(表 3-17),登记固定资产总账,登记结果如表 3-18 所示。

四、登记账簿的要求

为了保证账簿记录的正确性,必须根据审核无误的会计凭证登记会计账簿。账簿登记的具体要求如下:

(1) 日常记账必须使用蓝黑墨水或碳素墨水,用钢笔书写,不得用铅笔或圆珠笔书写,以保持账簿记录的持久性,并防止涂改。

(2) 记账的文字和数字一般应占行高的二分之一以下。账簿中书写的文字和数字上面要留有适当的空间,以备发生过账错误时进行更正之用。

表 3-15 银行存款日记账

20×5年		凭证编号	摘要	借方											贷方											借或贷	余额										
月	日			亿	千	百	十	万	千	百	十	元	角	分	亿	千	百	十	万	千	百	十	元	角	分		亿	千	百	十	万	千	百	十	元	角	分
9	30		月末余额																							借				2	0	0	0	0	0	0	0
10	2	3#	收到短期借款					6	0	0	0	0	0	0																							
	2	4#	收到长期借款				2	0	0	0	0	0	0	0												借				4	6	0	0	0	0	0	0
			日计				2	6	0	0	0	0	0	0												借				4	6	0	0	0	0	0	0

表 3-16 长期借款明细账

账户名称:长期借款　　子目　建行×市分行　　细目　　第 56 页

20×5年		凭证编号	摘要	借方											贷方											核对号	借或贷	余额										
月	日			亿	千	百	十	万	千	百	十	元	角	分	亿	千	百	十	万	千	百	十	元	角	分			亿	千	百	十	万	千	百	十	元	角	分
10	2	4#	收到长期借款															2	0	0	0	0	0	0	0													

表 3-17　科目汇总表

20×5 年 10 月 31 日

凭证编号汇 1 $\frac{1}{3}$

会计科目	金额																						总账页次
	借方											贷方											
	亿	千	百	十	万	千	百	十	元	角	分	亿	千	百	十	万	千	百	十	元	角	分	
库存现金					1	8	2	0	0	0	0					1	7	9	0	0	0	0	1
银行存款				3	0	6	3	8	5	0	0				4	6	2	3	2	6	0	0	2
交易性金融资产					6	2	4	0	0	0	0												3
应收票据					1	9	7	7	5	0	0												4
应收账款					1	5	8	2	0	0	0												5
其他应收款						2	0	0	0	0	0						2	0	0	0	0	0	6
在途物资						3	0	0	0	0	0						3	0	0	0	0	0	7
原材料				1	4	0	2	0	0	0	0					3	5	6	0	5	3	1	8
周转材料						4	2	0	0	0	0							8	8	0	0	0	9
库存商品					5	2	2	5	7	7	0					4	1	0	1	2	4	0	10
长期股权投资				1	0	0	0	0	0	0	0												11
债权投资					1	0	0	0	0	0	0												12
固定资产				1	8	0	3	4	0	0	0				1	0	0	0	0	0	0	0	13
在建工程				2	0	1	0	0	0	0	0												
无形资产				3	0	0	0	0	0	0	0												
待处理财产损溢							7	1	9	7	0							7	1	9	7	0	
附记账凭证　　张数																							

会计主管人员：冯雪　　记账：苏惠　　稽核：　　制单：秦勤

表 3-18 固定资产总账

账户名称：固定资产　　　　　　　　　　　　　　　　第 15 页

20×5 年		凭证号数	摘要	借方											贷方											核对号	借或贷	余额										
月	日			亿	千	百	十	万	千	百	十	元	角	分	亿	千	百	十	万	千	百	十	元	角	分			亿	千	百	十	万	千	百	十	元	角	分
9	30		月末余额																								借				4	0	0	0	0	0	0	0
10	31	汇 1 $\frac{1}{3}$	1—31 日汇总				1	8	0	3	4	0	0	0				1	0	0	0	0	0	0	0													
			本月合计				1	8	0	3	4	0	0	0				1	0	0	0	0	0	0	0		借				4	8	0	3	4	0	0	0

(3) 将会计凭证上的内容准确、完整地过入有关的总账、明细账或日记账中。

(4) 在记账凭证上作过账记号并签章。账簿登记完毕,应在记账凭证上签名或盖章,并在"过账"栏内注明账簿页数或划钩,表示记账完毕,避免重记,漏记。

(5) 按账户名称逐行逐页顺序连续登记,不得隔页、跳行。如无意发生隔页、跳行的情况,应在空行、空页处用红色墨水划对角线注销,或者注明"此页空白"或"此行空白"字样,并由记账人员和会计主管人员签章。

(6) 采用规定的方法更正记账错误。发生过账错误时,不得随意刮、擦、挖补或用褪色药水更改字迹。

(7) 前后账页记录用"过次页"和"承前页"衔接。每一账页记录完毕,应在该账页最末一行计算出发生额合计及余额,在该行"摘要"栏注明"转次页"或"过次页",并将这一行金额记入下一页第一行有关"金额"栏内,在该行"摘要"栏注明"承前页",以保持账簿记录的连续性,便于对账和结账。

(8) 按规定定期计算余额,并在"借或贷"栏内注明余额方向——"借"或"贷"。对于计算结果余额为零的账户,应在"借或贷"栏内注明"平"字,在"余额"栏"元"位上写"0"。

(9) 只能在结账、改错、冲账情况下使用红墨水。在会计实务中,红字表示负数。

五、总分类账与明细分类账的平行登记

对于企业实际发生的每一笔经济业务,依据其编制完成的记账凭证,一方面要直接记入、或定期汇总记入有关总分类账户;另一方面还要同时以相同的依据、相同的方向和相等的金额记入所属的有关明细分类账户中。这就是总分类账与明细分类账的平行登记。

总分类账与明细分类账平行登记后的结果应是:

(1) 总分类账有关账户的本期发生额与其所属的各个明细账户本期发生额的合计数相等。

(2) 总分类账有关账户的期末余额与其所属的各个明细账户期末余额的合计数相等。

六、对账

对账是指对各会计账簿的记录,依据复式记账原理和有关勾稽关系,进行账目核对,以保证账证相符、账账相符、账实相符的过程。

对账主要包括:

(1) 各种账簿记录和会计凭证的核对。

(2) 各账簿之间的核对,以及总账与明细账、日记账的核对。

(3) 企业的账簿记录与银行往来、与其他单位债权债务往来等的核对。

(4) 库存现金、财产物资等账面余额与其实际库存额的核对。

对账中如发现不符和错误,应及时查明原因,作出调整。

七、错账的查找与更正方法

(一) 错账的查找

在对账过程中，可能发现账账不一致的情况，其原因可能是由各种各样的差错引起的。如数字错记、漏记、重记或数字颠倒、错位，会计科目记错、借贷记账方向记反等。错账查找的方法主要有四种：

1. 差数法

差数法是按照账账不符的差数查找错账的方法。一般可查出记账过程中只登记了记账凭证的借方或贷方金额，而漏记了另一个记账方向的金额的情况，可以按差额来寻找相关的账簿记录。

2. 尾数法

对于角、分不符的账簿，可以只查找带有小数部分的账簿记录，以减轻查错的工作量，提高工作效率。

3. 除 2 法

除 2 法是用账账不符的差数除以 2 来查找错账的方法。一般可查出将某一会计凭证的借方金额记入了贷方，或将贷方金额记入了借方的情况。此时，用差数除以 2，就得出了方向记错的金额。

4. 除 9 法

除 9 法是用账账不符的差数除以 9 来查找错账的方法。一般可查出记账时将金额数字串位、邻数颠倒的情况。如将 30 写成 300 或将 1 000 写成 100，也可能将 63 写成 36 或将 780 写成 870 等。

(二) 错账的更正方法

账簿记录中发生错误，应根据具体情况予以更正。更正的方法主要有三种：

1. 划线更正法

划线更正法适用于记账凭证正确，会计账簿中有文字或数字错误的情形。更正的方法是：在错误的文字或数字上划一条红线，表示注销，但必须使原有的字迹清晰可辨。在红线的上方空白处用记账笔填写正确的文字或数字，其后加盖记账人员的名章，以明确责任。注意：对于文字错误，只划线更正错误的文字即可；而对于数字错误，必须将整个数字全部划销。如将 2 453.50 误写成 2 435.50，应改为

2 453.50　　　　53

~~2 435.50~~ 印，不得改为 2 4~~35~~.50 印。

2. 红字更正法

红字更正法适用于记账凭证中会计科目用错或记账凭证金额大于应记金额的错误。更正的方法是：用红字填写一张内容与原来编错的记账凭证完全相同的记账凭证，并在“摘要”栏填写“注销×年×月××号记账凭证”字样。据其过账后，红字金额将冲销原来记入的错误数字。然后，再用记账笔编制正确的记账凭证，在“摘要”栏填写“更正×年×月××号记账凭证”字样，据此登记账簿。

【例 3-4】 分配车间管理人员的工资费用 5 000 元,原编制的分录凭证为:

借:管理费用　　5 000

　贷:应付职工薪酬　　5 000

由于车间管理人员的工资费用应由"制造费用"负担,更正时,先用红字编制凭证如下(□内的数字表示红字)。

借:管理费用　　[5 000]

　贷:应付职工薪酬　　[5 000]

然后,用记账笔编制正确的记账凭证,并记账。

借:制造费用　　5 000

　贷:应付职工薪酬　　5 000

3. 补充更正法

补充更正法适用于记账凭证中会计科目正确,但记账凭证金额小于应记金额的错误。更正的方法是:将少记的金额用记账笔编制一张与原来会计科目、记账方向相同的记账凭证,并补充登记入账。

【例 3-5】 接受银行存款投资 10 万元,原编制的分录凭证为:

借:银行存款　　10 000

　贷:实收资本　　10 000

由于少记了 90 000 元,应作补充登记。补充更正凭证为:

借:银行存款　　90 000

　贷:实收资本　　90 000

八、试算平衡与账项调整

(一) 试算平衡

试算平衡就是编制试算平衡工作表,并用试算平衡表来检查过账有无错误的一种方法。具体做法是:分别抄列总账各个账户的借方、贷方本期发生额及期初、期末余额,排列成表格形式,计算全部科目的借方与贷方本期发生额是否相等,期初、期末的借方与贷方余额是否相等。

通常试算平衡在账项调整之前和之后各进行一次,以检查本期实际发生的经济业务过账和账项调整分录过账的正确性。试算平衡表最好采用发生额余额试算平衡表的形式。发生额试算平衡表如表 2-5 所示。

(二) 账项调整

账项调整是根据权责发生制的要求,调整某些账户中的有关记录。包括:

(1) 按受益的会计期间摊配已入账的资本性支出等,如按期计提固定资产折旧等。

(2) 计提相应会计期间已发生但尚未入账的费用,如预提短期借款利息等。

(3) 按相应的会计期间摊配已入账的预收的收益。如预收全部工程款 50 万元，本年度已完成全部工程的 60%，期末应结转收入 50×60%＝30(万元)。

(4) 计提相应会计期间已赚取但尚未入账的收入。如上例中合同约定工程完工一次收款，则期末也应结转收入 30 万元。

九、结账

结账是指在每个会计期末(月末、季末、年末)，将所发生的经济业务全部记录入账的基础上，结算出各账簿本期发生额和期末余额，并试算平衡，为编制财务报表提供数据资料的全部过程。

结账的基本内容包括：

(1) 审核各会计账簿记录，检查本期会计处理是否正确，经济业务是否全部登记入账。

(2) 按照权责发生制确定有关收入和费用的归属期，并将属于本期的收入、费用转入有关账户，以便计算本期经营成果。

(3) 在所有经济业务都登记入账后，应分别汇总计算出本期借方发生额合计和贷方发生额合计，并计算出各类账户的期末余额。

(4) 在填写借、贷方发生额合计一行的上、下方各划一条红线，表示结账，一般日结、月结划单红线，年结则下方应划双红线。

十、账簿的更换与保管

(一) 账簿的更换

在新年度开始时，应更换旧账，建立新账。

年终结账后，抽出活页账中的空白页，装订成册，统一编号归档保管。

(二) 账簿的保管期限

总账、明细分类账和会计凭证应保存 30 年，库存现金日记账和银行存款日记账也应保存 30 年。

第四节　财 产 清 查

《中华人民共和国会计法》规定：各单位应当定期将会计账簿记录与实物、款项及有关资料相互核对，保证会计账簿记录与实物及款项的实有数相符。为了正确掌握各项资产的真实情况,保证会计资料的准确性,必须在账簿记录的基础上运用财产清查这一方法,对本单位各项财产、物资和货币资金等进行定期或不定期的清查,使账簿记录与实物、款项实存数额相符,保证会计核算资料的真实性。

一、财产清查的含义

财产清查就是指根据账簿记录,对各项实物资产、库存现金进行实地盘点,对银行存款和债权债务进行核对,确定其实有数,查明其账存数与实存数是否相符的一种会计核算的专门方法。

二、账实不相符的主要原因

企业在编制财务报表之前应进行财产清查,以此来核实会计核算资料的可靠性和真实性,即要求账簿上所反映的有关财产物资的结存数额同其实有数额一致,即账实相符。但在实际工作中,账簿记录的资料与各项财产物资等的实有数往往不一致。究其原因是多方面的,既有主观原因造成的,如有关人员工作的差错或有意做假账;也有客观原因造成的,如意外的火灾、水灾等。一般主要有以下几个方面的原因:

(1) 各项财产物资在收发过程中,由于计量、检验不准确而发生品种数量或质量上的差错。

(2) 各项财产物资在增减变动时,其凭证和账簿中出现漏记、重记、错记或计算上的错误。

(3) 各项财产物资在保管过程中,由于其物理化学性质等方面的原因,在数量上发生了自然增减变化。

(4) 结算凭证传递不及时而产生的未达账项。

(5) 管理不善或工作人员失职而发生财产物资的损坏变质或短缺。

(6) 不法分子的营私舞弊、贪污盗窃等造成的财产损失。

(7) 自然灾害和意外事故造成的财产物资损失。

为了保证会计资料的客观真实性,企业应通过财产清查发现问题,找到产生差异的原因,并及时处理,确保账实相符。

三、财产清查的意义

(一) 有利于保证会计核算资料的真实可靠

通过财产清查,可以查明各项财产物资的实有数,将实存数与账存数进行对比,确定实有数额和账面数额的差异,分析原因,将盘盈或盘亏数及时调整入账,做到账实相符,以保证账簿记录的真实、可靠,提高会计信息的质量。

（二）有利于保护财产物资的安全完整

通过财产清查，可以查明企业的财产、商品、物资是否完整，各项财产物资的储备和保管情况以及各种责任制度的建立和执行情况，发现企业财产管理上存在的问题，从而采取措施，健全企业的财产物资管理制度，切实保证财产的安全和完整。

（三）有利于挖掘财产物资的潜力，加速资金周转

通过财产清查，可以查明各项财产物资的储备和使用情况，挖掘各项财产物资的潜力，及时处理闲置多余物资，加速资金周转，提高财产物资的使用效果。

（四）有利于维护财经纪律和结算制度

通过对财产物资、货币资金及往来款项的清查，可以查明有关业务人员是否遵守财经纪律和结算制度，有无贪污盗窃、挪用公款的情况；查明各项资金使用是否合理，是否符合有关规定等，促使相关人员自觉地遵纪守法，维护和遵守财经纪律。

四、财产清查的种类

（一）按清查对象的范围不同，分为全面清查和局部清查

1. 全面清查

全面清查就是对企业的全部财产，包括财产物资、货币资金和各项债权债务进行全面盘点和核对。全面清查的内容多、范围广、时间长、工作量大。一般在以下几种情况下，才需要进行全面清查：

（1）年终决算之前，为确保年度财务报表的真实、正确，要进行一次全面清查。

（2）在企业撤销、合并或改变隶属关系，以及中外合资、股份制改造等之前，为明确经济责任，要进行一次全面清查。

（3）在开展资产评估、全面清产核资等活动时，为了摸清家底，准确核定资产，需进行全面清查。

（4）企业主要负责人调离工作前，为明确经济责任，需进行全面清查。

2. 局部清查

局部清查就是根据需要对部分财产物资、债权债务进行盘点和核对。局部清查范围小、内容少、时间短，但专业性较强。清查对象主要是流动性较强的财产。一般在以下情况下，需要进行局部清查：

（1）库存商品、原材料等流动性较大或容易发生溢余、损耗的财产，应在每月、每季轮流盘点或抽查。

（2）各种贵重材料物资，每月至少盘点1次。

（3）库存现金由出纳人员在每日终了时自行清点1次。

（4）银行存款和银行借款每月应与银行核对一次。

（5）各种债权债务，如各种应收、应付、预收、预付等往来款项，每年至少应核对1～2

次,一般采用发函询证的方法与往来单位的有关账项进行核对。

(二) 按清查时间划分,可分为定期清查和不定期清查

1. 定期清查

定期清查是指按事先计划或管理制度规定的时间安排对财产进行的清查。可以是局部清查,如现金、贵重物品的每日清点;也可以是全面清查,如年末决算前的清查。定期清查一般是在年度、季度、月末、每日结账时进行。对实物资产的清查方法有实地盘点法和技术推算法。

(1) 实地盘点法。实地盘点法是指在财产物资存放现场逐一清点数量或用计量仪器确定其实存数的一种方法。此方法数字准确可靠,但工作量较大,如:原材料、包装物、产成品、库存商品、固定资产等。

(2) 技术推算法。技术推算法是指利用技术方法推算财产物资实存数的方法。它适用于大量成堆而难以逐一清点的财产物资的清查,如煤炭、砂石等大宗物资的清查。此方法盘点数字不够准确,但可以减少盘点工作量。

2. 不定期清查

不定期清查是指事先没有计划安排时间,而是根据实际需要对财产进行的临时性清查。不定期清查通常既可以是局部清查,也可以是全面清查。在以下几种情况下,才需要进行不定期清查:

(1) 更换财产物资、库存现金保管人员时,为了分清经济责任,要对其所保管的财产物资、库存现金进行清查。

(2) 发生自然灾害或意外损失时,为了查明损失情况,要对受损财产物资进行清查。

(3) 有关财政、审计、银行等部门对本单位进行会计检查,为了验证会计资料的可靠性,要按检查的要求和范围进行清查。

(4) 单位撤销、合并或改变隶属关系,以及进行临时性清产核资时,应对企业的各项财产物资、货币资金、债权债务进行清查。

五、财产清查的步骤

不同目的的财产清查,应按不同程序进行,但就其一般程序来说,主要包括以下三个步骤:

(1) 成立清查组织。

财产清查涉及面较广、工作量较大,必须专门成立清查组织,具体负责财产清查工作。清查组织应由会计、仓库保管等有关业务部门的人员组成,并由企业主管人员负责清查组织的各项管理工作。

(2) 业务准备工作。

为做好财产清查工作,会计部门和有关业务部门要做好各项业务的准备工作。准备工作主要有以下三项:

① 会计部门应在进行财产清查之前,为账实核对提供正确的账簿资料,并将有关账

簿登记齐全、结出余额。

② 财产物资保管和使用等业务部门为方便盘点核对，应登记好所经管的各种财产物资明细账，并结出余额。将所保管的各种财产物资整理好，贴上标签，标明品种、规格和结存数量。

③ 准备好各种工具和登记用的表册，如“固定资产盘存单”等。

（3）实施财产清查。

在做好各项准备工作以后，应由清查人员根据清查对象的特点，采用相应的清查方法实施财产清查。在盘点财产物资时，财产物资的保管人员必须在场。在盘点现金时，出纳员必须在场。盘点时，要由盘点人员做好盘点记录。盘点结束时，盘点人员应根据财产物资的盘点记录编制“盘存单”，并由盘点人员、财产物资的保管人员及有关责任人签名盖章。同时，应根据有关账簿资料和盘存单资料填制“实存账存对比表”，据其检查账实是否相符，并根据对比结果调整账簿记录，分析差异原因，作出相应的处理。例如，存货盘存单如表 3-19 所示。

表 3-19　存货盘存单

财产类别：　　　　存放地点：　　　　盘点日期：　年　月　日　　　　编号：

编号	存货名称	规格	计量单位	盘点数量	单价	金额	备注

盘点人签章：　　　　　　　　　　保管人签章：

注：存货盘存单是用来记录实物盘点结果、反映实物资产实存数额的原始凭证。

【相关知识介绍】

在中国，会计的发展有着悠久的历史。第一部论及会计业务的著作是唐代史官李吉甫于公元 807 年撰写的《元和国计簿》一书。宋代产生了“四柱清册”记账法，即形成了“旧管＋新收－开除＝实在”的基本关系，演化至今就是“期初结存数＋本期增加数－本期减少数＝期末结存数”的试算平衡关系式。“四柱清册”记账法奠定了中式记账法的理论基础。

在国外，会计记录方面影响较大的是早在 12、13 世纪就出现在意大利的热那亚、威尼斯等城市的借贷记账法，当时人们将这种记账方法称为“威尼斯簿记法”。1494 年，意大利数学家卢卡·帕乔利（Luca Pacioli）通过其著作《数学大全》中的“算数、几何、比与比例概要”部分比较系统地介绍了“复式记账方法”，并结合数学原理从理论上加以概括，这是世界上第一部介绍和论述复式记账法的著作，也是现代会计的起源。

在当今的西方会计中，会计循环和中式会计略有不同，主要差别是从原始凭证到会计账簿的中间环节。在西方会计中，是通过编制“会计分录簿”来搭建从原始凭证到会计账簿的桥梁，而不是编制记账凭证。会计分录簿是会计人员根据审核无误的原始凭证编制会计分录，并按照经济业务发生的时间顺序登记在日记账中。会计分录簿是登记分户账

(明细账)和总账的依据。会计分录簿我们也称为普通日记账。

本章小结

企业的会计核算通常是通过一系列专门的技术方法,对实际发生的经济业务进行加工处理,即通过编制记账凭证、登记会计账簿、编制试算平衡表、账项调整、财产清查、编制财务报表、结账等生成会计信息,这一周而复始的过程,称为会计循环。

会计凭证是记录经济业务、明确经济责任的书面证明,是用来登记账簿的依据。按照填制程序和用途不同可分为原始凭证和记账凭证。原始凭证是在经济业务发生或完成时取得或填制的,证明经济业务发生和完成情况的书面证明。审核无误的原始凭证是编制记账凭证的合法依据。原始凭证按来源不同,分为外来原始凭证和自制原始凭证;按填制次数及内容不同,分为一次凭证、累计凭证和汇总凭证。原始凭证应按其内容和要求填制,并进行审核、处理。记账凭证是由会计部门依据审核无误的原始凭证填制的,指明经济业务所涉及的账户名称、金额和记账方向的凭证,也是登记会计账簿的直接依据。通常编制的会计分录是记账凭证的简化形式。按照经济业务是否涉及货币资金可分为收款凭证、付款凭证和转账凭证。涉及货币资金之间的收付,只需编制一张付款凭证。记账凭证应按规定填写并进行审核,只有经审核无误后的记账凭证,才能作为登记账簿的依据。

会计账簿是把具有一定格式的账页连接在一起,连续、系统地记录和反映各项经济业务内容的簿籍。会计账簿按其用途可分为序时账、分类账和备查账;按其外表形式可分为订本账、活页账和卡片账;按其账页格式分为三栏式、多栏式、数量金额式和双币式账簿。账簿应按要求进行平行登记,定期对账与结账。错账的更正方法有划线更正法、红字更正法、补充更正法。

财产清查就是指根据账簿记录,对各项实物资产、库存现金进行实地盘点,对银行存款和债权债务进行核对,确定其实有数,查明其账存数与实存数是否相符的一种会计核算的专门方法。账实不符一般有多方面的原因。财产清查有利于保证会计核算资料的真实可靠;有利于保护财产物资的安全完整;有利于挖掘财产物资的潜力,加速资金周转;有利于维护财经纪律和结算制度。财产清查按其范围不同,分为全面清查和局部清查;按清查时间划分,可分为定期清查和不定期清查。财产清查应按一定的步骤进行:成立清查组织,进行业务准备工作,实施财产清查。

思考题

1. 请解释下列基本概念：原始凭证；记账凭证；会计账簿；试算平衡；财务会计报表。

2. 会计循环的过程是什么？

3. 会计凭证的种类有哪些？会计凭证包含的内容有哪些？

4. 会计账簿的种类有哪些？各种账簿有何用途？

5. 错账的查找方法有哪些？如何更正错账？

6. 总账与明细账平行登记要点有哪些？

7. 哪些原因会导致账实不符？

8. 何谓财产清查？包括的种类及内容有哪些？

9. 请阐述财产清查的意义。

第四章　筹资与投资业务

由图 1-1 可知，资金来源是企业资金运动的起点。企业的资金主要来自三个渠道：投资人出资形成的企业资本、债权人借贷形成的企业债务和企业一定时期生产经营成果积累形成的留存收益。留存收益将在第十一章予以介绍。对于企业而言，不仅要进行筹资活动，而且，在一定的条件下，也可能进行对外投资，如在证券市场上购买股票、债券等，或向其他单位投资，以债权人或出资人的身份形成自身的权益。本章主要介绍吸收投资、银行借款等筹资业务和对外长、短期投资业务。

第一节　吸 收 投 资

一、概述

组建企业必须要有一定的“本钱”，这是保证企业生产经营活动能够顺利进行的前提条件。

投资人出资，可以用货币出资，也可以用实物、知识产权、土地使用权等能够用货币估价并可以依法转让的非货币财产作价出资，对作为出资的非货币财产应当评估作价，其估价应当符合国家的有关规定，不得高估或者低估其财产价值。

投资人投入到企业中的各种资产形成投资人的权益，这些资产在企业中长期使用，一般情况下无须偿还，投资人也不得抽回投资，但可以依法转让。

二、吸收投资的核算

企业应设置“实收资本”账户，用于核算企业收到投资人投入的资本。该账户属于所有者权益类，其具体核算内容如表 4-1 所示。

表 4-1 实收资本

借方	贷方
按法定程序减少的资本	实际收到投资人出资
	期末余额： 反映企业实收资本余额

“实收资本”账户，企业可按投资人进行明细核算。

【例 4-1】 20×5 年 10 月 1 日，W 公司收到兴达公司以货车投资，双方合同约定价值为 100 000 元，已办妥产权转移手续[1]。请编制 W 公司这项业务的会计分录（假定不考虑增值税）。

注：这里的[1]是第十二章第二节“资产负债表”【例 12-1】中有关经济业务的序号。以下的[2][3]……[60]均如此，全书同，不另作注。

解析：W 公司收到兴达公司的投资，增加了公司的所有者权益，即实收资本增加，应记贷方；同时，收到的货车形成公司的固定资产，资产增加，应记借方。则编制的会计分录如下：

借：固定资产——货车　　100 000

　贷：实收资本——兴达公司　　100 000

【例 4-2】 20×5 年 10 月 1 日，W 公司收到通力公司以土地使用权投资，双方合同约定价值 300 000 元，已办妥产权转移手续[2]。请编制 W 公司这项业务的会计分录（假定不考虑增值税）。

解析：W 公司收到通力公司的投资，增加了公司的所有者权益，即实收资本增加，应记贷方；同时，收到的土地使用权形成公司的无形资产，资产增加，应记借方。则编制的会计分录如下：

借：无形资产——土地使用权　　300 000

　贷：实收资本——通力公司　　300 000

由于企业会计记账采用复式记账法，每发生一笔经济业务都会引起两个或两个以上的对应账户的变化，因此，企业收到投资人出资，在实收资本增加的同时，通常还会引起资产账户相应的增加。一般情况下，常见的与投资人出资相关的资产账户有：

(1)“银行存款”账户。属于资产类，用来核算企业在开户银行存入、支取的款项及结存余额的情况。其具体核算内容如表 4-2 所示。

表 4-2 银行存款

借方	贷方
存入银行账户的款项	从银行账户转出、支取的款项
期末余额： 企业存放在银行的款项结余数	

“银行存款”账户，企业可按开户银行和其他金融机构、存款种类等设置“银行存款日记账”，进行明细核算。

(2)“固定资产”账户。属于资产类，用来核算企业持有的房屋、机器设备、车辆等原始价值（或取得时的历史成本）的增减变动和结存情况。其具体核算内容如表 4-3 所示。

表 4-3　固定资产

借方	贷方
固定资产原值的增加	固定资产原值的减少
期末余额： 固定资产的账面原值总额	

“固定资产”账户,企业可按固定资产类别和项目进行明细核算。

(3)“无形资产”账户。属于资产类,用来核算企业持有的专利权、非专利技术、商标权、著作权、特许经营权、土地使用权等资产的成本。其具体核算内容如表 4-4 所示。

表 4-4　无形资产

借方	贷方
无形资产成本的增加	无形资产成本的减少
期末余额： 无形资产的账面总成本	

“无形资产”账户,企业应按无形资产类别和项目进行明细分类核算。

【例 4-1】【例 4-2】中的会计处理方法,是为了理论教学的方便,对会计实务的一种简化。在会计实务中,像例题所表述的文字是没有的,会计处理依据的是经济业务发生时取得或填制的原始凭证。例题中的会计分录,也是会计实务中记账凭证的简化。以【例 4-1】为例,其原始凭证是实物投资验收表,如表 4-5 所示。

表 4-5　实物投资验收表

投资方:兴达公司　　　　　　　　　　　　　　　　　　　　金额单位:元

名　　称	规格	产地	单位	数量	单价	金额	备注
一、固定资产							
1. 房屋建筑物							
2. 机器设备							
3. 运输工具(货车)			辆	1	100 000.00	100 000.00	
4. 电子设备							
5. 经营家具							
二、流动资产							
1. 原材料							
2. 低值易耗品							
三、无形资产							
1. 土地使用权							
2. 特许权							
合　　计						￥100 000.00	

投资单位:兴达公司　　　　合营公司:W 有限公司
法人代表:王俊　　　　　　法人代表:周明
移交人:李明　　　　　　　验收人:戴伟
20×5 年 10 月 1 日　　　　20×5 年 10 月 1 日

根据表 4-5 编制的记账凭证，如表 4-6 所示。

表 4-6　通用记账凭证

沈财会账证 44-3 号　　　　20×5 年 10 月 1 日　　　　出纳编号　　凭证编号　1

摘要	结算方式	结算号数	会计科目		借方金额											记账符号	贷方金额											记账符号
			总账科目	明细科目	亿	千	百	十	万	千	百	十	元	角	分		亿	千	百	十	万	千	百	十	元	角	分	
收到投资			固定资产	货车				1	0	0	0	0	0	0	0													
			实收资本	兴达公司																1	0	0	0	0	0	0	0	
附单据　壹　张			合　计				¥	1	0	0	0	0	0	0	0				¥	1	0	0	0	0	0	0	0	

会计主管人员：　　记账：　　稽核：　　制单：秦勤　　出纳：　　交领款人：

注：本书中，除了部分例题给出了原始凭证，并据其编制记账凭证的范例外，所编写的其他例题仍然以理论简化的形式来反映各项经济业务的会计处理，但会计实务中必须根据原始凭证来编制记账凭证。

对于股份有限公司的投资人投入的资本，应当使用“股本”账户替代“实收资本”账户，并按投资人进行核算。

股份有限公司应当在核定的股本总数及核定的股份总额范围内发行股票，按股票面值和核定的股份总数之乘积计算的金额作为“股本”。

【例 4-3】X 股份有限公司发行普通股 2 000 万股，每股面值为 1 元，发行价格为每股 5 元。企业的银行存款账户已收到证券公司转来的发行股款 9 900 万元（已扣除发行费用 100 万元）。请编制 X 公司这项业务的会计分录。

解析：X 股份有限公司的银行账户收到股款 9 900 万元，增加了银行存款，应记借方；发行普通股 2 000 万股，每股面值为 1 元，两者的乘积 2 000 万股×1 元/股＝2 000 万元，是公司收到的股本，应记入“股本”账户的贷方；收到的股款 9 900 万元与股本 2 000 万元的差额 7 900 万元为发行股票形成的股本溢价，应记入“资本公积”账户的贷方。应编制的会计分录如下：

借：银行存款　　　　　　　　　　99 000 000

　贷：股本——普通股　　　　　　　　20 000 000

　　资本公积——股本溢价　　　　　　79 000 000

资本公积是一种准资本或资本储备形式，是来源于盈利以外的那部分积累。如资本溢价或股本溢价、其他资本公积等。资本公积可以依法定程序用于转增资本，但不得作为利润进行分配。它由全体所有者共同享有。

企业的“实收资本”或“股本”账户的金额，一般不得随意变更。如果企业收到或取得的资产，是属于资本性质的，其金额超过其在认缴资本中所占的份额部分，应作为资本溢价或股本溢价，在“资本公积”账户核算。

企业应设置“资本公积”账户，用于核算资本溢价或股本溢价等。该账户属于所有者权益类，其具体核算内容如表 4-7 所示。

表 4-7　资本公积

借方	贷方
转增资本减少的金额	资本公积的增加金额
	期末余额： 资本公积的实有额

“资本公积”账户，企业应按资本公积形成的类别进行明细核算。

【例 4-4】 N 公司的资本总额为 100 万元。收到 X 公司出资 22 万元，已存入银行。按合同约定，X 公司的出资比例为 20%。请编制 N 公司这项业务的会计分录。

解析：收到银行存款，资产增加应记借方。因资金来源于 X 公司的投资，应按其在总资本中的份额，作为实收资本入账，所有者权益增加，应记贷方；由于实收出资额超过其在认缴资本中所占的份额 20 000 元，增加资本公积，应记贷方。应编制的会计分录如下：

借：银行存款	220 000	
贷：实收资本——X 公司		200 000
资本公积——资本溢价		20 000

【例 4-5】 P 公司董事会决议，将资本公积 10 万元按出资人投资比例转增资本。在原来的出资中，甲、乙投资者的出资比例分别为 60%和 40%，该公司已按规定办完增资手续。请编制 P 公司这项业务的会计分录。

解析：公司用资本公积转增资本，资本公积减少，实收资本增加，两者都是所有者权益类账户，其增加记贷方，减少记借方。其会计分录如下：

借：资本公积	100 000	
贷：实收资本——甲投资者		60 000
——乙投资者		40 000

第二节　借款业务

企业在进行生产经营活动中，若资金不足时，可以向银行或其他金融机构借款，形成企业的负债。银行借款按还款期限的长短，分为短期借款和长期借款。短期借款是指企业向银行或其他金融机构等借入的、期限在一年以下(含一年)的各种借款；长期借款是指企业借入的、偿还期在一年以上(不含一年)的各种借款。

企业申请借款，必须有一定的财产物资作保证，或有偿还能力的经济实体提供担保。

银行借款必须按用途使用，按合同约定的期限付息、还本。

一、短期借款业务

企业向银行借入短期资金，通常是为了弥补经营运转资金的不足。在会计核算上应设置“短期借款”账户，用于核算企业向银行或其他金融机构等借入的、期限在1年以下的（含1年）的各种借款。该账户属于负债类，其具体核算内容如表4-8所示。

表4-8　短期借款

借方	贷方
归还的借款本金	借款本金的增加
	期末余额： 尚未偿还的借款本金

“短期借款”账户，企业可按借款种类、贷款人和币种进行明细核算。

【例4-6】 20×5年10月2日，W公司与工行×市分行签订借款合同，借入资金60 000元，期限为6个月，年利率为5%。当日W公司收到银行进账单，款项已划入公司开户行工行香山支行账户[3]。请编制W公司这项业务的会计分录。

解析： W公司收到银行进账单，银行存款增加，应记借方；已经收到的资金来自向银行的借款，增加了公司的负债，由于期限是6个月，应记入“短期借款”账户的贷方。则编制的会计分录如下：

借：银行存款——工行香山支行　　60 000

　贷：短期借款——工行×市分行　　60 000

注： 本书中，W公司的开户银行为工行香山支行，以下同。

【例4-6】在会计实务中依据的原始凭证是借款凭证（回单），如表4-9所示，根据原始凭证编制的记账凭证，如表4-10所示。

表4-9　借款凭证（回单）

20×5年10月2日

<table>
<tr><td rowspan="2">借款单位全称</td><td rowspan="2">W有限责任公司</td><td rowspan="2">借款种类</td><td rowspan="2">生产周转借款</td><td colspan="3">放款账号</td><td colspan="3">560</td></tr>
<tr><td colspan="3">存款账号</td><td colspan="3">808-1234566666</td></tr>
<tr><td rowspan="2">借款金额（大写）</td><td rowspan="2" colspan="3">人民币陆万元整</td><td colspan="6">千 百 十 万 千 百 十 元 角 分</td></tr>
<tr><td colspan="6">¥ 6 0 0 0 0 0 0</td></tr>
<tr><td>贷款用途</td><td colspan="2">购买材料</td><td rowspan="2">分次还款记事</td><td>年</td><td>月</td><td>日</td><td>偿还</td><td>借欠</td><td>复核</td></tr>
<tr><td>约定还款期限</td><td colspan="2">20×6年4月2日</td><td></td><td></td><td></td><td></td><td></td><td></td></tr>
<tr><td colspan="3">根据你单位的申请，经我行审查同意，将此贷款转入你单位账户。</td><td colspan="7">中国工商银行×市
分行财务专用章</td></tr>
</table>

表 4-10　通用记账凭证

沈财会账证 44-3 号　　20×5 年 10 月 2 日　　出纳编号　凭证编号 3

摘要	结算方式	结算号数	会计科目		借方金额											记账符号	贷方金额											记账符号
			总账科目	明细科目	亿	千	百	十	万	千	百	十	元	角	分		亿	千	百	十	万	千	百	十	元	角	分	
收到短期借款			银行存款	工行香山支行					6	0	0	0	0	0	0													
			短期借款	工行×市分行																	6	0	0	0	0	0	0	
附单据　壹　张			合　计					¥	6	0	0	0	0	0	0					¥	6	0	0	0	0	0	0	

会计主管人员：　记账：　稽核：　制单：秦勤　出纳：　交领款人：

【例 4-7】 续【例 4-6】。10 月 30 日，W 公司计提本月短期借款利息[49]。请编制此业务的会计分录。

解析：因为企业会计核算采用权责发生制，而银行对短期借款利息通常是按季收取的。由于企业当月已经使用了资金，并为企业创造了价值。因此，企业应按月计提短期借款利息，以便使当期的借款费用与当期的收益配比。

计算本月短期借款利息：

$$60\,000 \times 5\% \div 12 = 250(\text{元})$$

计提短期借款利息时，增加了企业当期的财务费用，费用增加，应记借方；利息在尚未支付以前形成企业的负债，暂记“应付利息”账户，负债增加，应记贷方。则编制的会计分录如下：

借：财务费用——利息支出　　250

　贷：应付利息——工行×市分行　　250

“应付利息”账户，属于负债类，用来核算企业按照合同约定应支付的利息。其具体核算内容如表 4-11 所示。

表 4-11　应付利息

借方	贷方
实际支付的已计提利息	按期计提的利息
	月末余额： 反映企业应付未付的利息

“应付利息”账户，企业可按债权人进行明细核算。

续【例 4-7】。若 W 公司第四季度各月的短期借款利息均已计提，则 12 月月末支付本季度借款利息时，其会计分录如下：

借：应付利息——工行×市分行　　750

　贷：银行存款——工行香山支行　　750

“财务费用”账户，属于费用类，用来核算企业为筹集生产经营所需资金等而发生的费用，包括利息支出（减利息收入）、汇兑损失（减汇兑收益）、相关的手续费、现金折扣等。其具体核算内容如表 4-12 所示。

表 4-12　财务费用

借方	贷方
发生的财务费用	减少的财务费用
月末余额： 反映本月财务费用净支出	

“财务费用”账户，企业可按费用项目进行明细核算。

注：减少的财务费用包括收到利息、取得现金折扣、汇兑收益等。年末，应将财务费用净支出额从本账户贷方转入“本年利润”账户的借方，结转后，此账户应无余额。

二、长期借款业务

企业向银行借入长期资金，通常是为了增添设备、扩建厂房，以扩大生产经营规模。由于所需资金数额较大，需要较长时间才能收回这些资金，因此，企业就需要用借入长期资金的方式来解决资金短缺的问题。

企业应设置“长期借款”账户，用于核算企业向银行或其他金融机构借入的期限在一年以上（不含一年）的各种借款。该账户属于负债类，其具体核算内容如表 4-13 所示。

表 4-13　长期借款

借方	贷方
偿还的长期借款本金	借入长期借款本金的增加
	期末余额： 企业尚未偿还的长期借款本金

“长期借款”账户，企业可按贷款单位和贷款种类进行明细核算。

【例 4-8】20×5 年 10 月 2 日，W 公司与建行×市分行签订合同，借入长期资金 200 000 元用于小型生产线购建工程，期限为 3 年，年利率为 6%。当日收到银行进账单，款项已划入公司的银行存款账户[4]。请编制 W 公司这项业务的会计分录。

解析：W 公司收到银行进账单，银行存款增加，应记借方；已经收到的资金来自银行的借款，增加了公司的负债，由于期限是 3 年，应记入“长期借款”账户的贷方。则编制的会计分录如下：

借：银行存款——工行香山支行　　200 000

　贷：长期借款——建行×市分行　　200 000

企业应按期计提长期借款利息,利息费用的处理因长期借款的资金用途不同而异。在【例 4-8】中,本月长期借款利息的计算及会计处理,详见第八章【例 8-3】(2)。

第三节　对外投资

在企业的正常生产经营活动中,除了为自身的经营业务进行投资外,还有可能为了特定的目的进行对外投资,如在公开的证券市场上购买股票、债券,直接将企业的货币资金、实物资产或无形资产投向其他企业等。对外投资可分为交易性投资、长期股权投资、债权投资等。

一、交易性投资

企业在生产经营过程中,由于生产周期或季节性等因素会出现资金暂时性的闲置多余。为了使这些多余资金能够获取比银行存款利息更高的收益或报酬,企业会选择在公开证券市场上可以自由买卖,且可以随时变现的各种股票、债券或基金等进行投资;同时,在需要资金时,将其出售,或利用其市价的涨落进行投机。这样,既可以使这些多余资金获得证券市价上涨的收益,又可以在企业需要资金时,及时在证券市场上出售变现。

(一)交易性投资的概念

交易性投资是指企业购入的、能够随时转变为现金,并且以公允价值计量的投资,包括股票、债券、基金等。

(二)交易性投资的条件

作为交易性投资应具备两个条件:

(1) 投资市场活跃,能够在公开市场交易并且有明确市价,如各种上市的股票、债券、基金等。

(2) 持有投资是为了有效地利用闲置资金,并保持其流动性和获利性。当企业的现金暂时剩余时,选择短期证券投资获取短期投资收益是最好的理财方法,若需要资金时,可以立即进行兑现。

(三)交易性投资的核算

对于企业进行的交易性投资,应设置"交易性金融资产"账户,用于核算企业持有的各种股票、债券、基金等交易性金融资产的成本。按照企业会计准则,进行交易性投资的取得成本按照公允价值进行计量,发生的交易费用计入当期损益。该账户属于资产类,其具体核算内容如表 4-14 所示。

表 4-14 交易性金融资产

借方	贷方
交易性金融资产(股票、债券、基金等)成本的增加	交易性金融资产的出售、转让成本的减少
期末余额: 反映企业持有的交易性金融资产的成本	

“交易性金融资产”账户,企业可按交易性金融资产的类别和品种进行明细核算。

【例 4-9】 20×5 年 10 月 10 日,W 公司用银行存款购入股票、债券作为交易性投资,其中,股票 10 000 股,每股价格为 4.24 元,假设交易费用忽略不计;债券 200 张,每张面值为 100 元[13]。请编制 W 公司这项业务的会计分录。

解析: 用银行存款购入股票、债券进行交易性投资,交易性金融资产成本增加,应记借方;银行存款减少应记贷方。则编制的会计分录如下:

借:交易性金融资产——股票 42 400
——债券 20 000
贷:银行存款——工行香山支行 62 400

注: 购入交易性金融资产时所支付的交易费用,应计入“投资收益”账户的借方。作为投资时所付出的代价,即投资损失。假如【例 4-9】中,还用银行存款支付了交易费用 600 元,则编制的会计分录应为:

借:交易性金融资产——股票 42 400
——债券 20 000
投资收益 600
贷:银行存款——工行香山支行 63 000

【例 4-10】 续【例 4-9】假定 20×5 年 12 月 1 日,W 公司将持有的股票全部出售,售价为每股 4.50 元,交易费用为 500 元,款项已划入公司账户。请编制 W 公司这项业务的会计分录。

解析: 计算出售股票收回的款项:

$$10\,000 \times 4.50 - 500 = 44\,500(\text{元})$$

计算出售股票投资的收益:

$$44\,500 - 42\,400 = 2\,100(\text{元})$$

公司出售股票收款 44 500 元,增加了银行存款,应记借方;股票已经出售,其交易性金融资产成本减少 42 400 元,应记贷方;其差额 2 100 元为公司出售股票取得的收益,应记入“投资收益”账户的贷方。则会计分录如下:

借:银行存款——工行香山支行 44 500
贷:交易性金融资产——股票 42 400
投资收益——股票投资 2 100

“投资收益”账户,属于损益收入类,用于核算企业对外投资所取得的收益、发生的投资损失等。其具体核算内容如表 4-15 所示。

表 4-15 投资收益

借方	贷方
对外投资发生的投资损失、交易费用等	对外投资所取得的红利、债券利息及出售差价收益
月末借方余额： 表示对外投资净损失	月末借方余额： 表示对外投资净收益

“投资收益”账户,企业可按投资项目进行明细核算。

年末,应将“投资收益”账户累计净收益或净损失转入“本年利润”账户,结转后,此账户应无余额。

二、长期股权投资

长期股权投资是指企业对其他单位进行的各种权益性投资,包括购入的股票和直接以资产向其他单位的投资等。权益性投资,是指通过投资拥有被投资单位的股权,投资企业成为被投资单位的股东,并按所持有的股份比例享有权益、承担责任。

(一) 长期股权投资的目的

长期股权投资的目的多种多样。如为了充分利用各种资源,促进企业间的经济合作;为了积累整笔资金,以备将来扩大生产规模;为了获取长期的经济利益;为了影响和控制被投资企业的经营和决策,以达到保证原材料供应、控制销售渠道、扩大产品的市场份额、实现规模效益以及向重要的供应商提供财务支持的目的等。

(二) 长期股权投资的核算

企业应设置“长期股权投资”账户,用于核算企业进行各种权益性投资的投资成本。该账户属于资产类,其具体核算内容如表 4-16 所示。

表 4-16 长期股权投资

借方	贷方
长期股权投资成本的增加	长期股权投资的收回、转让等成本的减少
期末余额： 反映持有的长期股权投资的成本	

“长期股权投资”账户,企业可按被投资单位进行明细核算。

【例 4-11】 20×5 年 10 月 10 日,W 公司用货车向洁美公司投资,双方协议价值为 100 000 元,已办妥移交手续[14]。请编制 W 公司这项业务的分计分录(假定不考虑增值税)。

解析: 公司用实物对外投资,长期股权投资成本增加,应记借方;对外投资的货车减少了公司的固定资产,应记贷方。则编制的会计分录如下:

借:长期股权投资——洁美公司　　100 000

　　贷:固定资产——货车　　100 000

【例 4-12】续【例 4-11】。假定 20×6 年 2 月 20 日,W 公司收到洁美公司派发的红利 1 500 元,款项已存入银行。请编制 W 公司这项业务的会计分录。

解析:公司对外长期股权投资持有期间收到的红利,属于公司的投资收益,投资收益增加,应记贷方;银行存款增加,应记借方。则编制的会计分录如下:

借:银行存款——工行香山支行　　1 500

　　贷:投资收益——股权投资红利　　1 500

三、债权投资

债权投资是指企业购入的准备长期持有的各种债券投资等。债权投资企业作为被投资企业的债权人,可按期取得固定的利息收入。

企业应设置“债权投资”账户,用于核算企业准备长期持有的国库券、企业债券或金融债券等投资的成本、利息等。该账户属于资产类,其具体核算内容如表 4-17 所示。

表 4-17　债权投资

借方	贷方
投资的成本、应计利息的增加	投资本息的到期收回等
期末余额: 反映企业债权投资的本息	

“债权投资”账户,企业可按债权投资的类别和品种,分别按“成本”和“应计利息”等进行明细核算。

【例 4-13】20×5 年 10 月 10 日,W 公司用银行存款购入 3 年期国债 100 张,每张面值 100 元,企业准备长期持有[15]。请编制 W 公司这项业务的会计分录。

解析:公司用银行存款购入国债,债权投资成本增加,应记借方;银行存款减少,应记贷方。则编制的会计分录如下:

借:债权投资——国债成本　　10 000

　　贷:银行存款——工行香山支行　　10 000

【例 4-14】续【例 4-13】。假定 20×6 年 1 月 10 日,W 公司收到国债利息 500 元存入银行。请编制 W 公司这项业务的会计分录。

解析:公司债权投资持有期间收到的利息,属于公司的投资收益。投资收益增加,应记贷方;银行存款增加,应记借方。则编制的会计分录如下:

借:银行存款——工行香山支行　　500

　　贷:投资收益——国债利息收益　　500

【相关知识介绍】

在小企业会计准则中,小企业取得的交易性投资,用“短期投资”账户核算,采用历史成本计量,发生的相关交易费用计入短期投资成本。在资产负债表日发生的短期投资公允价值的变动,不作任何会计处理。在企业会计准则中,企业取得的交易性投资,用“交易性金融资产”账户核算,采用公允价值计量,发生的交易费用计入投资收益。在资产负债表日发生的交易性投资公允价值的变动,根据公允价值的变动额,借记或贷记“交易性金融资产——公允价值变动”账户,对应的损益类账户为“公允价值变动损益”。其核算举例详见第十一章【例 11-3】。

在小企业会计准则中,企业准备长期(在一年以上)持有的,在一年内不能变现或者不准备随时变现的债券投资,用“长期债券投资”账户核算;而在企业会计准则中,则用“债权投资”账户核算。

本章小结

一般企业吸收投资者投入的资本,用所有者权益类账户“实收资本”核算。股份有限公司吸收投资者投入的资本,应当使用“股本”账户替代“实收资本”账户。当企业收到或取得的资产,是属于资本性质的,金额超过其在资本中所占的份额部分,用“资本公积”账户核算,此账户也属于所有者权益类。企业收到投资人以货币、房屋、设备、专利权等出资,在资本账户增加的同时,还会引起相应的资产账户“银行存款”“固定资产”“无形资产”等的增加。

企业向银行或其他金融机构借款,形成企业的负债。向银行借款按还款期限的长短,分为短期借款和长期借款,分别用负债类账户“短期借款”和“长期借款”账户核算。短期借款是指企业向银行或其他金融机构等借入的、期限在一年以下(含一年)的各种借款;长期借款是指企业借入的、偿还期在一年以上(不含一年)的各种借款。根据权责发生制的要求,企业应按月计提短期借款利息,增加企业当期的“财务费用”(费用类账户);利息在尚未支付以前形成企业的负债,暂记“应付利息”(负债类账户)。企业应按期计提长期借款利息,利息费用的处理因长期借款的资金用途不同而异。

对外投资可分为交易性投资、长期股权投资、债权投资等。交易性投资是指企业购入的能够随时转变为现金,并且以公允价值计量的投资,包括股票、债券、基金等。交易性投资应具备两个条件:一是投资市场活跃,能够在公开市场交易并且有明确市价;二是持有投资是为了有效地利用闲置资金,并保持其流动性和获利性。企业对外交易性投资的成本,用资产类账户“交易性金融资产”核算。长期股权投资是指企业对其他单位进行的各种权益性投资,包括购入的股票和直接以资产向其他单位的投资等。企业对外长期股权投资的成本,用资产类账户“长期股权投资”核算。长期股权投资的目的是多种多样的。债权投资是指企业购入的准备长期持有的各种债券等。企业购入的、准备长期持有的国债、企业债券或金融债券等投资的成本,用资产类账户“债权投资”核算。企业对外投资持有期间收到的红利、债券利息、发生的投资损失等计入损益收入类账户“投资收益”。

思　考　题

1. 何谓筹资业务？
2. 如何理解资本的意义？
3. “短期借款”与“长期借款”账户的核算内容有何异同？
4. 对外投资业务包含哪些内容？
5. 银行的借款利息应如何进行会计处理？

核　算　题

一

1. **目的**：练习投入资本的核算。

2. **资料**：A、G、H公司发生以下经济业务：

(1) A公司经批准发行普通股股票200万股，每股面值为1元，发行价格为4元，发行费用为80万元，所得股款已收妥入账。

(2) G公司是由甲、乙两位投资人共同出资组建的有限责任公司，其出资额分别为30万元和50万元，其中，甲用固定资产作价出资20万元，乙用无形资产作价出资15万元，其余部分，各方均以银行存款补足。全部投资均已到位。

(3) H公司董事会决定，将20万元资本公积转增资本。在资本总额中，甲、乙两位投资人的出资比例分别为37.5%、62.5%，公司按投资比例转增资本。

3. **要求**：编制A、G、H公司上述业务的会计分录。

二

1. **目的**：练习借款业务的核算。

2. **资料**：A公司20×5年12月发生以下经济业务：

(1) 1日，从银行借入资金120 000元，期限为6个月，年利率为5%，款项已划入公司账户。

(2) 1日，从银行借入900 000元用于房屋建造工程，期限为2年，年利率为6%，合同规定到期一次还本付息。款项从借入时起，全部投入工程使用。

(3) 29 日,接到银行“短期借款利息付款通知单”,本季应付短期借款利息 45 000 元。经查这项借款利息是 10 月月初借款产生的,10 月、11 月各已计提利息 15 000 元。

(4) 30 日,计提本月短期借款利息。

(5) 30 日,计提本月长期借款利息。

3. **要求**:编制 A 公司以上业务的会计分录。

三

1. **目的**:练习对外投资业务的核算。

2. **资料**:A 公司 20×5 年 11 月份发生如下投资业务(假定不考虑增值税):

(1) 5 日,公司用暂时闲置的资金购入 C 公司发行的普通股股票 20 000 股,每股买价为 10 元,另外支付交易费用 850 元。

(2) 8 日,公司用固定资产向 D 公司投资,双方协议价值为 150 000 元,已办妥财产移交手续。

(3) 12 日,公司购入 E 公司当日发行的三年期、面值 100 元、票面利率 6%、到期一次还本付息的债券 200 张,支付价款 20 000 元,公司准备长期持有。

(4) 25 日,出售 5 日购入的 C 公司股票 10 000 股,每股卖价为 12.5 元。支付的交易税费 500 元直接从收款中扣除,上述款项均已通过银行收付。

3. **要求**:编制 A 公司以上业务的会计分录。

第五章　购销业务与商业账款

企业组建完成，筹集到生产经营活动所需的资金后，需要进行生产准备。以制造业为例，要开始生产，需要有场地、设备，需要购买原材料等生产经营所必需的物资，这种购入物资的业务即为购货业务。企业经过一段时间的生产活动，将加工出来的产品验收入库，并对外出售商品，从而取得收入，收回资金，这种销售商品的业务即为销货业务。本章主要介绍购入材料物资、销售商品和结算货款等业务的核算。

第一节　购销业务概述

在企业的购销业务中，通常会涉及买方和卖方。

在购货业务中，企业就是买方（或购货方）。通常采购部门要根据存货需求或市场供求状况，提出订货，选定供货商，商洽商品交易的数量、规格、单价、交货地、运输以及货款的结算等，并填制订购单。

在销货业务中，企业则为卖方（或销货方）。通常根据购货方的订购单，组织发运商品，同时开出发票连同提货单寄送给买方，发票上应注明发运商品的名称、数量、规格、单价和总金额，增值税专用发票中还应注明税率、税款额等。

在企业的购销业务中，洽谈的关键是价格，这又要涉及有关的折扣问题。

一、商业折扣

商业折扣是指销货企业根据市场供需情况或针对不同的顾客，而给予的价格优惠。即在出售商品时，其发票价格按商品价目单上的标价打一定的折扣，扣减的数额即为商业折扣。如客户购买 20 件以上商品，价格上给予 15%的折扣；或采用附赠商品形式，如买 5 个送 1 个等。

【例 5-1】 M 公司洗衣机的销售价格为每台 1 000 元，若一次购买 20 台以上（含 20 台），可以得到 25%的商业折扣。现有 L 公司购买洗衣机 20 台，则 M 公司开出的发票价格计算如下：

按商品价目表计算的销售额 = 1 000 × 20 = 20 000(元)
商业折扣 = 20 000 × 25% = 5 000(元)
发票价格 = 20 000 − 5 000 = 15 000(元)

通常购货企业采购的数量越多,从销货企业那里获得的商业折扣越大,即采购价格越低。市场上,企业为了扩大销售份额、有利于季节性销售和市场竞争等,常常采用商业折扣这一促销手段。

商业折扣一般在交易发生时就已确定,它仅仅是确定实际销售价格(即发票价格)的一种手段,不需在买卖双方任何一方的账面上反映,会计记账是以发票价格为基准的。

二、现金折扣

在商业信用条件下,商品交易可以采取赊销或现销的方式。现销是指在商品销售的同时收回货款,即交款提货或"钱货两清"。现销方式对销货企业而言一般没有风险。赊销是指在商品销售一段时间后才能收回货款,通常要规定一个清偿账款的期限,即信用期。信用期的长短可因企业不同、商品类别的差异等由交易双方之间商定,常用的信用期为 30 天。由于赊销存在货款收不回来(即发生坏账)的可能性,有一定的风险,因此,销货企业为了鼓励购货方尽快偿付货款,往往还规定一个比信用期更短的折扣优惠期限。

例如,企业销货款为 10 000 元,信用期限为 30 天,若购货方在 10 天内付清货款,可从发票金额中扣减 2%货款,即实际付款 9 800[10 000×(1−2%)]元即可,这 200 元的折扣称为现金折扣。本例的现金折扣条件可用"2/10, n/30"来表述,"n"(net)即付清的意思。存在现金折扣的情况下,购销双方记账时,仍以发票上注明的价款为依据,即采用总价法记账,也就是按扣除商业折扣但包括现金折扣的价格入账。

第二节　购货业务的核算

一、购入材料物资

企业购入材料物资等存货,可以按实际成本核算,也可以按计划成本核算。在此采用实际成本核算。购入的存货通常包括原料、材料、商品、包装物、低值易耗品等,其价值根据历史成本计量,按其取得时的实际成本入账。

(一) 采购支出

材料物资购入过程中发生的支出通常主要包括三大部分:一是采购价格;二是采购费用;三是相关的税金。

(1) 采购价格。这是指企业购入物资的发票上列明的价款,不包括增值税税额。

(2) 采购费用。这是指从货物购入到入库以前发生的除买价以外的必要支出，包括外购存货到达仓库以前发生的运输费、装卸费、仓储费、保险费、包装费，以及运输途中的合理损耗、入库前的挑选整理费用等。

(3) 相关的税金。这是指采购货物应支付的海关关税、增值税、消费税、资源税等。

(二) 采购成本的确定

在我国，企业可划分为一般纳税人和小规模纳税人，划分的基本依据包括：

(1) 企业规模(一般以年销售额为依据)的大小。

(2) 会计核算是否健全。

(3) 是否能够提供准确的税务资料。

符合以上规定条件要求的企业可以申请成为增值税一般纳税人，不符合条件的企业则为小规模纳税人。两者采购成本计算公式如下：

(1) 一般纳税人的采购成本。

采购成本＝采购价格＋采购费用＋相关的税金(不含按规定可以抵扣的增值税)

(2) 小规模纳税人的采购成本。

采购成本＝采购价格＋采购费用＋相关的税金

在本书中，以制造业中的增值税一般纳税人为例，对购入的各种存货物资按实际成本进行会计核算。

二、购入物资的核算

由于企业购入的存货物资种类较多，为便于核算，需要分别设置会计账户。企业购货环节常用的主要有“在途物资”“原材料”“周转材料”“库存商品”等账户。

(一) “在途物资”账户

“在途物资”账户，用于核算企业已经购入，但尚未到达或尚未验收入库的材料及商品等物资的实际成本。该账户属于资产类，其具体核算内容如表5-1所示。

表5-1　在途物资

借方	贷方
已经购入但尚未到达或尚未验收入库物资的实际成本	验收入库转出的物资的实际成本
期末余额： 企业在途材料、商品等物资的实际成本	

“在途物资”账户，企业可按供货单位或物资种类设置数量金额式明细账，进行明细核算。

(二) “原材料”账户

“原材料”账户，用于核算企业库存的各种材料的收发及结存成本，包括原料及主要材料、辅助材料、外购半成品(外购件)、修理用备件(备品备件)、包装材料、燃料等。该账户属于资产类,其具体核算内容如表 5-2 所示。

表 5-2 原材料

借方	贷方
验收入库材料的成本	发出(或领用、出售)材料的成本
期末余额: 库存材料的实际成本	

“原材料”账户,企业可按材料的保管地点(仓库)、类别、品种和规格设置数量金额式明细账,进行明细核算。

(三)“周转材料”账户

“周转材料”账户,用于核算企业库存的各种包装物和低值易耗品的收发及结存成本。该账户属于资产类,其具体核算内容如表 5-3 所示。

表 5-3 周转材料

借方	贷方
验收入库的包装物和低值易耗品的成本	发出包装物和低值易耗品的成本
期末余额: 库存包装物和低值易耗品的实际成本	

“周转材料”账户,企业可按周转材料的种类设置数量金额式明细账,进行明细核算。

会计实务中,包装物是指为了包装本企业商品而储备的各种包装容器,如桶、箱、瓶、坛、袋等,包括:

(1) 生产过程中用于包装产品作为产品组成部分的包装物。

(2) 随同商品出售而单独或不单独计价的包装物。

(3) 出租或出借的包装物。

低值易耗品是指其价值较低,不作为固定资产管理的各种用具物品,如工具、管理用具、玻璃器皿以及在经营过程中周转使用的包装容器等。

注:包装物和低值易耗品较多的企业,也可以分别设置“包装物”和“低值易耗品”账户单独核算。

(四)“库存商品”账户

“库存商品”账户,用于核算企业库存的商品、产成品的验收入库、发出或销售及结存成本。该账户属于资产类,其具体核算内容如表 5-4 所示。

表 5-4 库存商品

借方	贷方
验收入库各种商品、产品的成本	发出或销售商品、产品的成本
期末余额: 企业库存商品、产品的实际成本	

库存商品是指企业库存的外购商品、自制商品、产品、存放在本企业所属门市部准备出售的商品、发出展览的商品以及寄存在外库的商品等。

“库存商品”账户，企业可按购货单位、商品的类别和品种设置数量金额式明细账，进行明细核算。

【例 5-2】W 公司为一般纳税人，20×5 年 10 月 5 日，发生如下购货业务，请编制 W 公司各项业务的会计分录。

(1) 从洁美公司购入生产用物资两种。增值税专用发票上注明：主组件 A 价款 60 000 元，增值税税额 7 800 元；主组件 B 价款 40 000 元，增值税税额 5 200 元。A、B 物资已经验收入库。信用条件为“2/10，n/30”[7]。

解析：W 公司购入物资的价款为 100 000 元。由于物资已经验收入库，则原材料增加，应记入其借方；购入物资支付的增值税税款共 13 000 元，对于一般纳税人按规定应记入“应交税费”账户的借方；货款支付条件是有 30 天的信用期，款项尚未支付之前，形成了企业的流动负债，即应付账款增加了 113 000 元，应记入其贷方。编制的会计分录如下：

借：原材料——主组件 A　　60 000
　　　　　——主组件 B　　40 000
　　应交税费——应交增值税(进项税额)　　13 000
　　贷：应付账款——洁美公司　　113 000

(2) 从 C 公司购入零配件。增值税专用发票上注明价款 40 000 元，增值税税额 5 200 元。另外，C 公司垫付运费等 200 元，取得了增值税普通发票。W 公司已开出转账支票支付货款和运费，零配件已验收入库[8]。

解析：由于 W 公司购入的零配件已验收入库，原材料增加了 40 200 元(包括零配件价款 40 000 元和发生的运费等 200 元)，应记借方；购入零配件支付的增值税税额 5 200 元，仍按规定记入“应交税费”账户的借方；W 公司已开出转账支票支付货款和运费，资产减少，即银行存款减少 45 400 元，应记贷方。编制的会计分录如下：

借：原材料——零配件　　40 200
　　应交税费——应交增值税(进项税额)　　5 200
　　贷：银行存款——工行香山支行　　45 400

(3) 从 D 公司购入一批工具。增值税专用发票上注明价款 3 000 元，增值税税额 390 元。W 公司已开出转账支票支付货款，这批工具尚未到达[9]。

解析：W 公司购入的工具，增加了公司的资产 3 000 元，由于工具尚未到达，所以，应记入“在途物资”账户的借方；购入工具支付的增值税 390 元，仍按规定记入“应交税费”账户的借方；W 公司已开出转账支票支付货款，资产减少，即银行存款减少了 3 390 元，应记贷方。编制的会计分录如下：

借：在途物资——工具　　3 000
　　应交税费——应交增值税(进项税额)　　390
　　贷：银行存款——工行香山支行　　3 390

【例 5-2】中涉及的“应付账款”账户，属于负债类，用来核算企业因赊购材料、商品等而应付给供应单位的款项。其具体核算内容如表 5-5 所示。

表 5-5 应付账款

借方	贷方
所欠货款的减少(偿还及转出)	所欠货款的增加
	期末余额: 尚未偿还的货款

“应付账款”账户,企业可按债权人进行明细核算。

续【例 5-2】(1),假定 11 月 4 日 W 公司偿付洁美公司货款,已开出银行转账支票。则 W 公司应编制的会计分录如下:

借:应付账款——洁美公司　　　　113 000

　贷:银行存款——工行香山支行　　　　113 000

这项业务中,企业用银行存款偿付所欠货款,其负债和资产同时减少,因此,应付账款记借方,银行存款记贷方。

应付账款是与赊购材料、商品等直接相关的,因此,确认应付账款的时间通常应与企业取得材料物资所有权的时间相一致。取得财产所有权时,企业尚未支付的货款即为应付账款。当企业实际支付或抵偿货款时,减少应付账款。

应付账款通常应按实际发生额计价入账,也就是买卖双方成交时的交易额,包括发票金额(售价及增值税)和销货单位垫付的包装费、运杂费等。

注:一般纳税人购入生产用物资时,取得的增值税专用发票上注明的增值税税额应通过“应交税费”账户单独核算,不计入购货成本。“应交税费”账户的具体核算内容详见第九章第一节“应交税费”。

表 5-6

辽宁增值税专用发票

发票联

发票代码:
发票号码:
开票日期:20×5 年 10 月 5 日
校验码:

购买方	名　　称:W 有限责任公司 纳税人识别号:210105433110988 地 址、电 话:沈阳市皇姑区香山路 800 号 808-123456666 开户行及账号:工商银行香山支行				密码区	(略)	
货物或应税劳务、服务名称	规格型号	单位	数量	单价	金额	税率	税额
主组件	A	件	20	3 000.00	60 000.00	13%	7 800.00
主组件	B	件	20	2 000.00	40 000.00	13%	5 200.00
合　计					¥ 100 000.00		¥ 13 000.00
价税合计(大写)	壹拾壹万叁仟圆整				(小写)¥ 113 000.00		
销售方	名　　称:沈阳洁美有限责任公司 纳税人识别号:210124823136631 地 址、电 话:沈阳市和平区七纬路 15 号 0025-00030348 开户行及账号:交通银行和平支行				备注	沈阳洁美有限责任公司 210124823136631 发票专用章	

第三联 发票联 购买方记账联

收款人:　　复核:　　开票人:孙方　　销售方(章):

【例 5-2】(1)在会计实务中依据的原始凭证是增值税专用发票和收料单，如表 5-6、表 5-7 所示，根据这两张原始凭证编制的记账凭证如表 5-8 所示。

表 5-7　收料单

供货单位：沈阳洁美有限责任公司　　　20×5 年 10 月 5 日　　　材料类别：原材料

材料编号	材料名称	规格	材质	单位	数量		实际成本				（二）会计记账
					发货票	实收	材料金额	运杂费	实际单价	合计	
	主组件	A		件	20	20			3 000.00	60 000.00	
	主组件	B		件	20	20			2 000.00	40 000.00	
										￥100 000.00	

质量检验员：　　　仓库验收：程行　　　经办人：罗林

表 5-8　通用记账凭证

出纳编号

沈财会账证 44-3 号　　　20×5 年 10 月 5 日　　　凭证编号　7

摘要	结算方式	结算号数	会计科目		借方金额											记账符号	贷方金额											记账符号
			总账科目	明细科目	亿	千	百	十	万	千	百	十	元	角	分		亿	千	百	十	万	千	百	十	元	角	分	
赊购原材料			原材料	主组件 A					6	0	0	0	0	0	0													
				主组件 B					4	0	0	0	0	0	0													
			应交税费	应交增值税（进项税额）					1	3	0	0	0	0	0													
			应付账款	洁美公司																1	1	3	0	0	0	0	0	
附单据　贰　张			合　计				￥	1	1	3	0	0	0	0	0				￥	1	1	3	0	0	0	0	0	

会计主管人员：　　记账：　　稽核：　　制单：秦勤　　出纳：　　交领款人：

【例 5-3】20×5 年 10 月 8 日，W 公司发生如下业务，请编制各项业务的会计分录。

(1) 10 月 5 日购入的工具到货，已验收入库[10]。

解析：W 公司购入的工具已验收入库，在途物资减少，资产减少应记贷方；同时，工具验收入库，周转材料增加，该资产增加应记借方。编制会计分录如下：

借：周转材料——工具　　　3 000

　　贷：在途物资——工具　　　3 000

(2) 从 E 公司购入 X 型净水机样品。增值税专用发票上注明价款 3 000 元，增值税税额 390 元。开出并承兑 3 个月期限的商业汇票，样品已验收入库[11]。

解析：W 公司购入样品的价款为 3 000 元，由于样品已经验收入库，则库存商品增加，资产增加应记入其借方；购入样品支付的增值税 390 元，应按规定记入“应交税费”账户的借方;由于企业开出并承兑商业汇票,在商业汇票到期支付货款之前,形成了企业的流动负债,即应付票据增加了 3 390 元,应记入其贷方。编制的会计分录如下:

借:库存商品——X 型净水机　　3 000
　应交税费——应交增值税(进项税额)　　390
　贷:应付票据——商业承兑汇票　　3 390

(3) 从 F 公司购入一批纸箱。增值税专用发票上注明价款 1 200 元,增值税税额 156 元。已开出转账支票支付货款,纸箱已验收入库[12]。

解析:W 公司购入纸箱的价款为 1 200 元,且纸箱已经验收入库,则周转材料增加,资产增加应记入其借方;购入纸箱支付的增值税 156 元,仍按规定记入"应交税费"账户的借方;货款已用转账支票支付,则银行存款减少了 1 356 元,应记入其贷方。编制的会计分录如下:

借:周转材料——纸箱　　1 200
　应交税费——应交增值税(进项税额)　　156
　贷:银行存款——工行香山支行　　1 356

注:【例 5-3】涉及的"应付票据"账户的核算内容,详见本章第五节"商业汇票的核算"。

第三节　销货业务的核算

企业购入物资、进行产品生产是为了销售,获取收入,补偿生产经营过程中的各种消耗,收回资金,赚取利润。企业的日常销货业务通常包括两部分:一部分是在企业生产经营过程中占主要地位的主营业务,如商品、产品的销售业务;另一部分是在企业生产经营过程中占次要地位的附营业务,如材料销售等其他业务。

一、主营业务

不同行业的主营业务有所不同。例如,制造业的主营业务包括销售商品、自制半成品、代制品、代修品、提供工业性劳务等;商品流通企业的主营业务主要包括销售商品等;其他行业的主营业务则为提供服务。

通常与主营业务相关的销货账户主要有"主营业务收入""主营业务成本"账户等。

(一)"主营业务收入"账户

"主营业务收入"账户,用于核算企业销售商品等日常活动中所产生的收入。该账户属于损益收入类,其具体核算内容如表 5-9 所示。

表 5-9　主营业务收入

借方	贷方
销售退回等抵减的收入	取得的销售商品收入
	月末余额: 反映企业本月的销售净收入

注：年末，将其累计净收入从本账户的借方转入“本年利润”账户的贷方，结转后，此账户应无余额。

“主营业务收入”账户，企业可按主营业务的种类进行明细核算。由于不同行业的主营业务有所不同，其主营业务收入包括的内容也有差别。

【例 5-4】 20×5 年 10 月 21 日，W 公司向鞍山宾馆销售 Y 型净水机。开出的增值税专用发票上注明价款 40 000 元，增值税 5 200 元。企业已将收到的转账支票存入银行[25]。请编制 W 公司这项业务的会计分录。

解析：W 公司销售商品，收到的银行存款由两部分组成：一是商品价款部分 40 000 元，属于企业取得的主营业务收入，收入增加应记贷方；二是向购货单位收取的增值税 5 200 元，一般纳税人按规定应记入“应交税费”账户的贷方；由于款项已存入银行，银行存款增加，应记借方。编制会计分录如下：

借：银行存款——工行香山支行　　　　45 200

　贷：主营业务收入——Y 型净水机　　　　40 000

　　　应交税费——应交增值税（销项税额）　　5 200

【例 5-4】在会计实务中依据的原始凭证是增值税专用发票和银行进账单，如表 5-10、表 5-11 所示，根据这两张原始凭证编制的记账凭证如表 5-12 所示。

辽宁增值税专用发票

表 5-10

发票联

发票代码：
发票号码：
开票日期：20×5 年 10 月 21 日
校验码：

购买方	名　　称：鞍山宾馆 纳税人识别号：210314525213121 地 址、电 话：鞍山市铁东区爱民路 705 号 0015-00020325 开户行及账号：交通银行铁东分理处					密码区	（略）	
货物或应税劳务名称		规格型号	单位	数量	单价	金额	税率	税额
净水机		Y 型	台	24	1 666.67	40 000.00	13%	5 200.00
合　计						￥40 000.00		￥5 200.00
价税合计（大写）		肆万伍仟贰佰圆整				（小写）￥45 200.00		
销售方	名　　称：W 有限责任公司 纳税人识别号：210105433110988 地 址、电 话：沈阳市皇姑区香山路 800 号 808-123456666 开户行及账号：工商银行香山支行					备注	W有限责任公司 210105433110988 发票专用章	

第一联　记账联　销售方记账凭证

收款人：　　　　复核：　　　　开票人：陆海　　　　销货单位（章）：

表 5-11　中国工商银行进账单(回单)

20×5 年 10 月 21 日　　　　第　　号

付款人	全　称	鞍山宾馆	收款人	全　称	W有限责任公司
	账　号	0015-00020325		账　号	808-123456666
	开户银行	交通银行铁东分理处		开户银行	工商银行香山支行
人民币		肆万伍仟贰佰元整		千 百 十 万 千 百 十 元 角 分	¥ 4 5 2 0 0 0 0
票据种类		转账支票		受款人开户行盖章	
票据张数		1			
单位主管　会计　复核　记账					

此联是收款人开户银行交给收款人的回单

表 5-12　通用记账凭证

出纳编号

沈财会账证 44-3 号　　20×5 年 10 月 21 日　　凭证编号　25

摘要	结算方式	结算号数	会计科目		借方金额											记账符号	贷方金额											记账符号
			总账科目	明细科目	亿	千	百	十	万	千	百	十	元	角	分		亿	千	百	十	万	千	百	十	元	角	分	
销售净水机并收款			银行存款	工行香山支行					4	5	2	0	0	0	0													
			主营业务收入	Y型净水机																	4	0	0	0	0	0	0	
			应交税费	应交增值税(销项税额)																		5	2	0	0	0	0	
附单据　贰　张			合　计					¥	4	5	2	0	0	0	0					¥	4	5	2	0	0	0	0	

会计主管人员：　记账：　稽核：　制单：秦勤　出纳：　交领款人：

【例 5-5】 续【例 5-4】。20×5 年 10 月 21 日，W 公司开出转账支票，向运输部门支付销货运费 400 元，取得增值税普通发票[26]。请编制 W 公司这项业务的会计分录。

解析： 与销货相关的费用通常在销售费用中列支，销货运费增加了销售费用，应记借方；用转账支票支付运费，银行存款减少，应记贷方。则编制会计分录如下：

借：销售费用——销货运费　　　　400

　　贷：银行存款——工行香山支行　　　　400

这里涉及的“销售费用”账户，属于损益支出类，即费用类，用来核算企业在销售商品和材料、提供劳务的过程中发生的各项费用，包括运输费、装卸费、包装费、保险费、展览费和广告费、商品维修费、预计产品质量保证损失，以及为销售本企业商品而专设的销售机构(含销售网点、售后服务网点等)的职工薪酬、业务费、折旧费等经营费用。其具体核算内容如表5-13所示。

表5-13　销售费用

借方	贷方
发生的销售费用支出	应冲回的销售费用
月末余额： 反映本月销售费用的净支出	

注：年末，将其累计净支出从本账户贷方转入“本年利润”账户借方，结转后，此账户应无余额。

“销售费用”账户，企业可按销售费用项目设置明细账，进行明细核算。

【例5-6】20×5年10月22日，W公司发生如下业务，请编制W公司各项业务的会计分录。

(1) W公司销售Z型净水机。开出的增值税专用发票上注明价款17 500元，增值税税额2 275元。W公司收到S公司开出并承兑的、期限为2个月的商业汇票[27]。

解析：W公司销售商品，收到商业汇票金额由两部分组成：一是商品价款部分17 500元，属于企业取得的主营业务收入，收入增加应记贷方；二是向购货单位S公司收取的增值税2 275元，一般纳税人按规定应记入“应交税费”账户的贷方；由于企业已收到S公司开出并承兑的、期限为2个月的商业汇票，在商业汇票到期收回货款之前，增加了应收债权，即应收票据增加了19 775元，资产增加应记入借方。编制会计分录如下：

借：应收票据——商业承兑汇票　　19 775

　　贷：主营业务收入——Z型净水机　　17 500

　　　　应交税费——应交增值税(销项税额)　　2 275

(2) W公司销售Z型净水机给新新商业大厦。开出的增值税专用发票上注明价款14 000元，增值税税额1 820元。信用条件为“2/10，1/20，n/30”[28]。

解析：W公司销售商品，应收取的款项由两部分组成：一是商品价款部分14 000元，属于企业取得的主营业务收入，收入增加应记贷方；二是向购货单位收取的增值税税款1 820元，一般纳税人按规定应记入“应交税费”账户的贷方；由于货款收回条件是有30天信用期的，在款项尚未收回之前，形成了应收债权，即应收账款增加了15 820元，资产增加应记入借方。编制的会计分录如下：

借：应收账款——新新商业大厦　　15 820

　　贷：主营业务收入——Z型净水机　　14 000

　　　　应交税费——应交增值税(销项税额)　　1 820

例题中涉及的“应收账款”账户，属于资产类，用来核算企业因赊销商品、产品等，应向购货单位或接受劳务单位收取的货款、增值税款及垫付的运杂费等款项。其具体核算内容如表5-14所示。

表 5-14 应收账款

借方	贷方
应收销货款(包括售价、增值税、垫付运杂费等)的增加	应收销货款的减少(包括收回、转让及转销的坏账)
期末余额： 尚未收回的销货款	

“应收账款”账户，企业可按债务人进行明细核算。

续【例 5-6】(2)，假定 11 月 21 日新新商业大厦偿付货款，W 公司收款并存入银行账户。则 W 公司应编制的会计分录如下：

借：银行存款——工行香山支行　　　　15 820

　贷：应收账款——新新商业大厦　　　　15 820

W 公司收回货款存入银行，银行存款增加，应记借方；应收账款减少，应记贷方，此业务涉及的是资产的一增一减。

应收账款是与商品的销售直接相关的，因此，确认应收账款的时间通常应与确认收入的时间相一致。也就是说，在销售商品且收入实现的条件已满足的情况下，对未收取的款项确认为应收账款，当款项收回或转出时，减少应收账款。

注：【例 5-6】(1)涉及的“应收票据”账户的核算内容，详见本章第五节“商业汇票的核算”。

月度终了，企业应当根据本月销售各种商品等的实际成本，计算应结转的主营业务成本。

(二)“主营业务成本”账户

“主营业务成本”账户，用于核算企业销售商品等日常活动中所产生的与收入相配比的实际成本支出。该账户属于损益支出类，即费用类，其核算内容如表 5-15 所示。

表 5-15 主营业务成本

借方	贷方
结转已售商品的实际成本	销售退回等原因而冲减的已结转销售成本
月末余额： 反映本月已售出商品的成本净额	

注：年末，将其累计已售商品成本净额从本账户贷方转入“本年利润”账户借方，结转后，此账户应无余额。

“主营业务成本”账户，企业可按主营业务的种类进行明细核算。

【例 5-7】 20×5 年 10 月 25 日，W 公司发生如下经济业务，请编制各项业务的会计分录。

(1) 根据本月销售产品的发出清单，计算出已售 Y 型净水机的成本为 23 044.80 元，已售 Z 型净水机的成本为 17 967.60 元[29]。

解析：由于商品已经出售，库存商品减少，应记入“库存商品”账户贷方；已售商品的成本应结转到“主营业务成本”账户借方，以便与主营业务收入相配比。则应编制会计分录如下：

借：主营业务成本——Y 型净水机　　　　23 044.80

——Z 型净水机　　17 967.60

贷：库存商品——Y 型净水机　　23 044.80

——Z 型净水机　　17 967.60

(2) W 公司支付广告费 1 000 元，开出转账支票，取得增值税普通发票[30]。

解析：广告费通常在销售费用中列支，费用增加，应记借方；用转账支票支付运费，银行存款减少，应记贷方。则编制会计分录如下：

借：销售费用——广告费　　1 000

贷：银行存款——工行香山支行　　1 000

(3) 假定在【例 5-6】中，还有随同 Z 型净水机一同销售的包装纸箱，不单独计价，其成本为 680 元[33]。

解析：库存包装纸箱出售，资产减少，周转材料减少，应记贷方。包装纸箱之所以不单独计价，是为了有利于销售，因此，包装物的成本应在销售费用中列支，费用增加，应记借方。则编制会计分录如下：

借：销售费用——包装物　　680

贷：周转材料——包装纸箱　　680

二、其他业务

在企业的日常活动中，除了商品销售业务以外，通常还有可能发生材料销售、代购代销、包装物出租等其他业务。这些业务在企业生产经营中占次要地位，发生的次数较少，金额也不大。

通常与其他业务相关的销货账户有“其他业务收入”账户和“其他业务成本”账户。

(一)“其他业务收入”账户

“其他业务收入”账户，用于核算企业从事其他业务过程中取得的收入。该账户属于损益收入类，其具体核算内容如表 5-16 所示。

表 5-16　其他业务收入

借方	贷方
冲减的其他业务收入	取得的其他业务收入如材料销售、租金等
	月末余额： 反映本月其他业务的净收入

注：年末，将其累计净收入从本账户借方转入“本年利润”账户贷方，结转后，此账户应无余额。

“其他业务收入”账户，企业可按其他业务的种类进行明细核算。

(二)“其他业务成本”账户

“其他业务成本”账户，用于核算企业在从事其他业务过程中为取得收入而发生的与其他业务收入相配比的各项支出。该账户属于损益支出类,即费用类,其具体核算内容如表 5-17 所示。

表 5-17　其他业务成本

借方	贷方
发生的其他业务成本	冲减的其他业务成本
月末余额: 反映本月的其他业务成本净额	

注:年末,将其累计成本净额从本账户贷方转入“本年利润”账户借方,结转后,此账户应无余额。

“其他业务成本”账户,企业可按其他业务的种类进行明细核算。

【例 5-8】 20×5 年 10 月 25 日,W 公司发生如下经济业务,请编制各项业务的会计分录。

(1) W 公司销售零配件,开出的增值税专用发票上注明价款 500 元,增值税税额 65 元。W 公司已将收到的转账支票存入银行[31]。

解析:W 公司销售零配件,属于材料销售。收到的银行存款由两部分组成:一是材料价款部分 500 元,属于企业取得的其他业务收入,收入增加,应记贷方;二是向购货单位收取的增值税 65 元,一般纳税人按规定应记入“应交税费”账户的贷方;由于款项已存入银行,银行存款增加,应记借方。编制会计分录如下:

借:银行存款——工行香山支行　　565
　贷:其他业务收入——材料销售　　500
　　应交税费——应交增值税(销项税额)　　65

(2) 根据材料的出库单,结转该批零配件实际成本 400 元[32]。

解析:由于零配件已经出售,库存原材料减少,应记贷方;已售零配件的成本应结转到损益支出类账户——“其他业务成本”,记入借方,以便与其他业务收入相配比。则应编制会计分录如下:

借:其他业务成本——材料销售　　400
　贷:原材料——零配件　　400

第四节　商业账款的核算

一、商业账款概述

商业账款是指企业在与供应商或顾客之间进行的购销活动中形成的应付账款、应收账款、预收账款和预付账款。

商业账款应同其他款项区分开来，如应收账款应区别于其他应收款。其他应收款也属于资产类，它反映企业除应收账款、应收票据、预付账款以外的其他应收及暂付款项，如应收的各种赔款、罚款、租金、押金或职工向企业的借款等。同样，应付账款应区别于其他应付款、应付职工薪酬、应付股利、应交税费等负债类项目，这些项目都需要单独开设账户来反映相应的内容。

二、应收账款和应付账款的核算

商业账款的确认和账务处理是与销货收入、购货成本的确认和账务处理紧密联系在一起的。对应收账款和应付账款发生时的账务处理，已经在本章第三节“销货业务的核算”和第二节“购货业务的核算”的实例予以介绍，这里不再赘述。下面举例说明应收账款到期收回和应付账款到期支付的会计处理。

(一) 应收账款

【例 5-9】继续以【例 5-6】(2)为例。假定 20×5 年 11 月 1 日 W 公司从新新商业大厦收回货款，则收款的会计分录如下：

借：银行存款——工行香山支行　　15 503.60
　　财务费用——现金折扣　　316.40
　　贷：应收账款——新新商业大厦　　15 820

11 月 1 日公司收回货款，应收账款减少 15 820 元，应记贷方；银行存款增加，应记借方。由于是在 10 天的折扣期内收款，按约定应给客户 2%的现金折扣 316.40 元。公司付出的这部分折扣代价，应作为理财费用支出，记入“财务费用”账户的借方。企业实际收到的货款是 15 503.60 元。

若 W 公司是在 11 月 11 日收到货款，则按约定企业应给客户 1%的现金折扣。这时，应编制会计分录如下：

借：银行存款——工行香山支行　　15 661.80
　　财务费用——现金折扣　　158.20
　　贷：应收账款——新新商业大厦　　15 820

若 W 公司 11 月 12 日以后收到货款，将没有折扣，全额收款。则编制会计分录如下：

借：银行存款——工行香山支行　　15 820
　　贷：应收账款——新新商业大厦　　15 820

应收账款通常按实际发生额计价入账，即按扣除商业折扣，但包含现金折扣的价值入账，也就是买卖双方成交时的交易金额(或发票金额)，这种计价方法称为总价法。若销货单位为购货方垫付了包装费、运杂费等，也应计入应收账款。

【例 5-10】续【例 5-1】。M 公司为一般纳税人，计算出洗衣机的发票销售价格为 15 000 元(不含增值税)。该公司适用的增值税税率为 13%。另外，用银行存款代购货单位 L 公司垫付运费 600 元。已办妥委托银行收款手续。3 天后，收到货款。编制会计分录如下：

(1) 销售实现时：

借：应收账款——L 公司　　17 550

贷:主营业务收入——洗衣机　　15 000

应交税费——应交增值税(销项税额)　　1 950

银行存款　　600

此项业务中,M公司应向购货单位L公司收取的货款由三部分组成:一是取得的主营业务收入15 000元(记贷方);二是应收取的增值税1 950元,一般纳税人按规定应记入"应交税费"账户的贷方;三是为L公司垫付的运费600元,使企业的银行存款减少,应记贷方。

(2) 收到货款时:

借:银行存款　　17 550

贷:应收账款——L公司　　17 550

此项业务中涉及的两项资产一增一减,银行存款增加记借方,应收账款减少记贷方。

(二) 应付账款

【例5-11】 20×5年11月10日,C公司从K公司购入商品一批。增值税专用发票上注明:商品价款10 000元,增值税税额1 300元。付款条件为2/15, n/30。商品已验收入库。试区分以下情况,编制C公司这项业务相应的会计分录:11月10日购货业务发生时;11月25日C公司支付货款时;12月10日C公司支付货款时。

(1) 购货发生时:

解析: C公司购入商品入库,库存商品增加,应记借方;一般纳税人购入物资支付的增值税按规定应记入负债类账户——"应交税费"账户的借方,以备商品销售时抵扣;C公司尚未支付的货款,增加了企业的负债,应记入"应付账款"账户的贷方。其会计分录如下:

借:库存商品　　10 000

应交税费——应交增值税(进项税额)　　1 300

贷:应付账款——K公司　　11 300

(2) C公司11月25日支付货款时:

解析: 11月25日支付货款,减少了企业的负债应付账款11 300元,应记借方;同时,减少了企业的资产——银行存款11 074元,应记贷方;其差额226元,由于是在15天的折扣期内,按约定企业应取得2%的现金折扣,这部分折扣作为理财收益,记入"财务费用"账户的贷方。应编制的会计分录如下:

借:应付账款——K公司　　11 300

贷:银行存款　　11 074

财务费用——现金折扣　　226

(3) C公司12月10日支付货款时:

解析: 由于超过了现金折扣期,C公司应全额支付货款。

借:应付账款——K公司　　11 300

贷:银行存款　　11 300

三、预收账款和预付账款

在一些价值较高商品的购销业务中,通常购销双方要在合同中约定,购货方需要预先支付一部分货款，其他部分或分期支付，或收到货物后再行支付，也可能要求购货方全额预付款，待销货方发货后再行结算。这样，对于购货方而言，就形成了预付账款；而对于销货方来说，就是预收账款。

（一）预收账款的核算

采取向客户预收货款的方式进行的销货业务中，由于销货方预先收取一部分货款，在企业尚未发出商品之前就形成了一项负债。这种情况下，企业应单独设置负债类账户——“预收账款”账户。

“预收账款”账户，属于负债类，用于核算企业按照合同规定向购货单位预收的款项。其具体核算内容如表5-18所示。

表5-18　预收账款

借方	贷方
预收账款的减少	预收账款的增加
	期末余额： 尚未结算的预收款项

如果期末出现借方余额，则该余额反映的是应向购货单位补收的款项。

“预收账款”账户，企业可按购货单位进行明细核算。

【例5-12】 E公司根据合同向购货单位B公司预收货款120 000元。在收款后30天内发出了产品200件，每件单价为500元，并在发货后退回了多余的款项。E公司适用的增值税税率为13%。请编制E公司这项业务的会计分录。

(1) 收到预收款时，E公司的资产和负债同时增加，银行存款增加记借方，预收账款增加记贷方。其会计分录如下：

借：银行存款	120 000	
贷：预收账款——B公司		120 000

(2) E公司发货并退回余款时，首先用预收账款结算商品价款100 000元、增值税税额13 000(100 000×13%)元，剩余7 000(120 000－100 000－13 000)元退回给B公司，此时，预收货款已结清，即预收账款减少120 000元，应记借方；销售商品价款100 000元为企业实现的主营业务收入，应记贷方；按规定收取的增值税13 000元应记入“应交税费”账户的贷方；退回的余款7 000元，减少了银行存款应记贷方。其会计分录如下：

借：预收账款——B公司	120 000	
贷：主营业务收入		100 000
应交税费——应交增值税(销项税额)		13 000
银行存款		7 000

假如【例5-12】中，E公司预收的账款不是120 000元，而是100 000元。则预收、发货及补收余款的会计分录如下：

(1) 预收时：

借：银行存款	100 000	
贷：预收账款——B公司		100 000

(2) 发货时:

借:预收账款——B公司　　113 000

　贷:主营业务收入　　100 000

　　应交税费——应交增值税(销项税额)　　13 000

(3) 补收时:

借:银行存款　　13 000

　贷:预收账款——B公司　　13 000

通常,某企业的一笔预收账款业务完成后,该企业的"预收账款"明细账户应结平。即该明细账户的余额应为零。

预收账款业务不多的企业,也可以将预收的款项直接记入"应收账款"账户的贷方,不设"预收账款"账户。但此时,企业的"应收账款"明细账户就会出现贷方余额。为了保证财务分析的正确性,在编制资产负债表时,应将其归入流动负债中的"预收款项"项下。

(二) 预付账款的核算

同理,企业采取向供应商预付货款的方式进行的购货业务中,由于购货方预先支付一部分货款,这些货款在企业尚未收到所购货物之前暂时形成一项应收债权,这种情况下,企业应单独设置资产类账户——"预付账款"账户。

"预付账款"账户,属于资产类,用于核算企业按照购货合同规定预付给供应单位的款项。其具体核算内容如表5-19所示。

表5-19　预付账款

借方	贷方
预付账款的增加	预付账款的减少
期末余额: 尚未结算的预付款项	

如果期末出现贷方余额,则该余额反映的是企业应向销货方补付的款项。

"预付账款"账户,企业可按供货单位进行明细核算。

【例5-13】 20×5年4月1日,甲公司根据合同规定向乙公司预付钢材款300 000元。5月8日收到钢材并已验收入库。增值税专用发票上注明:货款400 000元,增值税52 000元。甲公司于当日开出转账支票,补付余款。请编制甲公司这项业务相应的会计分录。

(1) 甲公司4月1日预付货款时,其银行存款减少记贷方;预付账款债权增加,资产增加记借方。其会计分录如下:

借:预付账款——乙公司　　300 000

　贷:银行存款　　300 000

(2) 5月8日收到钢材验收入库。原材料增加400 000元,应记借方;购货时支付的增值税52 000元,按规定记入"应交税费"账户的借方;其全部货款都要通过"预付账款"账户结算,即预付账款应减少452 000元,应记贷方。其会计分录如下:

借:原材料——钢材　　400 000

应交税费——应交增值税(进项税额)　　52 000

贷:预付账款——乙公司　　452 000

(3) 补付货款时,由于企业预付款是 300 000 元,实际结算款项是 452 000 元,因此,公司应补付货款差额 152 000 元。其补付款的会计分录与预付款时的会计账户与方向相同,只是金额不同。其会计分录如下:

借:预付账款——乙公司　　152 000

贷:银行存款　　152 000

同"预收账款"账户一样,某企业的一笔预付账款业务完成后,该企业的"预付账款"明细账户应结平,即该明细账户的余额应为零。

预付账款不多的企业,也可以将预付的款项直接记入"应付账款"账户的借方,不设置"预付账款"账户。但此时,企业的"应付账款"明细账户会出现不正常的借方余额。为了保证财务分析的正确性,在编制资产负债表时,应将其归入流动资产中的"预付款项"项下。

第五节 商业汇票的核算

一、商业汇票概述

在商品交易中,特别是一些大宗商品的买卖和设备的交易中,经常使用商业汇票,尤其是要求信用期较长的情况。当债权人同意延长信用期限时,会要求债务人签发商业汇票,即在未来某一日期偿付欠款的书面承诺。因为,用书面确定的偿付条件,一般来说要比商业信用形成的往来账款更具有法律上的强制力。

由债务人承兑的商业汇票,对债权人或持票人来说就是应收票据,对债务人来说就是应付票据。在中国,商业汇票的期限较短,一般不超过 6 个月。

(一) 商业汇票的种类

(1) 按照票据承兑人的不同,可以分为商业承兑汇票和银行承兑汇票。商业承兑汇票是指由付款人签发并承兑,或由收款人签发,经付款人承兑的商业汇票;银行承兑汇票是指由收款人或付款人签发,由付款人向其开户银行申请承兑,经银行审查后承兑的商业汇票。商业汇票的承兑人负有到期无条件支付票款的责任。

(2) 按照票据是否带息,可以分为带息商业汇票和不带息商业汇票。带息票据是指注明票面金额和票面利率并计算到期利息的票据;不带息票据是指票据上未注明利率,只按票面金额结算票款的票据。票据到期利息的计算公式为:

$$票据利息 = 面值 \times 利率 \times 期限$$

上式中,利率一般都是以年利率表示,即以百分比形式表示。若商业汇票的期限按月计算,应换算成月利率,即用年利率除以 12;若商业汇票期限按日计算,应换算成日利率,即用年利率除以 360(通常为计算方便,假定一年定为 360 天)。

【例 5-14】 如商业汇票的面值为 4 000 元,票面利率为 6%,期限为 4 个月。则到期利息为:

$$4\,000 \times 6\% \times 4/12 = 80(元)$$

倘若上述票据的期限为 90 天,则商业汇票的到期利息为:

$$4\,000 \times 6\% \times 90/360 = 60(元)$$

(3) 按照票据是否带有追索权,可以分为带追索权的商业汇票和不带追索权的商业汇票。追索权是指企业在转让应收票据的情况下,应收票据的受让方在应收票据遭拒付或逾期未付时,向该应收票据转让方索取应收金额的权利。如甲企业将乙企业承兑的商业汇票背书转让给丙企业,票据到期后,乙企业拒付或无力支付票款,则丙企业有权向甲企业追索票款。

(二) 商业汇票到期日的确定

票据的期限是指商业汇票签发日至到期日的时间间隔,一般有按月表示和按日表示两种。按月表示时,应以到期月份中与出票日同日为到期日,如 5 月 8 日签发的期限为 3 个月的商业汇票,其到期日为 8 月 8 日;月末签发的商业汇票,无论月份大小,均以到期月份最后一天为到期日,如 2 月 28 签发的期限为 6 个月的商业汇票,其到期日为 8 月 31 日。若票据期限按日表示时,应从出票日起按实际日历天数计算,通常出票日和到期日只计算其中一天,一般是"算头不算尾"或"算尾不算头"。如 5 月 2 日签发的期限为 90 天的商业汇票,其到期日应为 7 月 31 日。

(三) 商业汇票的计价

在中国,商业汇票都是短期票据,票据的利息金额不大。因此,在会计实务中,无论是不带息商业汇票还是带息商业汇票,一般都按其面值计价。

二、应收票据的核算

应收票据是指企业因销售商品、产品、提供劳务等而收到的商业汇票。通常应设置"应收票据"账户核算。

"应收票据"账户,属于资产类,用于核算应收票据的取得、转让及款项收回情况。其具体核算内容如表 5-20 所示。

表 5-20 应收票据

借方	贷方
应收票据面值和应计利息的增加	应收票据的到期收回或转让的金额
期末余额: 反映尚未到期的应收票据的面值和应计利息	

“应收票据”账户,企业可按商业承兑汇票和银行承兑汇票进行明细核算。商业汇票中记载的具体内容,应当设置“应收票据备查簿”进行详细登记。

【例 5-15】 企业取得商业汇票的实例详见【例 5-6】(1)请编制 W 公司以下各项业务的会计分录。

(1) 假定 20×5 年 12 月 22 日,W 公司收回 S 公司票款 19 775 元(假定商业汇票不带息)。

解析: 此业务中涉及的银行存款和应收票据都是资产类。由于 W 公司收回票款,银行存款增加,应记借方;应收票据减少,应记贷方。则会计分录如下:

借:银行存款——工行香山支行　　19 775

　　贷:应收票据——商业承兑汇票　　19 775

(2) 假定该商业汇票是带息票据,票面利率为 6%,则 12 月 22 日,W 公司应收回 S 公司票款和利息金额为:

$$19\,775+19\,775\times 6\%\times 2/12=19\,775+197.75=19\,972.75(\text{元})$$

即银行存款增加的金额是本金和利息的合计 19 972.75 元,减少应收票据的面值 19 775 元,其差额 197.75 元是票据利息收入,应记入“财务费用”账户的贷方,也就是冲减了财务费用 197.75 元。应编制的会计分录如下:

借:银行存款——工行香山支行　　19 972.75

　　贷:应收票据——商业承兑汇票　　19 775

　　　　财务费用——利息　　197.75

(3) 假定票据到期,承兑人 S 公司违约拒付票款,企业收到银行退回的商业承兑汇票、拒绝付款证明等时,应将到期票据的账面余额转入“应收账款”账户。即:

借:应收账款——S 公司　　19 775

　　贷:应收票据——商业承兑汇票　　19 775

因为商业汇票已经到期,能否收回货款取决于 S 公司的商业信用状况。

以上实例反映了 W 公司从商业汇票的取得、到期收回票款(含带息和不带息两种情况)以及 S 公司违约拒付或无力支付票款的情形。

三、应付票据的核算

应付票据和应收票据是相对的,对于同一张商业汇票而言,收到商业汇票的会计主体应使用应收票据来核算,而开出并承兑商业汇票的会计主体应使用应付票据来核算。

“应付票据”账户,属于负债类,用于核算企业因购买材料、商品、接受劳务等而开出并承兑的商业汇票。其具体核算内容如表 5-21 所示。

表 5-21　应付票据

借方	贷方
应付票据的减少(到期偿还或转出)	开出并承兑应付票据的增加(面值及应计利息)
	期末余额: 反映企业持有尚未到期的票据本息

"应付票据"账户,企业可按商业承兑汇票和银行承兑汇票进行明细核算。商业汇票中记载的具体内容,企业应当设置"应付票据备查簿"进行详细登记。

【例 5-16】 仍以【例 5-6】(1)为例,假定S公司购入商品并已验收入库,请进行S公司开出并承兑商业汇票、到期支付票款(含带息和不带息两种情况)以及无力支付票款的会计处理(S公司为一般纳税人)。

(1) 购入商品入库,开出并承兑商业汇票。

解析:S公司购入商品入库,库存商品增加,应记借方;一般纳税人购入物资支付的增值税记入负债类账户——"应交税费"账户的借方,以备公司在商品销售时抵扣;开出并承兑商业汇票是S公司未来付款的承诺,增加企业的负债,应记入"应付票据"账户的贷方。其会计分录如下:

借:库存商品——Z型净水机	17 500	
应交税费——应交增值税(进项税额)	2 275	
贷:应付票据——商业承兑汇票		19 775

(2) 20×5年12月22日,S公司转账支付票款19 775元(假定商业汇票不带息)。

解析:S公司转账支付票款,其资产和负债同时减少,即应付票据记借方,银行存款记贷方。其会计分录如下:

借:应付票据——商业承兑汇票	19 775	
贷:银行存款		19 775

(3) 如该商业汇票是带息票据,票面利率为6%,则12月22日,S公司支付票款和利息的金额为19 972.75元(计算过程同W公司)。

解析:S公司支付票款和利息,其银行存款减少19 972.75元,应记入贷方;应付票据减少19 775元,应记借方;其差额197.75元为企业的票据利息支出,增加财务费用,应记借方。其会计分录如下:

借:应付票据——商业承兑汇票	19 775	
财务费用——利息	197.75	
贷:银行存款		19 972.75

(4) 又假如票据到期,承兑人S公司无力支付票款,则应将到期票据的账面余额转入"应付账款"账户。即:

借:应付票据——商业承兑汇票	19 775	
贷:应付账款——W公司		19 775

第六节　坏账损失的核算

现代商品经济中,因商业信用而形成的应收账款,可能会由于客户丧失信用或经营不善而无力清偿,这些无法收回或收回可能性极小的应收账款在会计上统称为"坏账"。由于发生坏账而产生的损失称为坏账损失。企业坏账损失的大小,与企业的信用政策直接相关。在市场竞争中，企业为了打开销路，扩大市场占有率，通常会放宽信用政策，从而导致较大的坏账风险。

一、坏账损失的确认

企业应当定期或者至少每年年度终了，对应收款项进行全面检查，具体分析各应收账款的特性、金额的大小、信用期限、债务人的信誉和当时的经营情况等因素。一般来讲，企业的应收账款符合下列条件之一的，应确认为坏账：

(1) 债务人破产或死亡，依照破产清算程序进行清偿或遗产偿债后，仍然无法收回的部分。

(2) 因债务单位撤销、资不抵债或现金流量严重不足，无法收回的部分。

(3) 因发生严重的自然灾害等导致债务单位停产而在短时间内无法偿付的债务部分。

(4) 债务人逾期 3 年未履行其偿债义务，并有足够的证据表明确实无法收回或收回的可能性极小的应收账款。

需要注意的是，已经确认为坏账的应收账款，并不意味着企业放弃了其追索权，一旦重新收回，应及时入账。

二、坏账损失的处理方法

企业发生的坏账损失，在会计上有两种处理方法：一种是直接转销法；另一种是备抵法。

（一）直接转销法

直接转销法就是在实际发生坏账时，确认坏账损失，计入当期损益（信用减值损失），同时核销应收账款。

【例 5-17】 20×5 年 5 月 8 日，甲公司赊销给乙公司一批商品，货款为 6 000 元，3 年来经多次催收无效，断定无法收回。20×8 年 12 月 31 日经公司董事会批准，对此项应收账款作坏账损失处理。甲公司采用直接转销法核算坏账损失。请编制甲公司这项业务的会计分录。

解析： 20×8 年 12 月 31 日核销坏账损失时，按直接转销法，发生坏账直接增加信用减值损失（记借方），同时冲减应收账款（记贷方）。应编制会计分录如下：

借：信用减值损失——应收款项　　　　6 000

　贷：应收账款——乙公司　　　　　　　6 000

直接转销法的优点是账务处理比较简单，只有在确定应收账款实在无法收回的情况下才确认坏账损失。它的主要缺点是忽视了坏账损失与赊销业务在时间上的联系，如本例中，在 20×5 年确认并反映在当年利润表上的营业收入，其坏账产生的信用减值损失却在20×8年确认并反映在 20×8 年的利润表上，这造成了 20×5 年期末资产负债表中夸大了应收账款的可变现净值，利润表中虚增了利润。由此可见，直接转销法不符合权责发生制和谨慎性的要求。

(二) 备抵法

对于应收账款较多、赊销比重较大的企业,应当采用一定的方法,预计当年赊销收入中可能产生的坏账损失,计入当期损益(信用减值损失);若当年确定无法收回的应收账款损失,则从已预提的备抵坏账"坏账准备"账户中核销。这种方法称为备抵法。按现行企业会计准则规定,企业只能采用备抵法核算坏账损失。

【例 5-18】假定【例 5-17】中,甲公司 20×5 年年末应预计入账的坏账准备为 10 000 元,其会计分录如下:

借:信用减值损失——应收款项　　10 000

　贷:坏账准备　　10 000

若不考虑 20×6 年、20×7 年赊销的变化情况,则在 20×8 年年末甲公司确认乙公司 6 000元欠款为坏账时,则应于"坏账准备"账户核销。其会计分录如下:

借:坏账准备　　6 000

　贷:应收账款——乙公司　　6 000

这样,估计的坏账损失与有关的赊销收入就同时反映在一个会计期间 20×5 年度之内了。"坏账准备"作为"应收账款"的备抵账户,在编制资产负债表时,应将其从应收账款的余额中减去,从而列示出应收账款的可收回金额。

采用备抵法,企业需设置"坏账准备"账户,核算企业应收款项等金融资产以预期信用损失为基础计提的损失准备,包括企业备抵坏账的提取、坏账损失的核销以及已作为坏账核销的应收账款的又收回情况。该账户是"应收账款"账户的备抵账户,其具体核算内容如表 5-22 所示。

表 5-22　坏账准备

借方	贷方
坏账损失的核销	坏账准备的提取、已作为坏账核销后又收回的数额
	期末余额: 反映企业已提取的坏账准备

注:资产备抵类账户,通常贷方登记增加额,借方登记减少额,期末余额在贷方。

"坏账准备"账户,企业可按应收款项的类别进行明细核算。

采用备抵法,企业还需设置"信用减值损失"账户,核算企业计提金融工具准则要求的各项金融工具减值准备所形成的预期信用损失。该账户属于损益支出类账户,即费用类。其具体核算内容如表 5-23 所示。

表 5-23　信用减值损失

借方	贷方
信用减值损失增加	信用减值损失减少
期末余额: 反映企业的累计信用减值损失	

“信用减值损失”账户,企业可按金融资产的类别进行明细核算。

采用备抵法时首先应按期估计坏账损失。如何才能较为客观的估计呢?通常的做法是:以历史经验为基础,参照当前有关的市场状况、销售业务和信用政策的变化情况作出预测。常见的估计坏账损失的方法一般有应收账款余额百分比法、应收账款账龄分析法和赊销百分比法。

1. 应收账款余额百分比法

应收账款余额百分比法是按照会计期末应收账款的账面余额乘以估计坏账率所得的金额,作为当期期末估计坏账损失的方法。亦即“坏账准备”账户的期末余额。

【例 5-19】 甲公司根据以往的经验,坏账损失约占应收账款余额的 3%。20×8 年年末应收账款余额为 50 万元,则预计的备抵坏账应为 15 000(500 000×3%)元。如果“坏账准备”账户尚留有余额 4 000 元(贷方),则 20×8 年年末应补提入账的坏账准备金额就是11 000(15 000−4 000)元。20×8 年年末补提坏账准备应编制的会计分录如下:

借:信用减值损失——应收款项	11 000	
贷:坏账准备		11 000

此时,坏账准备账户的期末余额(贷方)为 15 000 元。

续【例 5-18】。假如,20×9 年 2 月 10 日,已经核销的乙公司所欠货款 6 000 元收回,应编制的会计分录如下:

借:应收账款——乙公司	6 000	
贷:坏账准备		6 000
借:银行存款	6 000	
贷:应收账款——乙公司		6 000

注: 坏账收回后,应先作还原核销坏账的分录,然后作正常收回货款的分录,这样可以使“应收账款”账户能够全面、连续地记录每一位客户的应收账款的发生、收回和坏账产生的情况,便于分析每一位客户的信用程度。

假定 20×9 年年末甲公司应收账款的余额为 40 万元,则应补提入账的坏账准备金额为

$$400\,000\times3\%-(15\,000+6\,000)=-9\,000(\text{元})$$

亦即,应冲销 9 000 元坏账准备。编制会计分录如下:

借:坏账准备	9 000	
贷:信用减值损失——应收款项		9 000

20×9 年年末,甲公司“坏账准备”账户的期末余额(贷方)为 12 000 元(也就是应收账款余额 400 000 元的 3%)。

2. 应收账款账龄分析法

根据应收账款余额百分比法估计坏账损失,略显粗糙。因为发生坏账的可能性大小与欠账的时间长短是密切相关的。一般来说,欠款的时间越长,也就是应收账款的账龄越长,发生坏账损失的可能性就越大,账款收回的可能性越小,应估计的坏账损失和计提的坏账准备就应越多。为了对坏账的估计更精确一些,可以根据客户赊欠货款(即应收账款)日期的长短来确定应预计的备抵坏账损失的金额。这种方法称为应收账款账龄分析法。

具体做法是:

(1) 将应收账款按欠账期限的长短分段。

(2) 各段分别估计一个坏账率,计算每段的估计坏账损失额。

(3) 各段坏账损失相加后得到期末估计的坏账损失总额。

(4) 以其总额与“坏账准备”账户的原账面余额相比较,将其差额作为本期应计提或冲销的坏账准备数。

采用这种方法可以比较客观地反映应收账款的估计可变现净值。前述的应收账款余额百分比法可以说是账龄分析法的一种特殊形式。

【例 5-20】 X 公司 20×8 年 12 月 31 日,“坏账准备”账户的账面余额为 20 000 元,应收账款账面余额为 540 000 元。应收账款各明细账户的账龄情况如表 5-24 所示。

表 5-24 应收账款账龄分析表　　单位:元

客户名称	12 月 31 日余额	未到期	逾期账龄				
			6 个月以内	6 个月～1 年(不含 1 年)	1 年～2 年(不含 2 年)	2 年～3 年(不含 3 年)	3 年及以上
甲公司	100 000	60 000	20 000		20 000		
乙公司	150 000	100 000		30 000		10 000	10 000
丙公司	210 000	140 000	40 000	20 000	10 000		
丁公司	80 000	70 000				10 000	
合　计	540 000	370 000	60 000	50 000	30 000	20 000	10 000

根据以往的经验,估计坏账损失情况如表 5-25 所示。

表 5-25 坏账损失估计表　　20×8 年 12 月 31 日

账　　龄	账面余额/元	估计坏账率	估计坏账损失额/元
未到期	370 000	1%	3 700
6 个月以内	60 000	2%	1 200
6 个月～1 年(不含 1 年)	50 000	5%	2 500
1 年～2 年(不含 2 年)	30 000	10%	3 000
2 年～3 年(不含 3 年)	20 000	20%	4 000
3 年及以上	10 000	40%	4 000
合　　计	540 000		18 400

因为期末“坏账准备”账户有贷方余额 20 000 元,则 20×8 年年末应计提入账的坏账准备金额为−1 600(18 400−20 000)元,即冲销 1 600 元。据此,应编制会计分录如下:

借:坏账准备　　1 600

　　贷:信用减值损失——应收款项　　1 600

这样,在 20×8 年 12 月 31 日,X 公司“坏账准备”账户的期末余额为 18 400 元,“应收账款”账户的期末余额为 540 000 元;在资产负债表上,应收账款项下应列示的金额为 521 600(540 000−18 400)元,即应收账款的可收回金额。

3. 赊销百分比法

赊销百分比法是根据企业赊销总额的一定百分比,估计坏账损失的方法。通常,坏账百分比根据以往实际发生的坏账与赊销总额的关系估计确定,并根据企业生产经营及销售政策的变化情况及时进行调整,以保证其合理性。

【例 5-21】20×6 年年末，B 公司“坏账准备”账户余额为 2 000 元。根据过去 5 年的经验估计，发生坏账的百分比为 2%。已知 20×7 年实际赊销金额为 300 000 元，则本期应估计坏账损失 6 000 元。期末 B 公司应编制的会计分录如下：

借：信用减值损失——应收款项　　6 000

　　贷：坏账准备　　6 000

如果 20×8 年 3 月 10 日发生坏账损失（J 公司）4 000 元，则应冲销坏账准备。编制的会计分录如下：

借：坏账准备　　4 000

　　贷：应收账款——J 公司　　4 000

需要说明的是，采用赊销百分比法时，每期估计的坏账损失就是当期应计提的坏账准备，一般不需要调整坏账准备余额。这一点区别于应收账款余额百分比法和账龄分析法。企业每年要对估计坏账的百分比进行检查，若发现估计坏账百分比过高或过低，都应及时予以修正。

备抵法弥补了直接转销法的不足，符合权责发生制和谨慎性的要求。它一方面预计坏账损失并计入当期损益，避免企业虚增利润；另一方面避免企业虚列资产，能够真实反映企业的财务状况。

按照现行《企业会计准则》的规定，坏账损失的核算，只能采用备抵法。《小企业会计准则》规定，小企业坏账损失可采用直接转销法核算。核算方法及其具体做法一旦确定，不能随意变更，如需变更，应在财务报表附注中予以说明。

【相关知识介绍】

小企业会计准则规定，资产不得计提减值准备。小企业应收及预付款项的坏账损失应当于实际发生时计入营业外支出，同时冲减应收及预付款项。

企业会计准则规定，当有客观证据表明应收款项发生减值的，应当将该应收款项的账面价值与预计未来现金流量现值的差额确认为减值损失，计提减值准备，即采用备抵法，借记“信用减值损失”账户，贷记“坏账准备”账户。

除了应收款项应计提坏账准备外，其他资产，如存货，当可变现净值低于成本的差额时，应计提存货跌价准备；在建工程、固定资产、无形资产等资产发生减值时均应计提相应的减值准备。

本章小结

购货业务是指企业购买原材料等生产经营所需物资的业务；销货业务是指企业对外出售商品，从而取得收入，收回资金的业务。在企业的购销业务中，涉及商业折扣和现金折扣。会计记账是以扣除商业折扣、包含现金折扣的发票价格为基础的。

存货可以按实际成本核算，也可以按计划成本核算。本书中采用实际成本核算。购入的存货，其取得的实际成本，验收入库前用“在途物资”账户核算，验收入库后分别用“原材料”“库存商品”“周转材料”等资产类账户核算。存货取得成本的构成与企业是一般纳税人还是小规模纳税人有关。

一般纳税人购入物资，一方面增加了企业的存货资产，并按规定记录负债“应交税费”(借方)；另一方面，即可能减少了企业的银行存款，也有可能因赊购而增加了企业的负债“应付账款”“应付票据”等。

企业的日常销售业务通常包括两部分：一部分是在企业生产经营过程中占主要地位的商品产品的销售业务，通常用损益收入类账户“主营业务收入”和损益支出(费用)类账户“主营业务成本”等核算。另一部分是在企业生产经营过程中占次要地位的附营业务，如材料销售等其他业务。通常用损益收入类账户“其他业务收入”和损益支出(费用)类账户“其他业务成本”核算。与销售业务相关的费用通常在损益支出(费用)类账户“销售费用”中列支。

一般纳税人销货增加了企业的收入，并按规定记录负债“应交税费”(贷方)；相应地即可能收取了银行存款，也有可能因赊销而增加了企业的债权资产“应收账款”、“应收票据”等。与此同时，因销货而使“库存商品”“原材料”等资产减少，“主营业务成本”“其他业务成本”等损益支出增加。

商业账款是指企业在与供应商或顾客之间进行的购销活动中形成的应付账款和应收账款、预收账款和预付账款等。应收账款和应付账款通常按实际发生额计价入账，包括货款、税金和运杂费等，按总价法入账。预收账款和预付账款通常是企业按照合同规定向购货单位预收或向供货单位预付的款项。

“应收账款”和“预付账款”是资产类账户；“应付账款”和“预收账款”是负债类账户。预收、预付业务不多的企业，可以不设“预收账款”和“预付账款”账户，发生的相关业务，直接对应记入“应收账款”的贷方或“应付账款”的借方。对于取得或支付商业账款的现金折扣，分别作为理财收益或理财支出相应地减少或增加财务费用。

商业汇票通常也是在商品的购销业务中产生的，是债务人未来某一日期偿付欠款的书面承诺，通常由债务人承兑。同一张商业汇票，对于收到商业汇票的会计主体(债权人或持票人)应使用资产类账户“应收票据”来核算，而开出并承兑商业汇票的会计主体(债务人)应使用负债类账户“应付票据”来核算。商业汇票一般按面值计价入账，其期限一般不超过六个月。

坏账是指无法收回或收回的可能性极小的应收账款。确认坏账应符合一定的条件。企业发生坏账损失的会计处理方法有两种：一种是直接转销法，另一种是备抵法。按现行会计准则规定，企业只能采用备抵法核算坏账损失(小企业可采用直接转销法)。常见的估计坏账损失的方法一般有应收账款余额百分比法、应收账款账龄分析法和赊销百分比法。

思考题

1. 何谓购货业务、销货业务？
2. 商业折扣与现金折扣的意义是什么？
3. 外购物资的取得成本包括哪些内容？
4. 存货核算的主要账户有哪些？
5. 主营业务与其他业务是如何划分的？各自包含哪些内容？
6. 在应收账款入账时，对商业折扣与现金折扣的处理方法有何不同？
7. 何谓坏账？如何确认？坏账损失核算中的直接转销法和备抵法各有何特点？
8. 商业汇票有哪些种类？各有何特点？
9. 商业汇票面值、到期价值与账面价值三者之间有何区别？
10. 如何对商业汇票进行计价？其到期日是怎样确定的？
11. 带息商业汇票和不带息商业汇票在核算上有何区别？
12. 预付账款、应收账款与其他应收款在性质上有何区别？

核算题

一

1. **目的：**练习购货业务的核算。

2. **资料：**A公司经有关部门核定为一般纳税人，存货采用实际成本核算。20×8年11月发生如下经济业务：

(1) 3日，购进甲材料一批。在取得的增值税专用发票上注明的贷款为10 000元，增值税税额为1 300元；销货方垫付运费300元，取得增值税普通发票。发票等结算凭证已经收到，材料已验收入库，款项已通过银行转账支付。

(2) 7日，购进包装物一批。在取得的增值税专用发票上注明货款为5 000元，增值税税额为650元。款项尚未支付，材料尚未到达。

(3) 10日，购进甲材料一批。在取得的增值税专用发票上注明货款为40 000元，增值税税额为5 200元；销货方垫付包装费、运费等800元，取得增值税普通发票。结算凭证已到，材料尚未到达，公司开出并承兑面值为46 000元的商业汇票。

(4) 12 日,收到 7 日购入的包装物,已验收入库。

(5) 18 日,从外地购进一批工具。在取得的增值税专用发票上注明货款为 30 000 元,增值税税额为 3 900 元;销货方垫付运费 400 元、装卸费 300 元、运输保险费 100 元,取得增值税普通发票。工具已收到并验收入库。企业已开出转账支票支付货款。

(6) 23 日,从外地购进 X 商品。取得的增值税专用发票上注明价款为 20 000 元,增值税税额为 2 600 元;同时销货方垫付运费 600 元、保险费 200 元,取得增值税普通发票,货款尚未支付,商品尚未到达。

(7) 26 日,收到 23 日购进的商品,并验收入库。

(8) 27 日,开出银行转账支票,支付 23 日所购商品款及运费等。

3. **要求:**编制 A 公司各项业务的会计分录。

二

1. **目的:**练习销货业务的核算。

2. **资料:**A 公司为一般纳税人。20×8 年 11 月份发生下列销售业务:

(1) 1 日,向丙公司销售商品 500 件,每件商品的标价为 80 元。为了鼓励客户多购商品,公司同意给予丙公司 10%的商业折扣。在开出的增值税专用发票上注明售价总额为 36 000 元,增值税税额为 4 680 元。商品已发出,收到丙公司开出并承兑的商业汇票。每件商品的单位成本为 60 元。

(2) 4 日,向丁公司销售商品一批。在开出的增值税专用发票上注明的售价总额为 40 000 元(单价 100 元,销售数量 400),增值税税额为 5 200 元。公司为了及早收回货款,在合同中规定的现金折扣条件为:2/10, 1/20, n/30。每件商品的单位成本为 70 元。

(3) 13 日,收到丁公司的扣除享受现金折扣后的全部款项,并存入银行。假定计算现金折扣时不考虑增值税。

(4) 15 日,向 C 公司销售商品 110 件,单价为 90 元,已开出增值税专用发票,货款尚未收到。每件商品的单位成本为 75 元。企业适用的增值税税率为 13%。

(5) 20 日,C 公司收到商品,发现其中有 10 件商品不符合合同规定的质量标准,要求退货。A 公司办理了这 10 件商品的退货手续,退回的商品已入库。

(6) 21 日,销售材料一批。开出的增值税专用发票上注明的价款为 5 000 元,增值税税额为 650 元。货款已收到并存入银行。该材料的成本为 3 500 元。

(7) 用现金支付销货运费 800 元。

3. **要求:**编制 A 公司上述销货业务的会计分录。

三

1. **目的:**练习商业汇票的核算。

2. **资料:**A 公司向 D 公司销售甲产品 1 000 件,单价为 200 元,A、D 公司均适用 13%的增值税税率。3 月 10 日,A 公司收到 D 公司开出并承兑的一张面值为 226 000 元、期限为 6 个月的商业承兑汇票。

(1) D公司开出并承兑的是无息商业承兑汇票。

(2) 9月10日，无息票据到期，企业按期结算票款。

(3) 若9月10日，无息票据到期，出票人D公司无款支付，银行将商业承兑汇票退回A公司。

(4) D公司开出并承兑的是带息商业承兑汇票，年利率为6%。

(5) 9月10日，带息票据到期，企业按期结算票款。

(6) 若9月10日，带息票据到期，出票人D公司无款支付，银行将商业承兑汇票退回A公司。

3. **要求**：

(1) 编制A公司的有关会计分录。

(2) 编制D公司的有关会计分录。

四

1. **目的**：练习预收、预付账款的核算。

2. **资料**：E、F公司均为一般纳税人，适用的增值税税率为13%。

(1) E公司根据合同向购货单位F公司预收货款240 000元。

(2) 20天后E公司发出商品400件，每件单价为500元。已开出增值税专用发票并交给F公司。

(3) E公司在发货后退回了多余的款项。

3. **要求**：

(1) 编制E公司的有关会计分录。

(2) 编制F公司的有关会计分录。

五

1. **目的**：练习坏账准备的核算。

2. **资料**：A公司从20×6年开始计提坏账准备，估计坏账率为3%。

(1) 20×6年年末应收账款余额为3 000 000元。

(2) 20×7年5月发生坏账15 000元，其中甲公司为9 000元，乙公司为6 000元，年末应收账款余额为3 600 000元。

(3) 20×8年7月，上年已核销的甲公司应收账款9 000元又收回，期末应收账款余额为2 400 000元。

3. **要求**：

(1) 根据上述资料，计算A公司每年末应计提的坏账准备。

(2) 编制有关的会计分录。

第六章　货币资金收支业务

货币资金是企业在生产经营活动中以货币形态存在的资产，可以随时用来进行各种财产物资的采购、有关费用的支付、债务的偿还等，是流动资产的重要组成部分。它主要包括企业的库存现金、银行存款和其他货币资金。

第一节　货币资金管理

一、货币资金的控制

货币资金也可以说是广义的现金，是支付手段，具有极高的流动性，在货币资金收支业务中，如果缺乏严密的控制措施，很容易发生侵吞、盗窃和挪用等不法行为。

对现金收支的控制措施，关键在于严格履行凭证稽核手续，其基础就是要明确各经办职能部门之间的责任划分，以此来防止差错和不法行为的发生。总体来说，经办现金收支业务的人员不得兼管现金账目的记录，也就是说，出纳与会计工作应分开。

由于现金具有通用性强和流动性高的特点，最容易发生意外和损失，因此，企业一般只能保留较少的库存现金，其余的现金必须于收到当日或按规定送存企业的开户银行。企业库存现金的限额由开户银行根据企业的实际需要核定，主要是为了保证企业日常的零星开支，其具体的使用范围应当遵守国家的有关规定。

二、库存现金管理的有关规定

企业可用库存现金支付的款项有：

（1）职工工资、津贴。

（2）个人劳务报酬。

（3）根据国家规定颁发给个人的科学技术、文化艺术、体育等各种奖金。

（4）各种劳保、福利费用以及国家规定的对个人的其他支出。

(5) 向个人收购农副产品和其他物资的款项。

(6) 出差人员必须随身携带的差旅费。

(7) 结算起点(1 000 元)以下的零星支出。

(8) 中国人民银行确定需要支付库存现金的其他支出。

除上述情况可以用库存现金支付外,其他款项的支付均应通过银行转账结算。

三、银行存款账户的开设和使用

按照中国人民银行的有关规定,凡是独立核算的单位都必须向当地银行申请开立有关存款账户,用以办理企业货币资金的存取和收付业务。企业按照规定开设和使用的银行存款账户,包括基本存款账户、一般存款账户、临时存款账户和专用存款账户。

基本存款账户是指企业办理日常转账结算和现金收付的账户。企业的工资、奖金等现金的支取,只能通过此账户办理。

一般存款账户是指企业在基本存款账户以外开设的经常性账户。该账户可以办理转账结算和现金缴存,但不能支取现金。

临时存款账户是因企业临时生产经营活动的需要而开立的账户。该账户既可以办理转账结算,又可以根据现金管理规定存取现金。

专用存款账户是指企业因特定用途需要所设立的账户。

企业必须严格遵守银行结算办法规定的结算纪律,除按核定的限额保留库存现金外,超过限额的部分必须存入银行;除了在规定的范围内可以用库存现金支付的款项外,在经营过程中所发生的一切货币资金收支业务,都必须通过银行存款账户进行结算。同时,任何企业和单位不得出租、出借银行账户,不准套取银行信用。

四、银行存款账户的作用

企业将绝大部分现金存入银行,其主要交易的款项结算都通过银行进行,这是对现金实物的有效保护措施。而且,这也相当于银行为企业保留了另一份现金的收支记录,有利于保证货币资金的安全与完整。

银行每月应为开户企业出具对账单,这实际上就是由银行向存款企业提供的当月现金收支的记录,用它和企业自身反映银行存款收入与支出的银行存款日记账的记录逐笔相核对,找出它们之间不符的原因。这一过程属于企业银行存款账实核对的过程,是货币资金控制的重要环节。

第二节　货币资金的核算

货币资金是指企业的货币性资产,包括库存现金、银行存款和除此以外的其他货币资金。

这里的库存现金是指狭义的现金。银行存款是指企业存放在银行或其他金融机构的款项。其他货币资金是指具有特定用途的货币资金,如银行汇票、银行本票、信用卡存款等。

一、账户设置

库存现金的核算需要设置“库存现金”账户。

“库存现金”账户,属于资产类,用于核算企业库存现金的收入、支出和结存情况。其具体核算内容如表 6-1 所示。

表 6-1 库存现金

借方	贷方
库存现金的增加	库存现金的减少
期末余额: 反映企业持有的库存现金	

银行存款的具体核算内容如表 4-2 所示。

银行汇票、银行本票等的核算需要设置“其他货币资金”账户。“其他货币资金”账户,属于资产类,用于核算企业银行汇票存款、银行本票存款、信用证存款、信用卡存款、外埠存款、存出投资款等的开立、结算减少及结存情况。其具体核算内容如表 6-2 所示。

表 6-2 其他货币资金

借方	贷方
其他货币资金的增加	其他货币资金的减少
期末余额: 反映企业持有的其他货币资金	

“其他货币资金”账户,企业可根据其种类进行明细核算。

二、核算举例

【例 6-1】20×5 年 10 月 26 日,W 公司发生如下业务,请编制各项业务的会计分录。

(1) 签发现金支票一张,从开户银行提取现金 18 000 元,其中 12 500 元准备用于发放职工工资,其余备用[34]。

解析:此业务涉及的账户是“库存现金”和“银行存款”,都属于资产类。企业从开户银行提取现金,库存现金增加,应记借方;银行存款减少,应记贷方。则会计分录如下:

借:库存现金　　18 000

　贷:银行存款——工行香山支行　　18 000

(2) 同日,用库存现金支付职工工资[35]。

解析:此业务涉及的账户是“库存现金”和“应付职工薪酬”,“库存现金”属于资产类,“应付职工薪酬”属于负债类。用库存现金支付职工工资,应付职工薪酬负债减少,应记借方;库存现金资产减少,应记贷方。则会计分录如下:

借：应付职工薪酬——工资　　　　12 500
　贷：库存现金　　　　12 500

(3) 用库存现金支付职工李某生活困难补助 1 000 元[37]。

解析：用库存现金支付职工困难补助，库存现金资产减少，应记贷方；职工生活困难补助属于职工福利费，则应付职工薪酬这项负债减少，应记借方。则会计分录如下：

借：应付职工薪酬——职工福利　　　　1 000
　贷：库存现金　　　　1 000

注：在【例 6-1】中所涉及的"应付职工薪酬"账户的核算内容如下：

"应付职工薪酬"账户，属于负债类，用于核算企业根据有关规定，在一定时期内应付给职工的各种薪酬，包括工资、职工福利、社会保险费、住房公积金、工会经费、职工教育经费、非货币性福利、辞退福利、股份支付等。其具体核算内容如表 6-3 所示。

表 6-3　应付职工薪酬

借方	贷方
实际支付的职工薪酬	职工薪酬的提取 （或职工薪酬费用的结算分配）
	期末余额： 反映企业应付未付的职工薪酬

有关职工薪酬费用的结算和分配的核算，详见第九章第二节"其他应付款项"。

【例 6-2】 W 公司职工吴明出差发生如下业务，请编制 W 公司相关业务的会计分录。

(1) 20×5 年 10 月 26 日，吴明出差借款 2 000 元，企业用库存现金支付[36]。

解析：用库存现金支付职工出差借款，库存现金资产减少，应记贷方；而应向吴明收取的欠款——其他应收款增加，资产增加，应记借方。则会计分录如下：

借：其他应收款——吴明　　　　2 000
　贷：库存现金　　　　2 000

(2) 20×5 年 10 月 27 日，吴明出差归来，报销差旅费 1 800 元，剩余现金交回企业[39]。

解析：吴明交回现金 200 元，库存现金资产增加，应记借方；报销差旅费 1 800 元，应在管理费用中列支，费用增加，应记借方；同时，吴明的欠款——其他应收款减少，资产减少，应记贷方。则会计分录如下：

借：库存现金　　　　200
　管理费用——差旅费　　　　1 800
　贷：其他应收款——吴明　　　　2 000

注：这里涉及的"管理费用"账户，属于损益支出类，即费用类，用于核算企业为组织和管理企业生产经营所发生的各项费用，包括企业在筹建期间内发生的开办费、董事会和行政管理部门在企业的经营管理中发生的或者应由企业统一负担的公司经费（包括行政管理部门职工薪酬、修理费、物料消耗、低值易耗品摊销、办公费和差旅费等）、董事会费（包括董事会成员津贴、会议费和差旅费等）、聘请中介机构费、咨询费（含顾问费）、诉讼费、业务招待费、技术转让费、无形资产摊销、矿产资源补偿费、排污费、存货盘亏或盘盈（不包括应计入营业外支出的存货非常损失）等。其具体核算内容如表 6-4 所示。

表 6-4 管理费用

借方	贷方
发生的管理费用	冲回的管理费用
月末余额： 反映本月管理费用净支出	

注:年末,将其累计净支出从本账户贷方转入“本年利润”账户借方,结转后,此账户应无余额。

“管理费用”账户,企业可按管理费用项目进行明细核算。

【例 6-3】 20×5 年 10 月 28 日,W 公司发生如下业务,请编制各项业务的会计分录。

(1) 用库存现金支付复印机修理费 800 元[40]。

(2) 按企业管理人员工资总额的 2%提取工会经费 250 元[41]。

(3) 将库存现金 500 元存入银行[42]。

(4) 用库存现金支付业务咨询费 800 元[43]。

(5) 用库存现金支付业务招待费 300 元[44]。

(6) 计提企业管理人员社会保险费 4 187.50 元。其中,养老保险费为 2 937.50 元,医疗保险费为 1 000 元,失业保险费为 250 元[45]。

(7) 支付排污费 500 元,开出现金支票[46]。

(8) 收到银行存款利息收入 120 元[48]。

编制会计分录如下:

(1) 借:管理费用——修理费	800	
贷:库存现金		800
(2) 借:管理费用——职工薪酬	250	
贷:应付职工薪酬——工会经费		250
(3) 借:银行存款——工行香山支行	500	
贷:库存现金		500
(4) 借:管理费用——咨询费	800	
贷:库存现金		800
(5) 借:管理费用——业务招待费	300	
贷:库存现金		300
(6) 借:管理费用——社会保险费	4 187.50	
贷:应付职工薪酬——养老保险费		2 937.50
——医疗保险费		1 000
——失业保险费		250
(7) 借:管理费用——排污费	500	
贷:银行存款——工行香山支行		500
(8) 借:银行存款——工行香山支行	120	
贷:财务费用——利息收入		120

解析:

① 根据表 6-4 及管理费用的核算内容可知,本例业务中所涉及的复印机修理费(1)、

工会经费(2)、咨询费(4)、业务招待费(5)、计提管理人员社会保险费(6)、排污费(7)均应在管理费用中列支,即应记入管理费用的借方;用库存现金、银行存款支付这些费用而使资产减少,应记贷方。其中业务(2)计提管理人员的工会经费 250 元,尚未支付前形成了企业的负债,即应付职工薪酬增加了 250 元,应记贷方;业务(6)计提的管理人员社会保险费,也增加了应付职工薪酬负债,应记贷方。

② 业务(3)将库存现金存入银行,资产一增一减,即银行存款增加记借方,库存现金减少记贷方。

③ 业务(8)收到银行存款利息收入 120 元,使企业的银行存款增加,应记借方;利息收入减少了企业的财务费用,应记贷方。

注:在【例 6-2】中所涉及的"其他应收款——吴明",是指企业应向吴明收回的款项。"其他应收款"账户,属于资产类,用于核算企业除应收票据、应收账款、预付账款等商业账款以外的其他各种应收、垫付款项,包括应收的各种赔款、罚款、租金、各种垫付款项、保证金、押金等。其具体核算内容如表 6-5 所示。

表 6-5　其他应收款

借方	贷方
其他应收款的增加	其他应收款的减少
期末余额: 反映尚未收回的其他应收款	

"其他应收款"账户,企业可按其他应收款的项目分类,并按不同的债务人进行明细核算。

【例 6-4】 20×5 年 5 月 8 日,乙企业发生如下经济业务,请编制各项业务的会计分录。

(1) 乙企业向银行申请签发银行汇票准备携带到外地采购,其金额为 20 000 元,收到银行签发的银行汇票和解讫通知书。

解析:企业向银行申请签发银行汇票,款项一般从基本存款户划转,故银行存款减少,应记入"银行存款"账户的贷方;而转入银行汇票的金额,记入"其他货币资金"账户,单独核算。则会计分录如下:

借:其他货币资金——银行汇票存款　　20 000
　　贷:银行存款　　20 000

(2) 5 月 20 日,收到采购员交来的购入钢材增值税专用发票,价款为 16 000 元,增值税税额为 2 080 元,款项用银行汇票支付,材料已经入库。编制会计分录如下:

解析:企业购入钢材支付的价款为 16 000 元,且钢材已经验收入库,则原材料增加,资产增加应记入"原材料"账户借方;购入钢材支付的增值税税额 2 080 元,按规定记入"应交税费"账户的借方;货款用银行汇票支付,则其他货币资金减少了 18 080 元,应记入"其他货币资金"账户贷方。则会计分录如下:

借:原材料——钢材　　16 000
　　应交税费——应交增值税(进项税额)　　2 080
　　贷:其他货币资金——银行汇票存款　　18 080

(3) 采购完毕收回剩余款项,接到开户银行结算剩余款收账通知。

解析:购货业务完成后,剩余的票款 1 920(20 000−18 080)元,银行转回基本存款账

户。这样,银行存款增加,记入“银行存款”账户借方;其他货币资金减少,记入“其他货币资金”账户贷方。其会计分录如下:

借:银行存款　　1 920

　贷:其他货币资金——银行汇票存款　　1 920

银行汇票存款结算后,“其他货币资金——银行汇票存款”二级账户余额为零。银行本票存款、外埠存款、信用证存款的取得、支付和余款转回的核算过程与银行汇票相似。

【例 6-5】 20×5 年 8 月 5 日,丁企业向银行申领签发 10 000 元的信用卡,填制“信用卡申请表”,并连同转账支票和有关资料一并提交银行,收到银行盖章退回的交存备用金进账单。请编制丁企业这项业务的会计分录。

解析: 企业向银行申请签发信用卡,款项从银行存款账户划转,银行存款减少,应记贷方;而转入信用卡中的金额,应根据银行盖章退回的交存备用金进账单,记入“其他货币资金”账户的借方,单独核算。则会计分录如下:

借:其他货币资金——信用卡存款　　10 000

　贷:银行存款　　10 000

续【例 6-5】,8 月 16 日,丁企业用信用卡支付差旅费 2 800 元,收到开户银行转来的信用卡存款的付款凭证及所附发票账单。请编制丁企业这项业务的会计分录。

解析: 用信用卡支付差旅费,其他货币资金减少,应记入“其他货币资金”账户贷方;差旅费支出增加了企业的管理费用,应记入“管理费用”账户借方。则会计分录如下:

借:管理费用——差旅费　　2 800

　贷:其他货币资金——信用卡存款　　2 800

企业的信用卡,可以不断地补充资金,连续使用。当企业不需要继续使用信用卡时,应持信用卡到发卡银行办理销卡手续,单位卡余额应转入企业基本存款户,不得提取现金。此时,编制的会计分录应为申领时的反向分录,金额则为信用卡的余额。

存出投资款二级账户主要核算企业存入证券投资公司,用于购买股票、债券等有价证券的款项。存出投资款可以不断地补充资金,连续使用;销户时资金应转入企业基本存款户。

第三节　货币资金的清查

货币资金是企业最重要的流动资产,必须按规定及时进行账实核对相符。

一、库存现金的清查

通常,企业为了随时掌握库存现金收付的动态和库存余额,并保证库存现金的安全,需要设置“库存现金日记账”,并由出纳人员根据库存现金的收付款凭证,按照业务发生的时间顺序逐笔登记。每日终了,计算出当日的库存现金收入合计数、库存现金支出合计数和账面结余数,并将结余数与实际库存数核对,做到账款相符。库存现金日记账是专门记录库存现金收入、支出和结存的账簿。有外币库存现金的企业，还要按各种外币设置“外币库存现金日记账”进行明细核算。

(一) 库存现金的清查方法

库存现金的清查方法采用实地盘点法。现金盘点时，企业的出纳人员必须在场。清查过程中，应注意不具备法律效力的借条、收据来充抵库存现金的情况。盘点后，根据现金盘点结果，编制“库存现金盘存表”，并由盘点人员和出纳人员签章。“库存现金盘存表”如表6-6所示。

表6-6　库存现金盘存表

单位名称　　　　　　　　　　　　年　　月　　日

账存金额	实存金额	账存与实存对比		备　注
		长款	短款	

盘点人签章：　　　　　　　　　　　　　　　　　出纳员签章：

注：库存现金盘存表是反映现金实有数和调整账簿记录的原始凭证。

(二) 库存现金清查结果的处理

每日终了账实核对时，发现有待查明原因的库存现金短款或长款，应先记入“待处理财产损溢”账户。

【例6-6】会计期末，丙企业在现金清查中发现库存现金较账面余额短缺90元。请编制丙企业这项业务的会计分录。

解析：由于库存现金短缺，资产减少，应记贷方；则对应的另一方应使用“待处理财产损溢”账户暂时挂账，即应记借方。编制会计分录如下：

借：待处理财产损溢——待处理流动资产损溢　　　　90

　　贷：库存现金　　　　　　　　　　　　　　　　　　90

【例6-7】会计期末，丁企业在现金清查中发现库存现金较账面余额溢余125元。请编制丁企业这项业务的会计分录。

解析：由于库存现金溢余，资产增加，应记借方；则对应的另一方应使用“待处理财产损溢”账户暂时挂账，即应记贷方。编制会计分录如下：

借：库存现金　　　　　　　　　　　　　　　　　125

　　贷：待处理财产损溢——待处理流动资产损溢　　　　125

企业发现财产的溢余或短缺，亦即这里的长款或短款，也称为盘盈或盘亏，先暂时记入“待处理财产损溢”账户；待查明原因后，根据企业的管理权限，经批准后，视不同原因予以相应的处理。

【例6-8】续【例6-6】。经查明，短缺的库存现金90元，其中50元是由于出纳员失职造成的，应由其赔偿；其余部分无法查明原因，经批准作为管理费用处理。请编制这项业务的会计分录。

解析：出纳员赔偿50元尚未收回前，暂时记入资产账户“其他应收款”的借方；剩余无法查明原因的40元,按批准后的凭证记入“管理费用”账户的借方。同时,在对应的贷方转销“待处理财产损溢”账户的金额。编制会计分录如下:

借:其他应收款——出纳员 50

　管理费用——库存现金短款 40

　贷:待处理财产损溢——待处理流动资产损溢 90

【例6-9】续【例6-7】。经核查,上述溢余的库存现金125元,其中100元是应支付给职工王力的;其余部分无法查明原因,经批准作为营业外收入处理。请编制这项业务的会计分录。

解析:对于应支付给有关人员的100元,在未支付前应形成企业的负债,应记入“其他应付款”账户的贷方;剩余无法查明原因的25元,按批准后的凭证记入“营业外收入”账户的贷方。同时,在对应的借方转销“待处理财产损溢”账户的金额。编制会计分录如下:

借:待处理财产损溢——待处理流动资产损溢 125

　贷:其他应付款——王力 100

　　营业外收入——库存现金长款 25

注:①【例6-6】【例6-7】【例6-8】【例6-9】中涉及的“待处理财产损溢”账户,属于资产类,也是一个过渡性的账户,用于核算企业在财产清查过程中查明的各种财产盘盈、盘亏和毁损的价值。其具体核算内容如表6-7所示。

表6-7 待处理财产损溢

借方	贷方
盘亏、毁损的各种资产的成本 或盘盈资产价值经批准转出的金额	盘盈的各种资产的确认价值 或盘亏、毁损成本经批准转出的金额
期末无余额	

“待处理财产损溢”账户,可按盘盈、盘亏的资产种类和项目进行明细核算。

企业的财产损溢,应查明原因,在期末结账前处理完毕后,此账户应无余额。

②【例6-9】中涉及的“其他应付款”账户,属于负债类。它是和“其他应收款”账户是相对的。对于企业应付的各种赔款、罚款、租金、各种暂收款项、保证金、押金等,应记入“其他应付款”账户;反之,企业应收或垫付的这些款项则应记入“其他应收款”账户。其他应付款的具体核算详见第九章第二节“其他应付款项”。

③【例6-9】中涉及的“营业外收入”账户,属于损益收入类,用于核算企业发生的与其生产经营活动无直接关系的各项收入,主要包括政府补助、盘盈利得、捐赠利得等。其具体核算内容如表6-8所示。

表6-8 营业外收入

借方	贷方
期末结转	各项利得的增加
	月末余额: 反映本月累计营业外收入净额

“营业外收入”账户,企业可按营业外收入项目进行明细核算。

注:年末,将“营业外收入”账户累计收入净额从本账户借方转入“本年利润”账户贷

方，结转后，此账户应无余额。

二、银行存款的清查

通常，企业为了加强对“银行存款”账户资金的管理，应当按开户银行或其他金融机构、存款种类等，设置“银行存款日记账”，并根据银行存款的收付款凭证，按照业务发生的时间顺序逐笔登记。每日终了，计算出当日的银行存款收入合计数、支出合计数和账面结余数，并定期与银行提供的对账单核对，每月至少核对一次。银行存款日记账是企业必须设置的账簿，是专门记录“银行存款”账户收入、支出和结存情况的账簿。有外币银行存款的企业，还应当按各种外币种类设置“外币银行存款日记账”进行明细核算。

（一）银行存款的清查方法

月度终了，企业银行存款的账面结余数，与银行提供的对账单进行核对，若有差额，必须逐笔查明原因进行处理。

企业银行存款日记账与银行对账单的余额往往不一致。其基本原因一般是两个方面：一是双方或一方记账凭证有误或记账差错；二是存在“未达账项”。

未达账项，是指企业与银行之间，由于结算凭证传递的时间差而造成的一方已经取得凭证登记入账，而另一方由于未取得凭证尚未入账的款项。具体有以下四种情况：

(1) 银行已经收款记账，企业尚未收款记账。

(2) 银行已经付款记账，企业尚未付款记账。

(3) 企业已经收款记账，银行尚未收款记账。

(4) 企业已经付款记账，银行尚未付款记账。

上述(1)和(4)两种未达账项会使企业银行存款日记账余额小于银行对账单余额；(2)和(3)两种未达账项，则会使企业银行存款日记账所记余额大于银行对账单余额。

（二）银行存款清查结果的处理

为了消除未达账项的影响，需要编制“银行存款余额调节表”进行核对。银行存款余额调节表如表 6-9 所示。

表 6-9 银行存款余额调节表

年 月 单位：元

项 目	金额	项 目	金额
企业银行存款日记账余额		银行对账单余额	
加：银行已收，企业未收 减：银行已付，企业未付		加：企业已收，银行未收 减：企业已付，银行未付	
调整后余额		调整后余额	

注：银行存款余额调节表仅用于核对账目，不能作为调整银行存款账面记录的原始凭证。

企业若存在未达账项，应按月编制“银行存款余额调节表”，并调节相符。

“银行存款额调节表”的编制依据为：

企业银行存款日记账余额＋银行已收企业未收的款项－银行已付企业未付的款项＝银行对账单余额＋企业已收银行未收的款项－企业已付银行未付的款项

现举例说明“银行存款余额调节表”的编制方法。

【例 6-10】D公司银行存款日记账，5月31日账面记录如表6-10所示，6月1日银行转来的对账单有关记录如表6-11所示。

表 6-10 银行存款日记账 第 页

×年		凭证号	摘要	结算凭证	借方	贷方	借或贷	余额
月	日							
5	1		月初余额				借	158 000
	略							
5	30		本日合计		68 000	75 000	借	120 000
5	31	53	销售商品	转账支票	58 500✓			
	31	58	支付购料款	托收承付		35 100		
	31	61	短期借款	收款通知	80 000✓			
	31	63	付电话费	转账支票		4 200✓		
	31	69	提取现金	现金支票		1 200✓		
	31	71	销售商品	转账支票	46 800			
			本日合计		185 300	40 500		264 800
			本月合计		853 000	746 200		264 800

表 6-11 银行存款对账单

账号：××× 户名：D公司

×年		摘要	结算凭证		收入	支出	结余
月	日		种类	号数			
5	30	承前页		略			265 000
	31	销售商品	转账支票		58 500✓		
	31	借款存款	收款通知		80 000✓		
	31	电汇收款	汇款单		10 000		
	31	付电话费	转账支票			4 200✓	
	31	付水电费	转账支票			3 500	
	31	提取现金	现金支票			1 200✓	
	31	本月合计			1 048 000	1 053 400	259 600

月末进行账单核对，企业银行存款日记账余额为264 800元，银行对账单列示本企业的存款余额为259 600元。逐笔业务核对结果，查明有下列几笔未达账项：

(1) 5月31日，收到电汇款10 000元，银行已记账，企业尚未收到银行的收款通知书。

(2) 5月31日,企业采取托收承付结算方式支付购料款35 100元,企业已记账,银行尚未记账。

(3) 5月31日,企业销售商品送存转账支票46 800元,企业已记账,银行尚未记账。

(4) 5月31日,银行代付水电费3 500元,银行已记账,企业尚未接到银行付款通知书。

根据上述情况,编制银行存款余额调节表,如表6-12所示。

表6-12 银行存款余额调节表

20×5年5月　　　　单位:元

项　目	金额	项　目	金额
企业银行存款日记账余额	264 800	银行对账单余额	259 600
加:银行已收,企业未收 减:银行已付,企业未付	10 000 3 500	加:企业已收,银行未收 减:企业已付,银行未付	46 800 35 100
调整后余额	271 300	调整后余额	271 300

【相关知识介绍】

银行结算方式的种类

银行结算是指单位或个人在社会经济活动中使用票据、信用卡和汇兑、托收承付、委托收款等方式进行货币收付及其资金清算的行为。企业在办理支付结算时,必须按照中国人民银行规定,使用统一印制的票据凭证和统一规定的结算凭证,并严格遵守"恪守信用、履约付款""谁的钱进谁的账、由谁支配""银行不垫款"的原则。

按照中国人民银行有关支付结算办法的规定,目前企业发生的货币资金收付业务可以采用的银行结算方式主要有:支票、银行本票、银行汇票、商业汇票、汇兑、信用证、信用卡、托收承付和委托收款等。

一、支票结算方式

支票是出票人签发的,委托办理支票存款业务的银行或者其他金融机构在见票时无条件支付确定金额给收款人或者持票人的票据。支票上印有"现金"字样的称为现金支票,现金支票只能用于支取现金。支票上印有"转账"字样的称为转账支票,转账支票只能用于转账。支票的付款期限为10天。单位和个人在同城或同一票据交换区域的,各种款项结算业务均可使用支票。转账支票可以根据需要在票据交换区域内背书转让。

二、银行本票结算方式

银行本票是指由银行签发的,承诺自己在见票时无条件支付确定金额给收款人或持票人的票据。银行本票的提示付款期限最长不超过2个月,单位和个人在同城各项结算业务中均可使用银行本票,银行本票可以用于转账,注明"现金"字样的银行本票也可以用于支取现金。若申请人或收款人为单位的,不得申请签发现金银行本票。银行本票一律记名,可以背书转让。

三、银行汇票结算方式

银行汇票是指单位和个人将款项交存当地银行,由银行签发的、并由其出票银行在见票时按照实际结算金额无条件支付款项给收款人或持票人的票据。银行汇票可以用于转账,注明“现金”字样的银行汇票也可支取现金。若申请人或收款人为单位的,不得申请签发现金银行汇票。单位和个人异地办理各种款项结算,均可使用银行汇票。银行汇票提示付款期限为1个月。持票人向银行提示付款时,必须同时提交银行汇票和出票银行开出的解讫通知书。银行汇票一律记名,并允许背书转让,但未填写实际结算金额或实际结算金额超过出票金额的银行汇票不得背书转让。

四、信用卡结算方式

信用卡是指商业银行向个人和单位发行的,可凭其向特约单位购物、消费和向银行存取现金,且具有消费信用的特制载体卡片。单位卡一律不得用于10万元以上的商品交易、劳务供应款项的结算,不得支取现金。信用卡在规定的限额和期限内允许善意透支,透支金额和期限应按照有关规定。严禁将单位的款项存入个人卡账户中。

五、汇兑结算方式

汇兑是指汇款人委托银行将其款项支付给收款人的结算方式。它主要适用于异地之间单位或个人的各种款项的结算,如外埠存款,就是企业到外地进行临时或零星采购时,汇往采购地银行开立采购专户的款项。汇兑分为信汇和电汇两种。信汇是指汇款人委托银行通过邮寄方式将款项划转给收款人。电汇是指汇款人委托银行通过电报将款项划转给收款人。

六、信用证结算方式

信用证存款是指采用信用证结算方式的企业为开具信用证而存入银行信用证保证金专户的款项。信用证结算是国际贸易的一种主要结算方式。

本章小结

货币资金是企业在生产经营活动中以货币形态存在的资产,主要包括企业的库存现金、银行存款和其他货币资金。库存现金是企业存放于财会部门,由专职出纳人员保管的货币。企业应当严格按照国家有关现金管理的规定使用库存现金,超过库存现金限额的部分应当及时送存银行。企业按照规定开设和使用的银行存款账户,包括基本存款账户、一般存款账户、临时存款账户和专用存款账户。

货币资金核算需要设置的资产类账户有“库存现金”“银行存款”和“其他货币资金”账户。库存现金即狭义的现金;银行存款是指企业存放在银行或其他金融机构的款项;其他货币资金是指具有特定用途的货币资金,如银行汇票存款、银行本票存款、信用卡存款、信用证存款、外埠存款、存出投资款等。

企业应当定期进行货币资金的清查,库存现金的清查应当每日进行。即每日终了,出纳人员应计算出“库存现金日记账”中当日的库存现金收入合计数、库存现金支出合计数和账面结余数,并将结余数与实际库存数核对,做到账款相符。发现有待查明原因的库存现金短缺或溢余,应暂记“待处理财产损溢”账户,经批准后处理。银行存款的清查一般应每月月末进行一次,即将企业的“银行存款日记账”余额与银行对账单核对。对于“未达账项”,应按月编制“银行存款余额调节表”,并调节相符。

本章业务核算中涉及的负债类账户有两个：一是"应付职工薪酬"账户，用于核算企业根据有关规定，在一定时期内应付给职工的各种薪酬，包括工资、职工福利、社会保险费、住房公积金、工会经费、职工教育经费、非货币性福利、辞退福利、股份支付等；二是"其他应付款"账户，用于核算企业应付赔款、罚款、租金或暂收保证金、押金等各种款项。涉及的资产类账户是"其他应收款"，它和"其他应付款"账户是相对的，用于核算企业应收或垫付的各种款项。涉及的损益类账户是"管理费用"，用于核算企业为组织和管理企业生产经营所发生的各项费用。

思 考 题

1. 我国对库存现金的使用有哪些规定？
2. 货币资金的内容包括哪些？如何核算？
3. 什么是未达账项？它是如何产生的？
4. "其他货币资金"账户的二级账户有哪些？
5. 如何对库存现金和银行存款进行清查？
6. 库存现金的长款和短款如何处理？

核 算 题

一

1. **目的**：练习库存现金的核算。

2. **资料**：G公司为一般纳税人，12月份发生如下经济业务：

(1) 5日，职工魏明出差预借差旅费3 000元，以库存现金支付。

(2) 6日，公司员工田方购买办公用品借款800元，开出现金支票；回来后报销750元，余款交回。

(3) 8日，魏明出差返回后报销费用3 300元，不足部分公司用库存现金支付。

(4) 12日，公司库存现金清查中发现短缺65元。经清查核实，其原因不明，企业决定由出纳员丁力赔偿。

3. **要求**：根据上述资料编制G公司各项业务的会计分录。

二

1. **目的**:练习银行存款的核算。

2. **资料**:G公司为一般纳税人,12月份发生如下经济业务:

(1) 5日,向B公司销售甲产品一批,在开出的增值税专用发票上注明价款为30 000元,增值税税率为13%。用库存现金为B公司垫付运杂费450元,货款尚未收到。

(2) 7日,从E公司采购乙材料,在取得的增值税专用发票上注明乙材料价款为50 000元,增值税为6 500元。材料已验收入库。公司开出转账支票支付货款。

(3) 15日,收到银行的进账通知,B公司货款已收到。

(4) 16日,用现金支票支付广告费10 000元。

(5) 20日,从银行提取现金50 000元,当日发放工资。

3. **要求**:根据上述资料编制G公司各项业务的会计分录。

三

1. **目的**:练习其他货币资金的核算。

2. **资料**:G公司为一般纳税人,12月份发生如下经济业务:

(1) 5日,公司委托开户银行开出80 000元银行汇票。

(2) 6日,采购员到外地进行采购。在取得的增值税专用发票上注明甲材料价款为65 000元,增值税税额为8 450元。用银行汇票结算货款。

(3) 7日,银行已将银行汇票结算后的余款转回公司账户。

(4) 8日,甲材料运到,验收入库。

(5) 8日,公司向银行申请开立信用卡,金额为100 000元,银行已受理。

(6) 10日,公司员工王海用信用卡支付差旅费等4 000元,提交有关的凭证向公司报销。

3. **要求**:根据上述资料编制G公司各项业务的会计分录。

四

1. **目的**:练习“银行存款余额调节表”的编制。

2. **资料**:A公司20×5年10月31日银行存款日记账中的余额为190 400元,银行转来的对账单上的余额为187 200元。经逐笔核对,发现有以下未达账项:

(1) 3月30日,企业委托银行代收款项6 000元,银行已经收妥入账,企业尚未接到银行的收款通知,尚未记账。

(2) 3月30日,企业开出支票2 400元,持票人尚未到银行办理转账,银行尚未登记入账。

(3) 3月31日,银行代付电话费2 200元,企业尚未接到银行付款通知,尚未记账。

(4) 3月31日,企业送存支票9 400元,银行尚未记入企业银行存款户。

3. **要求**:根据上述资料,编制A公司的“银行存款余额调节”表。

第七章 存货

存货是企业流动资产的主要组成部分。它是指企业在日常活动中持有的以备出售的产成品或商品、处在生产过程中的在产品、在生产过程或提供劳务过程中耗用的材料和物料等。企业持有这些存货的目的主要是:①准备对外销售,如商品、产成品等;②供生产产品耗用,如材料、包装物、低值易耗品等。处在企业生产过程之中的在制品也属于存货的范畴。在制品的形成和结转的核算属于成本会计核算的内容,将在第十章具体介绍。本章主要介绍存货的范围及存货的分类、存货的内部控制、存货发出的计价及期末存货成本的计量方法。

存货最基本的特征是:企业持有存货的最终目的是出售,而不是自用或消耗;可能是直接出售,也可能是需要经过进一步加工后才能出售。这一特征使存货明显区别于取得的目的是使用的固定资产等长期资产。

不论是商品流通企业还是制造企业,存货通常是占用资金较多和变现能力较差的流动资产项目,在资产总额中往往占有相当大的比重。它的销售和存储情况直接关系到一个企业的盈利能力和流动资金的周转。存货积压势必会引起企业现金周转的困难,而存货不足又将影响企业的经营活动和收入。在市场经济中,存货对经济的周期性波动比其他资产项目更为敏感。因此,企业的管理者对存货的计划和控制都是极其关注的。

第一节 存货概述

一、存货的范围

存货范围的认定应以企业是否对其具有法定所有权为依据。法定所有权属于企业的一切商品、物资,不论其存放地点如何,均应作为企业的存货;反之,凡法定所有权不属于企业的一切商品、物资,即使其存放在本企业,也不应作为企业的存货。在认定存货时,应注意区分以下情况:

(一) 运输途中的货物

对于销售方已收款,并已将发票等交给购货方,即销售实现的条件已经成立,而尚未发运给购货方的商品,应作为购货方的存货而不应再作为销货方的存货;对于购货方已收到商品但尚未收到销货方结算发票等的商品,购货方应作为其存货处理;对于购货方已经确认为购进(如已付款等)而尚未到达入库的在途商品,购货方也应将其作为存货处理。

(二) 寄销品和承销品

企业委托其他单位代销的物资、商品称为寄销品。寄销品实物虽然已离开了委托企业,存放于承销人处,但因所有权尚未转移,仍应记入委托企业的存货;反之,企业受托代销的物资、商品称为承销品,在尚未售出之前,仍属寄销人所有,不计入受托企业的存货。

类似地,委托外单位加工的物资应作为委托企业的存货,而代客户加工的物资不应计入委托企业的存货,但应设置“受托加工物资备查簿”予以登记。

二、存货的分类

为了正确地进行存货的核算和管理,在会计上必须对存货进行科学的分类,以便按照不同的类别采用不同的会计核算方法。

(一) 按企业所属的行业分类

1. 制造业的存货

制造业的存货主要包括:

(1) 原材料:指企业通过外购或其他方式取得的、用于生产产品并构成产品实体的物品,以及取得的供生产耗用而不构成产品实体的辅助材料、修理用备件、燃料和外购半成品等。

(2) 在产品及自制半成品:指已经过一定生产过程,但尚未全部完工,在销售以前还要进一步加工的中间产品或正在加工中的产品。

(3) 库存商品:指企业已经完成全部生产过程,并已验收入库,可以对外销售的产品,或企业从外部购入的并已验收入库的商品。

(4) 低值易耗品:指使用年限在一年以下或单位价值低于企业固定资产标准的物品,如一般工具、管理用具、劳动保护用品等。

(5) 包装物:指为了包装本企业产品而储备的各种容器,如箱、桶、瓶、坛、袋等。

注:包装物和低值易耗品统称为周转材料。

(6) 委托加工物资:指企业因技术和经济原因而委托外单位代为加工的各种物资。

2. 商品流通企业存货

商品流通企业存货主要包括:商品、材料物资、低值易耗品、包装物等。其中,商品是指企业为销售而购入的物品,是商品流通企业存货的主要部分。商品在销售之前,保持其原有的实物形态。

3. 服务企业存货

服务企业是指宾馆、旅行社、游乐场所、美容美发、修理、中介机构等,这些企业既不生产产品也不经销商品，一般仅存有少量物料物品、办公用品、家具用品等，以供业务活动时使用，这些物品通常作为服务企业的存货处理。

（二）按存放地点分类

（1）库存存货：是指存放在企业仓库或处于企业生产或办公场所正在耗用、加工的存货。

（2）在途存货：是指企业向外单位购买的，但尚未运达企业，正在运输途中的各种存货。

（3）委托加工存货：是指企业已经发出，委托外单位代为加工的各种存货。

（4）委托代销存货：是指企业已经委托外单位代为销售，但按合同规定尚未办理代销货款结算的存货。

（5）寄存的存货：是指企业暂时存放在外单位的存货。

三、存货的内部控制

存货管理是企业管理的一个重要的组成部分，而存货控制则是影响企业盈利能力的关键因素。存货控制中的重要一环就是要保持一个相当完备、翔实且反映及时的存货记录，以便于取得对供、产、销等方面的决策有用的信息。此外还包括商品或采购过程中的凭证稽核、会计期末（至少在年终）的实物盘存等等。

第二节 存货发出的计价方法

对于外购存货的成本构成，我们已经在第五章第二节进行了介绍。这里主要介绍已经入库的存货在生产领用、销售等情况下，发出时的计价方法。

在大多数情况下，企业中同一品种的商品（或材料），常常是按不同的单位成本购入或生产得来的，而且绝大多数企业，每次新购进的存货往往是与原有的存货混放在一起的。当这些商品陆续出售（或材料陆续被领用）时，应按什么价格计价？如果能具体辨认实际货物的流动，那么，就能按它们购入时的不同价格或验收入库时的不同制造成本分别计价。在这种情况下，成本流动是建立在实物流动的基础之上的。但是，除了少数情况外，这往往是难以办到，甚至是不可能办到的。因此，大多数情况下，只能把存货的成本流动建立在一定的假设基础上，即假设存货的成本流动与实物流动是基本一致的。

按照实际成本核算的企业，领用或发出存货时，可以采用先进先出法、加权平均法、移动平均法、个别计价法或后进先出法等确定其实际成本。

一、先进先出法

先进先出法是假定先发出的存货是先入库的存货，每次发出存货的实际成本，按账面记载的入库的先后顺序的实际单价来计量的一种方法。

【例 7-1】A 公司 20×5 年 8 月份甲存货的收发情况如表 7-1 所示。

表 7-1　甲存货收发情况表　　单位:元

日期	收入			发出	结存		
	数量/千克	单价	金额	数量/千克	数量/千克	单价	金额
8月1日					200	5.00	1 000.00
8月3日	200	6.00	1 200.00				
8月8日				200			
8月12日	400	6.25	2 500.00				
8月24日				300			
8月30日	100	7.00	700.00				

采用先进先出法,公司 8 月份发出存货成本及其存货明细账如表 7-2 所示。

表 7-2　甲存货明细账　　单位:元

日期		收入			发出			结存		
月	日	数量/千克	单价	金额	数量/千克	单价	金额	数量/千克	单价	金额
8	1							200	5.00	1 000.00
	3	200	6.00	1 200.00				200 200	5.00 6.00	2 200.00
	8				200	5.00	1 000.00	200	6.00	1 200.00
	12	400	6.25	2 500.00				200 400	6.00 6.25	3 700.00
	24				200 100	6.00 6.25	1 825.00	300	6.25	1 875.00
	30	100	7.00	700.00				300 100	6.25 7.00	2 575.00
	31	700		4 400.00	500		2 825.00	400		2 575.00

也可以通过列式计算得出:

本月存货的发出成本 $=200\times5.00+200\times6.00+100\times6.25=2\ 825$(元)

月末结存成本 $=300\times6.25+100\times7.00=2\ 575$(元)

采用这种方法,每次发出的存货都是库存最久的商品、材料,期末存货均为最近入库的商品、材料等,因此,比较适用于生产和经营容易腐烂变质和强调保鲜的商品(如食品)、或受样式影响的商品(如时装)的企业。但是,在通货膨胀的情况下,以较低的发出存货成本与当期收入配比,会虚增毛利。

二、加权平均法

加权平均法也称全月一次加权平均法，是指在月末以月初结存存货数量和本月入库存货数量各自占存货总量的比重为权数，对月初结存存货单价和本月入库存货单价进行加权，计算加权平均单价，从而确定本月发出存货成本的一种方法。这种方法是假定可供销售的商品是均一的、无差别的。其计算公式为：

$$\begin{matrix}\text{存货加权}\\\text{平均单价}\end{matrix}=\frac{\text{月初结存存货成本}+\text{本月入库存货成本}}{\text{月初结存存货数量}+\text{本月入库存货数量}}$$

$$\text{本月发出存货成本}=\text{本月发出存货数量}\times\text{加权平均单价}$$

$$\begin{matrix}\text{月末结存}\\\text{存货成本}\end{matrix}=\begin{matrix}\text{月初结存}\\\text{存货成本}\end{matrix}+\begin{matrix}\text{本月入库}\\\text{存货成本}\end{matrix}-\begin{matrix}\text{本月发出}\\\text{存货成本}\end{matrix}$$

【例 7-2】采用加权平均法，A 公司 8 月份发出存货成本及其存货明细账如表 7-3 所示。

表 7-3 甲存货明细账　　单位：元

日期		收入			发出			结存		
月	日	数量/千克	单价	金额	数量/千克	单价	金额	数量/千克	单价	金额
8	1							200	5.00	1 000.00
	3	200	6.00	1 200.00				400		2 200.00
	8				200					
	12	400	6.25	2 500.00				800		4 700.00
	24				300					
	30	100	7.00	700.00				900		5 400.00
	31	700		4 400.00	500	6.00*	3 000.00	400	6.00	2 400.00

* 加权平均单价计算如下：

$$(1\,000+4\,400)\div(200+700)=6.00(\text{元})$$

由此计算出：

$$\text{本月存货的发出成本}=500\times6.00=3\,000(\text{元})$$

$$\text{月末结存成本}=400\times6.00=3\,000(\text{元})$$

这种方法由于只是在月末计算一次加权平均单价，确定发出存货的实际成本，计算简单，简化了核算工作量。但是，由于确定发出存货的实际成本要集中到月末进行，月末成本核算的工作量较大，而且，平时不能反映存货的实际结存成本。

三、移动平均法

移动平均法也称移动加权平均法，是指每一次存货入库后，都要以原库存数量和新入库存货数量各自占存货总量的比重为权数，对原存货单价和新入库存货单价进行加权，计算加权平均单价，从而确定发出存货成本的一种方法。其计算公式为：

$$\text{存货加权平均单价}=\frac{\text{本次入库前结存存货成本}+\text{本次入库存货成本}}{\text{本次入库前结存存货数量}+\text{本次入库存货数量}}$$

$$\text{本次发出存货成本}=\text{本次发出存货数量}\times\text{加权平均单价}$$

【例 7-3】采用移动加权平均法，A 公司 8 月份发出存货成本及存货明细账如表 7-4 所示。

表 7-4　甲存货明细账　　单位：元

日期		收入			发出			结存		
月	日	数量/千克	单价	金额	数量/千克	单价	金额	数量/千克	单价	金额
8	1							200	5.00	1 000.00
	3	200	6.00	1 200.00				400	5.50*	2 200.00
	8				200	5.50	1 100.00	200	5.50	1 100.00
	12	400	6.25	2 500.00				600	6.00*	3 600.00
	24				300	6.00	1 800.00	300	6.00	1 800.00
	30	100	7.00	700.00				400	6.25*	2 500.00
	31	700		4 400.00	500		2 900.00	400	6.25	2 500.00

*各项加权平均单价计算如下：

(200 × 5.00 + 200 × 6.00)/(200 + 200) = 5.50(元)

(200 × 5.50 + 400 × 6.25)/(200 + 400) = 6.00(元)

(300 × 6.00 + 100 × 7.00)/(300 + 100) = 6.25(元)

由此计算出：

本月存货的发出成本 = 200 × 5.50 + 300 × 6.00 = 2 900(元)

月末结存成本 = 400 × 6.25 = 2 500(元)

采用这种方法，能及时地确定发出存货成本，将成本核算分散到日常进行，从而减轻月末的核算工作量。但是，如果存货品种较多，收发比较频繁，其计算比较烦琐。

四、后进先出法[①]

后进先出法与先进先出法相反，是假定最先发出的存货是最后入库的存货，每次发出存货的实际成本，按账面记载的入库先后顺序的实际单价来计量的一种方法。

【例 7-4】采用后进先出法，A 公司 8 月份发出存货的成本计算及存货明细账如表 7-5 所示。

① 企业会计准则中，后进先出法已取消。为保持理论教学完整性，此处仍作介绍。

表 7-5 甲存货明细账 单位：元

日期		收入			发出			结存		
月	日	数量/千克	单价	金额	数量/千克	单价	金额	数量/千克	单价	金额
8	1							200	5.00	1 000
	3	200	6.00	1 200				200 200	5.00 6.00	2 200
	8				200	6.00	1 200	200	5.00	1 000
	12	400	6.25	2 500				200 400	5.00 6.25	3 500
	24				300	6.25	1 875	200 100	5.00 6.25	1 625
	30	100	7.00	700				200 100 100	5.00 6.25 7.00	2 325
	31	700		4 400	500		3 075	400		2 325

也可以通过列式计算得出：

本月存货的发出成本＝200×6.00＋300×6.25＝3 075（元）

月末结存成本＝200×5.00＋100×6.25＋100×7.00＝2 325（元）

由于这种方法计算发出存货的实际成本是按最近的购入价计算的，而月末存货的成本则是按较早的购入价计算的，因此，采用后进先出法虽然能解决先进先出法在通货膨胀情况下虚增毛利的问题，体现谨慎性的要求。但是，后进先出法会将更早期形成的成本留在企业存货中，将最近形成的成本分配给销售成本，在通货膨胀的情况下长期累积，会低估企业存货的公允价值，降低各期的当期利润。

五、个别计价法

个别计价法也称分批认定法，是指按发出存货的个别购入成本来确认发出存货成本的一种方法。

例如，A 公司 20×5 年 6 月 1 日库存汽车 5 辆，其中，3 辆的单位制造成本为 30 万元，2 辆的单位制造成本为 33 万元；6 月 18 日，又验收入库 4 辆，其单位制造成本为 31.5 万元。6 月 21 日，销售 3 辆，经具体辨认，其单位制造成本均为 30 万元。由此可确定，发出存货的总成本为 90 万元（3×30 万元）。

采用这种方法确定发出存货的实际成本，需要对各批存货逐一加以辨认，成本计量准确。但是，对存货保管和记录要求较高，工作量较大。

个别计价法适用于存货品种数量较少，单位价值较高，易于识别的存货，如汽车、乐器、大型设备、定做的家具、珠宝、字画等其他贵重物品。

根据现行规定，企业应当采用先进先出法、加权平均法（含移动平均法）或者个别计价法确定发出存货的实际成本。企业应根据自身的实际情况，选择发出存货实际成本的计算方法，一经确定，不能随意变更，如需变更，应在财务报表附注中予以说明。

第三节 期末存货的核算

期末存货的核算方法有两种:永续盘存制和实地盘存制。

一、永续盘存制

(一)永续盘存制的概念

永续盘存制也称账面盘存法,是指设置存货明细账,对存货的数量与金额的增减变化进行逐笔连续登记,即连续登记存货收入、发出的数量与金额,以便随时反映出账面结存的数量与金额的核算方法。

在第五章存货的购销业务中,企业销售商品、材料等的同时结转成本的方法即为永续盘存制的核算方法。在本章第二节中介绍的五种存货发出的计价方法也是永续盘存制的核算方法。

永续盘存制下期末存货的账面数量与金额可通过如下公式计算:

期末数量 = 期初数量 + 本期入库数量 - 本期发出数量

期末成本 = 期初成本 + 本期入库成本 - 本期发出成本

在永续盘存制下期末存货的账面数量还要与实物核对相符。即企业要定期对实物进行实地盘点,对账存与实存的差异要查清原因,经批准后进行调账处理,使调账后的数量、金额与实际盘点相符。

(二)优缺点及适用范围

优点:通过存货明细账,可以随时了解和掌握各种财产物资的收入、发出和结存情况,便于对存货进行日常管理和控制;通过实际盘点与账面结存数核对,有利于及时了解账实是否相符,对于发生的溢余或短缺能及时查清原因,进行相应的处理,保证账实相符。

缺点:对存货进行明细分类核算的工作量较大,尤其是对财产物资种类繁多的企业。

适用范围:由于永续盘存制的优点比较突出,因此,在实际工作中,除少数特殊企业外,一般企业都应采用永续盘存制。

(三)存货盘盈、盘亏的处理

在永续盘存制下,企业在进行存货的日常收发及保管过程中,种种情况可能造成存货实际结存数量与账面结存数量不符,如非常事项造成的存货毁损。为了保护企业存货的安全完整,做到账实相符,企业应定期或不定期对存货进行盘点,每年至少盘点一次。

对实物财产进行盘点时,实物保管人员必须在场。盘点结果应由有关人员如实填写“存货盘存单”,如表 3-19 所示,并由盘点人和实物保管人员签字或盖章。

盘点完毕,如发现某些存货实物与账簿记录不符,应填制“账存实存对比表”,如表 7-6

所示，以此确定账实不符资产的盘盈、盘亏具体数额。如发生存货盘盈(实际结存数量大于账面结存数量)、盘亏(实际结存数量小于账面结存数量)及毁损(非常性事项造成的存货损失)，应于期末前查明原因，并根据企业的管理权限，经批准后，在期末结账前处理完毕，以保证账实一致。即调整账面记录，使其记录与实物相符。

账存实存对比表用来反映实物资产实有数和账存数之间的差异，可以作为调整账簿记录的原始凭证。

表 7-6 账存实存对比表

部门名称： 年 月 日 编号：

编号	存货名称	型号规格	计量单位	单价	实存		账存		对比结果				备注
									盘盈		盘亏		

主管： 会计： 制表：

1. 存货的盘盈、盘亏

【例 7-5】 W 公司 20×5 年 10 月 30 日进行财产清查，发现 Y 型净水机溢余，同类存货的市场价格为 487.70 元。盘盈原因待查[52]。请编制这项业务的会计分录。

解析： 企业清点出库存商品盘盈，资产增加，应借记“库存商品”账户；对应的贷方暂记“待处理财产损溢”账户。应编制的会计分录如下：

借：库存商品——Y 型净水机 487.70

贷：待处理财产损溢——待处理流动资产损溢 487.70

【例 7-6】 W 公司 20×5 年 10 月 30 日进行财产清查，发现原材料(主组件 A)短缺，价值 205.31 元，盘亏原因待查[53]。请编制这项业务的会计分录。

解析： 企业清点出原材料盘亏，资产减少，应贷记“原材料”账户 205.31 元；由于该项原材料不能再用于生产应纳增值税产品，因此，其入库时已相应地计入“应交税费”账户的增值税 26.69 元(205.31×13%)应同时转出，即应贷记“应交税费——应交增值税(进项税额转出)”账户；两者金额之和，暂记“待处理财产损溢”账户的借方。应编制的会计分录如下：

借：待处理财产损溢——待处理流动资产损溢 232

贷：原材料——主组件 A 205.31

应交税费——应交增值税(进项税额转出) 26.69

2. 盘盈、盘亏存货报经批准后的处理

【例 7-7】 续【例 7-5】。10 月 31 日，经查明，盘盈的净水机系入库时漏记所致，经批准冲减管理费用[54]。请编制相应的会计分录。

解析： 管理费用减少，应记贷方；对应的借方转销待处理财产损溢。应编制的会计分录如下：

借：待处理财产损溢——待处理流动资产损溢 487.70

贷：管理费用——存货盘盈 487.70

【例 7-8】 续【例 7-6】。10 月 31 日，经查明，盘亏的原材料是收发时的计量差错造成的，经批准计入管理费用[55]。请编制相应的会计分录。

解析：管理费用增加，应记借方；对应的贷方转销待处理财产损溢。应编制的会计分录如下：

借：管理费用——存货盘亏　　232

　贷：待处理财产损溢——待处理流动资产损溢　　232

注：对于流动资产盘亏、毁损，应当先减去残料价值、可以收回的保险赔偿和过失人的赔偿，借记"原材料""其他应收款"等账户，剩余净损失，属于非常损失部分，记入"营业外支出——非常损失"账户，属于一般经营损失部分，记入"管理费用"账户；贷记"待处理财产损溢"账户。

【例 7-9】 20×5 年 1 月，丙公司成品仓库发生火灾，经对财产进行清查盘点发现，产成品毁损总额为 20 000 元。产成品耗用的原材料及应税劳务的进项税额为 1 560 元。公司的财产已投保。请编制丙公司这项业务的会计分录。

解析：企业的产成品毁损 20 000 元，即库存商品减少，应记入"库存商品"账户贷方；按规定，产成品毁损，与其相关的增值税进项税额应同时予以转出，即应记入"应交税费——应交增值税(进项税额转出)"账户贷方。两者金额之和，暂记入"待处理财产损溢"账户的借方。应编制的会计分录如下：

借：待处理财产损溢——待处理流动资产损溢　　21 560

　贷：库存商品　　20 000

　　　应交税费——应交增值税(进项税额转出)　　1 560

经查明，对火灾造成的产成品损失，保险公司应赔偿 15 000 元，残料估价 800 元，已验收入库；其余的 5 760 元净损失应由企业负担。经批准，净损失计入企业的营业外支出。应编制的会计分录如下：

借：原材料　　800

　　其他应收款——保险公司　　15 000

　　营业外支出——非常损失　　5 760

　贷：待处理财产损溢——待处理流动资产损溢　　21 560

企业清查的各种财产的损溢，应于期末前查明原因，并根据企业的管理权限，经批准后，在期末结账前处理完毕。

注：【例 7-9】中所涉及的"营业外支出"账户，属于损益支出类，即费用类，用于核算企业发生的与其生产经营活动无直接关系的各项支出，主要包括非流动资产毁损报废损失、公益性捐赠支出、非常损失、盘亏损失等。其具体核算内容如表 7-7 所示。

表 7-7　营业外支出

借方	贷方
各项支出、损失的增加	结转成本
月末余额： 反映本月累计营业外支出净额	

"营业外支出"账户，企业可按营业外支出项目进行明细核算。

注:年末,将其累计支出净额从贷方转入"本年利润"账户,结转后,此账户应无余额。

二、实地盘存制

(一) 实地盘存制的概念

实地盘存制也称定期盘存法,是指库存存货的数量与存货的价值是通过定期盘点实物来确定的。

在实地盘存制下,平时只记录购进存货时收入的数量与金额,不记录发出的数量与金额,期末通过实地盘点,确定存货的数量,并按最后的进价计算出期末存货的成本,然后倒挤出本期的销售成本或发出的成本。其计算公式如下:

期末存货成本＝实地盘存的存货数量×最后进货单价

本期销售成本＝期初存货成本＋本期入库成本－期末存货成本

在实地盘存制下,必须通过实物盘点才能够确定期末各种存货的实际库存数量,并以此为依据计算出期末存货的成本,进而倒挤出本期发出存货的成本。因此,期末存货的数量与金额一定是相符的,不存在账实差异的调整问题。

(二) 优缺点及适用范围

优点:可以大大简化库存财产物资的明细核算工作。主要表现在平时对财产物资的发出和销售数量不记明细账,减少了核算的工作量。

缺点:不能随时反映库存财产物资的账面结存数量和金额,不利于对财产物资的库存管理和控制,也不利于保护财产物资的安全与完整。具体表现在:缺乏日常的存货发出和结存的记录,不利于存货的计划和控制;倒挤销售成本或耗用成本,使库存物资的各种损耗、差错、损失和短缺等都隐匿在销售成本或耗用成本之中,影响了成本正确性,同时也掩盖了存货管理工作中的各种弊端。

适用范围:一般只适用于制造企业的大堆材料核算和商品流通企业的品种多、价值低、交易频繁的商品和数量不稳定、损耗大且难以控制的鲜货商品等的核算。

(三) 存货价值的估计方法

采用实地盘存制的商品流通企业,往往是在每一会计年度终结时才对存货进行实地盘点,在编制中期(月度、季度、半年度)报表时,一般采用估计的方法确定存货的价值。在某些特殊情况下,如存货保险、抵押等,确定存货的价值通常也是采用估计的方法。

估计存货价值的常用方法有两种:毛利率法和售价金额核算法。

1. 毛利率法

采用毛利率法确定期末存货成本的思路:根据本期销货净额乘以上期实际(或本期计划)毛利率,得到本期估计毛利;然后从本期销货净额中减去估计毛利,得到本期估计的销货成本,从而估算出期末存货成本。具体步骤如下:

(1) 计算上期实际毛利率:

上期毛利率＝上期销货毛利÷上期销货净额

(2) 计算本期的估计毛利:

估计毛利 = 本期销货净额 × 上期毛利率
销货净额 = 销售收入 − 销售退回与折让

销售折让,是指企业因售出商品的质量不合格等原因而在售价上给予的减让。

(3) 估计本期的销货成本:

销货成本 = 销货净额 − 估计毛利

(4) 估计本期期末存货成本:

期末存货成本 = 期初存货成本 + 本期购货成本 − 本期销货成本

【例 7-10】 20×5 年 1 月,N 商场某类商品销售收入为 130 000 元,月初存货成本为 15 000元,本期购货为 100 000 元,发生销售退回 10 000 元,上季度该类商品的毛利率为 25%。根据上述资料,计算企业本月的销货成本和期末存货成本。

解析:

销货净额=销售收入−销售退回与折让=130 000−10 000=120 000(元)

估计毛利=本期销货净额×上期毛利率=120 000×25%=30 000(元)

销货成本=销货净额−估计毛利=120 000−30 000=90 000(元)

期末存货成本=期初存货成本+本期购货成本−本期销货成本
=15 000+100 000−90 000=25 000(元)

毛利率法计算较为简便,通常广泛应用于商品批发企业。如企业经营的各种商品的毛利率差异较大时,也可以分别采用几种毛利率,并将销货净额、期初存货、本期购货等资料分别归类,按不同的毛利率分类计算存货的价值。这种方法可以减轻存货核算的工作量,也能够满足对存货管理的需要。

2. 售价金额核算法

售价金额核算法是指平时商品的购进、存储、销售均按售价记账,售价与进价的差额记入"商品进销差价",期末计算进销差价率和本期已销商品应分摊的进销差价,并据此调整本期销售成本,从而计算出期末库存商品成本的一种方法。具体步骤如下:

(1) 计算进销差价率:

$$进销差价率 = \frac{期初库存商品进销差价 + 本期购入商品进销差价}{期初库存商品售价 + 本期购入商品售价}$$

(2) 计算本期已销售商品应分摊的进销差价:

应分摊的进销差价 = 本期商品销售净额 × 进销差价率

(3) 计算本期销售商品的实际成本:

销货实际成本 = 本期商品销售净额 − 应分摊的进销差价

(4) 计算期末库存商品成本:

期末存货实际成本 = 期初存货进价 + 本期购货进价 − 本期销货实际成本

【例 7-11】20×5 年 10 月，M 超市商品销售收入净额为 250 000 元。月初库存商品的进价为 50 000 元，零售价为 60 000 元；本月购货进价为 205 000 元，零售价为 240 000 元。根据上述资料，计算企业本月的销售成本和月末存货成本。

解析：

$$进销差价率=\frac{期初库存商品进销差价+本期购入商品进销差价}{期初库存商品售价+本期购入商品售价}$$

$$=\frac{(60\,000-50\,000)+(240\,000-205\,000)}{60\,000+240\,000}=15\%$$

$$应分摊的进销差价=本期商品销售净额\times进销差价率$$
$$=250\,000\times15\%=37\,500(元)$$

$$销货实际成本=本期商品销售净额-应分摊的进销差价$$
$$=250\,000-37\,500=212\,500(元)$$

$$期末存货实际成本=期初存货进价+本期购货进价-本期销货实际成本$$
$$=50\,000+205\,000-212\,500=42\,500(元)$$

这种方法大大减轻了存货核算的工作量，因此，广泛应用于经营的商品种类、规格较多的商品零售企业。

第四节 期末存货的计量

在一般情况下，期末存货应当按历史成本计价。然而，当企业存货的市价或可变现净值下跌而使其获取收入的能力低于其原始成本时，存货就不应再按历史成本计量，而应按低于成本的可变现净值计量，也就是说，期末存货应按历史成本与可变现净值孰低法计量，以体现谨慎性的要求。

一、成本与可变现净值孰低的含义

成本与可变现净值孰低，是指期末对存货价值的确认，取成本与可变现净值两者之中较低者。即当成本低于可变现净值时，按成本计量；当成本高于可变现净值时，按可变现净值计量。

这里的“成本”是指取得存货时的历史成本。“可变现净值”是指在正常生产经营过程中，以估计售价减去估计完工成本及销售所必需的估计费用后的余额。

二、成本与可变现净值孰低法的具体做法

采用成本与可变现净值孰低法对期末存货计量时，其成本与可变现净值的比较，有三种方法：

(1) 单项比较法。单项比较法也称逐项比较法或个别比较法,是指对库存中每一种存货的成本与可变现净值逐项进行比较,每项存货均取其中较低金额作为存货的期末成本。

(2) 分类比较法。分类比较法也称类比法,是指按每类存货的成本与相同类别的可变现净值进行比较,每类存货取其中较低金额作为存货的期末成本。

(3) 总额比较法。总额比较法也称综合比较法,是指按全部存货的总成本与全部存货的可变现净值总额进行比较,取其中较低金额作为期末全部存货的成本。

【例 7-12】 A 公司有 A、B、C、D 四种存货,按其性质的不同分为甲、乙两大类。各种存货的成本与可变现净值如表 7-8 所示,现分别按三种比较法确定期末存货的成本。

表 7-8 成本与可变现净值比较表 单位:元

项目	数量	期末账面成本		可变现净值		单项比较法	分类比较法	总额比较法
		单价	总额	单价	总额			
甲类								
A 存货	20	80	1 600	75	1 500	1 500		
B 存货	10	150	1 500	155	1 550	1 500		
甲类小计			3 100		3 050		3 050	
乙类								
C 存货	30	100	3 000	104	3 120	3 000		
D 存货	20	180	3 600	195	3 900	3 600		
乙类小计			6 600		7 020		6 600	
合计			9 700		10 070	9 600	9 650	9 700

由表 7-8 可见,单项比较法计算的期末存货总成本 9 600 元最低,分类比较法总成本 9 650 元次之,总额比较法总成本 9 700 元最高。这是因为单项比较法所确定的均为各项存货的最低成本,据此计算的结果最为准确,但其工作量也最大;总额比较法虽然简单,工作量较小,但确定的结果不准确;分类比较法介于两者之间,具有较强的操作性。在会计实务中,通常应采用单项比较法。

期末,企业存货可变现净值低于其成本的差额,应计入“存货跌价准备”账户单独核算。在编制资产负债表时,存货项目应按照减去存货跌价准备后的净额列示。

【相关知识介绍】

在小企业会计准则中,存货盘盈按管理权限批准后处理,按盘盈资产的价值,计入“营业外收入”账户。在企业会计准则中,盘盈存货按管理权限批准后处理,按盘盈资产的价值,直接冲减管理费用。

在小企业会计准则中,盘亏存货造成的损失,无论是管理差错,还是自然灾害等原因造成的,按管理权限批准后处理,均应计入“营业外支出”账户。而企业会计准则中应区分是管理差错,还是自然灾害等原因造成的存货损失,按管理权限批准后,相应的存货损失计入“管理费用”账户或计入“营业外支出”账户。

发现存货盘盈盘亏时,两部会计准则的会计处理基本是相同的,都通过过渡性账户“待处理财产损溢”账户核算。

本章小结

存货是指企业在日常活动中持有以备出售的产成品或商品、处在生产过程中的在产品、在生产过程中或提供劳务过程中耗用的材料和物料等。企业持有存货的目的是耗用或出售。存货范围的认定以其具有法定所有权为依据。通常制造业的存货主要包括:原材料、在制品、库存商品、周转材料(低值易耗品、包装物)、委托加工物资等。

存货一般以历史成本作为计价基础,存货的实际成本构成因企业的规模而有所差异。按照现行规定,采用实际成本核算的企业,领用或发出存货时,应当采用先进先出法、加权平均法(含移动平均法)或个别计价法确定其实际成本。

期末存货的核算方法有两种:永续盘存制和实地盘存制。

永续盘存制也称账面盘存法,是指设置存货明细账,对存货的数量与金额的增减变化进行逐笔连续登记,即连续登记存货的收入、发出的数量与金额,以便随时反映出账面结存的数量与金额的核算方法。企业应定期或不定期对存货进行盘点,每年至少盘点一次。如发生存货的盘盈、盘亏,暂时记入"待处理财产损溢"账户;经批准后,在期末结账前处理完毕,以保证账实一致。

实地盘存制也称定期盘存法,是指库存存货的数量与存货的价值是通过定期盘点实物来确定的。采用实地盘存制的商品流通企业,平时一般采用估计的方法确定存货的价值。存货估计的常用方法有毛利率法和售价金额核算法两种。

期末存货的价值按"成本与可变现净值孰低法"确定。成本与可变现净值的比较方法有单项比较法、分类比较法和总额比较法三种。

思考题

1. 何谓存货?如何确认存货?制造业的存货包括哪些种类?
2. 外购存货的取得价值受哪些因素的影响?如何计量?
3. 发出存货的计价方法有哪些?
4. 期末存货是如何进行计量的?
5. 分析不同的存货发出计价方法对利润的影响。
6. 何谓实地盘存制和永续盘存制?两者各有何特点?
7. 存货价值的估计方法有哪几种?

核 算 题

一

1. **目的**:练习实际成本计价情况下,存货发出的计价方法。

2. **资料**:A 公司 20×5 年 11 月的存货收发情况如表 7-9 所示。

表 7-9 存货收发情况表

金额单位:元

日期	收入			发出数量/件	结存		
	数量/件	单价	金额		数量/件	单价	金额
11 月 1 日					200	100.00	20 000.00
11 月 5 日	100	106.00	10 600.00				
11 月 11 日				220			
11 月 15 日	300	110.00	33 000.00				
11 月 22 日				200			
11 月 28 日	100	120.00	12 000.00				

3. **要求**:根据表 7-9 的资料,分别采用先进先出法、后进先出法、全月一次加权平均法、移动加权平均法确定 A 公司本月发出材料的成本和期末结存存货的成本。

二

1. **目的**:练习存货盘盈、盘亏的核算。

2. **资料**:A 公司为一般纳税人,年末对存货进行盘点,情况如下:

(1) A 产品盘盈 10 件,单位实际成本为 600 元。

(2) 经查明,A 产品盘盈属漏记账所致,经批准处理。

(3) 盘亏一批材料,其价值为 900 元。适用的增值税税率为 13%。

(4) 经查明盘亏材料属于收发计量差错,经批准处理。

(5) 因火灾原因盘亏一批材料,价值为 6 000 元。应转出增值税进项税额 780 元。

(6) 经查明火灾原因,批准后处理,该批材料由过失人赔偿 2 000 元,毁损材料残值 800 元验收入库,其净损失计入营业外支出。

3. **要求**:编制 A 公司上述业务的会计分录。

三

1. **目的**:练习毛利率法的应用。

2. **资料**:某商品批发企业本期期初库存商品成本为12万元,本月购进80万元,当期实现销售收入110万元。过去三年该公司已实现平均毛利率26%,预计本年可达到同样的毛利率。企业当期发生销售折让10万元、现金折扣5万元。

3. **要求**:计算本期已销商品成本和期末库存商品成本。

四

1. **目的**:练习售价金额核算法的应用。

2. **资料**:某商品零售企业本期期初库存商品进价为8万元,零售价总额为12万元;本期购入库存商品进价为28万元,零售价总额为36万元。本期实现商品销售收入40万元。

3. **要求**:计算本期已销商品成本和期末库存商品成本。

五

1. **目的**:练习成本与可变现净值孰低法的应用。

2. **资料**:A公司对存货的期末计价采用成本与可变现净值孰低法,某项存货有关资料如下:

(1) 20×7年6月30日成本为13 000元,可变现净值为11 000元。

(2) 20×7年12月31日成本为9 000元,可变现净值为8 000元。

(3) 20×8年6月30日成本为20 000元,可变现净值为21 000元。

(4) 20×8年12月31日成本为18 000元,可变现净值为17 500元。

3. **要求**:根据上述资料,计算A公司20×8年年末存货的价值及应提取的存货跌价准备金额。

第八章　长期资产

长期资产是指在企业生产经营活动中供使用(而不是为了销售)的、能够在许多会计期间为企业提供效用的资产,既包括有实物形态的房屋、机器设备、车辆等固定资产,也包括不具有实物形态的专利权、专有技术、商标等无形资产。企业为取得长期资产而发生的支出都属于资本性支出。因此,为取得长期资产而发生的支出就必须先按其原始成本计入资产账户,而后随着它们为企业提供效用和获得收入的潜在能力的递减,其损耗在各个会计期间内计入成本费用分期转销,以便与各个会计期间的收入相配比。这在会计实务中,表现为固定资产的折旧、无形资产的摊销等。本章主要介绍各项长期资产的会计核算。

第一节　固定资产概述

固定资产是企业生产经营中的重要劳动资料,能在若干个生产经营周期中发挥作用,具有使用期限较长、单位价值较高、在使用过程中保持其原有的实物形态的特征。固定资产的价值由于损耗而逐渐减少,固定资产减少的价值,在会计上是以折旧的形式,分期转移到成本或费用中去,并在营业收入中得到补偿。

一、固定资产的定义

固定资产是指同时具有以下特征的有形资产:为生产商品、提供劳务、出租或经营管理而持有的;使用寿命超过一个会计年度。使用寿命是指企业使用固定资产的预计期间,或者该固定资产所能生产产品或提供劳务的数量。

从以上定义可以看出,固定资产的最基本特征是,企业持有固定资产是为了生产商品、提供劳务、出租或经营管理,而不是用于直接出售。这一特征使固定资产明显区别库存商品等流动资产。固定资产通常表现为房屋建筑物、机器、机械、运输工具等实物形态,这一点又区别于没有实物形态的无形资产。固定资产能在若干个生产经营周期中发挥作用,使用寿命超过一个会计年度,因此在使用时必须逐期计提折旧,以收回资产损耗的价值。

二、固定资产的分类

固定资产的种类较多，企业可以根据管理的需要和核算要求等进行相应的分类。会计上，通常把企业的固定资产按经济用途和使用情况综合分为七类：

(1) 生产经营用固定资产。这是指直接服务于生产、经营过程的房屋、建筑物、机器、设备、工具、器具等。

(2) 非生产经营用固定资产。这是指不直接服务于生产、经营过程，由生活福利部门使用的房屋、设备和其他固定资产等。

(3) 租出固定资产。这是指企业按照协议、租约临时租给其他单位使用的固定资产。在租赁期内，承租人按合同规定支付租赁费，出租企业则负担资产的保险费，并提取折旧，负责进行修理并负担修理费。

(4) 不需用固定资产。这是指不适合本企业需要，准备处理的各种固定资产。

(5) 未使用固定资产。这是指尚未投入使用的固定资产，如企业购建的尚待安装的固定资产等。

(6) 融资租入固定资产。这是指企业以实物资产(通常是设备)作为信贷，长期租入的固定资产，在融资租入期间不拥有固定资产所有权，但拥有实质控制权。实务中，视同自有固定资产管理。即在租赁期内，企业除按合同定期支付租赁费外，还负担固定资产的修理费、折旧费、保险费等费用。

(7) 土地。这是指过去已估价单独入账的土地。企业因征地而支付的补偿费，应计入与土地有关的房屋、建筑物的价值内，不单独作为土地的价值入账。

三、固定资产原始成本的构成

原始成本亦称取得成本或历史成本，是指企业购建某项固定资产并达到预计可使用状态前所发生的一切合理、必要的支出，包括买价、进口关税、运输和保险费等相关费用。

企业购建固定资产过程中支付的增值税应作为价外税处理。

第二节 固定资产的核算

固定资产的核算内容，包括固定资产取得的核算，固定资产使用中的维护、修理、改扩建的核算，固定资产使用产生的磨损通过折旧的方式逐期转移到有关的成本费用的核算，固定资产因丧失服务能力或其他原因而报废时转入清理的核算，固定资产清查中盘盈、盘亏的核算等。

一、固定资产取得的核算

(一)购入不需要安装的固定资产

企业购入不需要经过安装过程即可使用的固定资产,按取得成本作为入账价值,包括实际支付的买价、包装费、运输费等;支付的增值税按照国家有关规定作为价外税处理。

【例 8-1】20×5 年 10 月 4 日,W 公司购入一台不需安装的机器设备,增值税专用发票上注明价款 78 000 元、增值税税额 10 140 元,支付包装运费 2 340 元,取得增值税普通发票;全部款项以银行存款支付[5]。请编制 W 公司这项业务的会计分录。

解析:购入不需要安装的机器设备,应直接记入"固定资产"账户。其取得成本为买价与各项费用之和 80 340 元,固定资产增加,记入"固定资产"账户的借方,支付的增值税 10 140 元,按规定记入"应交税费"账户的借方;银行存款减少,记入"银行存款"账户的贷方。其会计分录如下:

借:固定资产——生产设备　　80 340
　应交税费——应交增值税(进项税额)　　10 140
　贷:银行存款——工行香山支行　　90 480

(二)购入需要安装的固定资产

购入需要安装的固定资产,应先将有关的取得成本记入"在建工程"账户核算,安装完毕交付使用时再转入"固定资产"账户。

【例 8-2】B 公司购入一台需要安装的设备,增值税专用发票上注明价款 50 000 元、增值税税额 6 500 元;支付运杂费 500 元、安装费 800 元,取得增值税普通发票。全部款项以银行存款支付。设备安装完毕,交付使用。请编制 B 公司这项业务的会计分录。

解析:(1) 由于设备需要安装,购入时支付的价款和运杂费的合计为 50 500 元,暂记"在建工程"账户的借方;支付的增值税税额为 6 500 元,按规定记入"应交税费"账户的借方;银行存款减少,记入"银行存款"账户贷方。编制会计分录如下:

借:在建工程——设备安装　　50 500
　应交税费——应交增值税(进项税额)　　6 500
　贷:银行存款——工行香山支行　　57 000

(2) 支付安装费 800 元,属于相关的取得成本,也应记入"在建工程"账户,编制会计分录如下:

借:在建工程——设备安装　　800
　贷:银行存款——工行香山支行　　800

(3) 设备安装完毕交付使用时,转入固定资产的价值为 50 500+800=51 300(元)。编制会计分录如下:

借:固定资产——生产设备　　51 300
　贷:在建工程——设备安装　　51 300

"在建工程"账户,属于资产类,用于核算企业进行基建工程、安装工程、技术改造工程等发生的实际支出,包括用于工程的借款利息支出。其具体核算内容如表 8-1 所示。

表 8-1 在建工程

借方	贷方
各项工程发生的实际成本	已完工程转出的实际成本
期末余额： 未完工程的实际成本	

“在建工程”账户，企业可按在建工程项目进行明细核算。

(三) 建造固定资产

企业建造固定资产，可以采用将工程出包给建筑单位的方式，也可以采用自建的方式。出包方式，对于企业而言，只需将款项支付给建筑单位，由建筑单位进行建造施工，建造完成后，交付企业使用。因此，企业发生的各项工程成本，表现为预付的工程价款以及补付的工程价款。自建固定资产方式下，企业应先在“在建工程”账户归集自建工程发生的材料费、人工费等，待工程达到预定使用状态，转入“固定资产”账户。

【例 8-3】 W 公司 20×5 年 10 月、11 月发生生产线购建业务，请编制如下业务的相关会计分录。

(1) 10 月 4 日，W 公司用银行存款购建一条小型生产线，取得的增值税专用发票上注明：价款 200 000 元，增值税税额 26 000 元[6]。

解析： 由于生产线需要安装，购入时支付的价款 200 000 元，暂记入“在建工程”账户的借方，支付的增值税税额 26 000 元，按规定记入“应交税费”账户的借方；银行存款减少，记入“银行存款”账户贷方。编制会计分录如下：

借：在建工程——生产线工程　　200 000
　　应交税费——应交增值税(进项税额)　　26 000
　　贷：银行存款——工行香山支行　　226 000

(2) 10 月 30 日，根据【例 4-8】计算小型生产线工程借款应负担的长期借款利息[50]。

解析： 用于工程的长期借款，其本月利息费用 200 000×6%÷12＝1 000(元)，在工程尚未达到预定可使用状态以前应计入工程成本，即增加在建工程的成本，应记“在建工程”账户借方；计提的长期借款利息，在尚未支付前形成企业的负债，应记“应付利息”账户的贷方。即：

借：在建工程——生产线工程　　1 000
　　贷：应付利息——建行×市分行　　1 000

(3) 11 月 1 日，用银行存款支付生产线安装费 2 500 元，取得增值税普通发票。

借：在建工程——生产线工程　　2 500
　　贷：银行存款——工行香山支行　　2 500

(4) 11 月 1 日，生产线工程完工交付使用，结转固定资产原值 203 500(200 000＋1 000＋2 500)元。

借：固定资产——生产线　　203 500
　　贷：在建工程——生产线工程　　203 500

注： 企业为购建固定资产的专门借款所发生的长期负债利息等借款费用，在工程达到预定可使用状态之前发生的，应计入工程成本；在工程达到预定可使用状态之后发生的，直接记入当期财务费用。

企业出包建造的固定资产,以实际支付的全部工程价款以及应负担的长期负债利息等作为固定资产原值。

二、固定资产折旧、修理与改扩建支出的核算

(一)固定资产折旧

固定资产在企业的生产经营过程中长期使用,由于损耗而逐渐减少价值,其减少的价值,在会计上是以折旧的形式分期转移到成本或费用中去,并与各期收入相配比。

1. 企业计提固定资产折旧的范围

按照企业会计准则,除下列情况外,企业应对所有的固定资产计提折旧:

(1) 已提足折旧继续使用的固定资产。

(2) 按规定单独估价作为固定资产入账的土地。

对于已达到预定可使用状态但尚未办理竣工决算的固定资产,应按估计价值确定其成本,并计提折旧;待办理竣工决算手续后,再按照实际成本调整原来的暂估价值,但不需要调整原已计提的折旧额。

2. 固定资产折旧的起止时间

企业一般应按月提取折旧。当月增加的固定资产,当月不提折旧,从下月起计提折旧;当月减少的固定资产,当月正常计提折旧,从下月起不提折旧。

固定资产提足折旧后,不管能否继续使用,均不再提取折旧;提前报废的固定资产,也不再补提折旧。

所谓提足折旧,是指已经提足该项固定资产应计提的折旧总额。应计提的折旧总额为固定资产原价减去预计残值加上预计清理费用。

3. 各期折旧费用的计算方法

企业一般应根据固定资产计提折旧范围,采用一定的折旧计算方法,按月编制固定资产折旧计算表,反映各个使用单位各类固定资产当月应计提的折旧额。

各类固定资产当月应提取的折旧额,等于该类固定资产上月计提的折旧额,加上上月开始使用的固定资产应计提折旧额,减去上月停用的固定资产应计提折旧额。

【例 8-4】 甲公司采用年限平均法计提固定资产折旧,20×5 年 5 月公司编制的固定资产折旧计算表如表 8-2 所示。

表 8-2 固定资产折旧计算表

单位:元

使用单位	上月计提的折旧额	上月增加固定资产应计提折旧额	上月减少固定资产应计提折旧额	本月应计提的折旧额
基本生产车间	50 000	4 000	1 000	53 000
辅助生产车间	8 000	400	—	8 400
企业管理部门	12 000	—	600	11 400
合计	70 000	4 400	1 600	72 800

请根据甲公司固定资产折旧计算表,编制计提折旧的会计分录。

解析:通常,企业按月计提固定资产折旧时,其折旧费用应由固定资产的服务部门来负担。即属于生产部门使用的固定资产的折旧费用,应借记“制造费用”账户,属于管理部门使用的固定资产的折旧费用,应借记“管理费用”账户,销售部门使用的固定资产的折旧费用,应借记“销售费用”账户等,贷记“累计折旧”账户。根据表 8-2,应编制的会计分录如下:

借:制造费用——基本生产车间 53 000

——辅助生产车间 8 400

管理费用 11 400

贷:累计折旧 72 800

注:① 企业发生的各项费用,其负担的原则是“谁受益,谁负担”。

②【例 8-4】中所涉及的“制造费用”账户,其具体核算内容详见第九章第二节“其他应付款项”。

“累计折旧”账户属于“固定资产”账户的备抵账户,用于核算固定资产分期转移到成本或费用中的价值。其具体核算内容如表 8-3 所示。

表 8-3 累计折旧

借方	贷方
减少的已计提折旧	计算提取的折旧
	期末余额: 反映累计提取的折旧额

注:“累计折旧”账户,贷方登记增加额,借方登记减少额,期末余额在贷方。企业应按固定资产的类别或项目进行明细核算。

(二) 固定资产的修理与改扩建支出

通常,固定资产有效年限的估计,是建立在一定的维修和保养水平基础上的。经常性的维修是为了保持设备(或建筑物)等的正常效用,属于收益性支出,应在发生时计入当期费用,因此,不会影响到折旧的计算。但改扩建支出不同,这种支出会增加设备(和房屋)等的效用或延长其使用寿命。如机械设备的大修改装,提高了固定资产的性能,使产品质量得以实质性提高或使产品成本得以实质性降低。再如,房屋的翻修和部分改建延长了资产的使用寿命。从这个角度看,改扩建支出不应作为当期的费用,而应作为资本性支出。因此,固定资产的改扩建后续支出,应予以资本化,调整固定资产的账面价值。

【例 8-5】E 公司总经理办公室的轿车到汽车修理厂进行经常性的检修,支付修理费 1 500 元,以银行转账支票支付。请编制 E 公司这项业务的会计分录。

解析:管理部门车辆的修理费用,应由管理费用承担,管理费用增加应记借方,银行存款减少应记贷方。其会计分录如下:

借:管理费用——修理费 1 500

贷:银行存款 1 500

【例 8-6】某企业对一条生产线进行改扩建,该项资产原价为 100 万元,已提折旧 40 万元,改扩建新增支出 30 万元,拆除的器件以折价 5 万元出售。器件收入和新增支出通过银行收付。该项资产改扩建完毕交付使用。请编制这项业务的会计分录(假设不考虑增值税)。

(1) 将生产线的原账面价值(原始价值减去已提折旧)转入在建工程,同时减少固定资产的原始价值和累计折旧。

借:在建工程——改扩建　　600 000

　累计折旧　　400 000

　　贷:固定资产——生产线　　1 000 000

(2) 发生改扩建新增支出,增加工程成本。

借:在建工程——改扩建　　300 000

　　贷:银行存款　　300 000

(3) 收到变价收入,冲减工程成本。

借:银行存款　　50 000

　　贷:在建工程——改扩建　　50 000

(4) 改扩建工程完工交付使用,确认此生产线价值 850 000(600 000＋300 000－50 000)元,增加固定资产价值。

借:固定资产——生产线　　850 000

　　贷:在建工程——改扩建　　850 000

由【例 8-6】可见,在原有固定资产的基础上进行改扩建的,按固定资产的原账面价值(原始价值减去已提折旧),即固定资产净值,加上由于改建、扩建而使该项资产达到预定可使用状态前发生的净支出(改扩建新增支出减去其变价收入),作为改扩建后资产的入账价值。

对于改扩建完成的固定资产,还要根据调整后的价值、预计的尚可使用寿命和净残值,按企业所选用的折旧方法计提折旧。

三、固定资产的出售及报废清理

固定资产出售是指企业将不需用的固定资产有偿转让给其他单位的行为。

企业的固定资产因不需用而出售、因毁损丧失服务能力或服役期满等而报废时,应按照一定的程序进行清理。

(一) 账户设置

企业应设置“固定资产清理”账户,用于核算企业因出售、报废和毁损等原因转入清理的固定资产价值以及在清理过程中所发生的清理费用和清理收入等。该账户属于资产类,也是一个过渡性账户,一般情况下,固定资产清理完毕后,应无余额,其具体核算内容如表 8-4 所示。

表 8-4　固定资产清理

借方	贷方
转入清理的固定资产净值、发生的清理费用以及销售固定资产等应缴纳的税金	清理过程中发生的各项收入(包括转让收入、残料收入以及应向保险公司等收取的赔款等)
期末余额: 反映尚未清理完毕的固定资产净损失	

“固定资产清理”账户,企业可按被清理的固定资产项目进行明细核算。

(二) 固定资产的出售

企业购置固定资产是为了使用,而不是为了出售。但是,出于各种原因,会出现少量固定资产的闲置多余或不再能够满足本企业的生产需要,为了更好地发挥企业的资金潜力,企业会将这些资产对外出售。

【例 8-7】甲公司销售一台使用过的机床,该机床的原值为 150 000 元,累计折旧为 90 000 元,清理过程中用库存现金支付清理费用 500 元,取得出售收入 51 500 元(含税)存入银行。请编制甲公司这项业务的会计分录。

解析:(1) 注销固定资产原值和至出售时已计提的累计折旧,即将固定资产的净值转入清理。固定资产原值减少 150 000 元,应记贷方;累计折旧减少 90 000 元,应记借方;两者的差额 60 000 元即为固定资产净值,增加固定资产清理,应记借方。其会计分录如下:

借:固定资产清理——机床　　60 000
　　累计折旧　　90 000
　贷:固定资产——机床　　150 000

(2) 支付清理费用,增加固定资产清理支出,应记借方;支付货币资金,应记贷方。其会计分录如下:

借:固定资产清理——机床　　500
　贷:库存现金　　500

(3) 收取价款,减少固定资产清理支出,应记贷方;收到货币资金,应记借方。其会计分录如下:

借:银行存款　　51 500
　贷:固定资产清理——机床　　51 500

(4) 销售旧设备按 3%征收率简易计税,计算出应缴纳的增值税 1 500[51 500÷(1+3%)×3%]元,并开具增值税发票:

借:固定资产清理　　1 500
　贷:应交税费——应交增值税(简易计税)　　1 500

(5) 结转固定资产清理净损益

净损失=(原值－累计折旧)+清理费用－出售收入+税金
　　=(150 000－90 000)+500－51 500+1 500
　　=10 500(元)

清理净损失为 10 500 元,应将其转入“资产处置损益”账户。损失增加应记借方,则对应的贷方应转销固定资产清理,即结平“固定资产清理”账户。

借:资产处置损益——处置非流动资产损益　　10 500
　贷:固定资产清理——机床　　10 500

“资产处置损益”账户,属于损益收入类。用来核算固定资产、无形资产等非流动资产因出售、转让等原因,产生的处置利得或损失。其具体核算内容如表 8-5 所示。

表 8-5　资产处置损益

借方	贷方
发生的处置净损失	发生的处置净收益
月末借方余额: 反映资产处置净损失	月末贷方余额: 反映资产处置净收益

注:年末,应将“资产处置损益”账户累计净收益,从本账户的借方转入“本年利润”账户的贷方;将“资产处置损益”账户累计净损失,从本账户的贷方转入“本年利润”账户的借方。结转后,此账户应无余额。

【例 8-8】丙公司将一间闲置库房出售,该库房的原值为 360 000 元,累计折旧为 190 000 元,用银行存款支付清理费用 2 000 元;出售价款 200 000 元已收存银行。请编制丙公司这项业务的会计分录。

解析:(1) 注销固定资产原值和累计折旧,其净值增加固定资产清理:

借:固定资产清理——库房　　170 000
　　累计折旧　　190 000
　　贷:固定资产——库房　　360 000

(2) 支付清理费用,增加清理支出:

借:固定资产清理——库房　　2 000
　　贷:银行存款　　2 000

(3) 收取出售价款,冲减清理支出:

借:银行存款　　200 000
　　贷:固定资产清理——库房　　200 000

(4) 计算应缴纳的增值税

按照有关规定,企业销售不动产,应以取得的全部价款和价外费用减去该项不动产购置原价或者取得不动产时的作价后的余额为销售额,按规定的税率计算缴纳增值税。

在本例中,出售的价款 200 000 元小于库房的原值 360 000 元,没有增值,故不需要缴纳增值税。

(5) 结转固定资产清理净损益:

$$清理净损失=170\ 000+2\ 000-200\ 000=-28\ 000(元)$$

计算结果为负数,表示清理净收益。

由以上计算可知,该库房清理取得净收益为 28 000 元,应将其转入“资产处置损益”账户,收入增加应记贷方;则对应的借方应转销固定资产清理。

借:固定资产清理——库房　　28 000
　　贷:资产处置损益——处置非流动资产损益　　28 000

(三) 固定资产的报废

固定资产报废的原因一般有两类:一类是由于使用期限已满不再继续使用而形成的正常报废。另一类是由于技术进步或非正常原因造成的提前报废,如更先进的技术设备的出现,使原有设备显得性能低下而必须予以淘汰;由于管理不善或自然灾害造成的固定资产毁损等。

【例 8-9】乙公司的一台货车因交通事故而报废。该货车的原值为 100 000 元,已计提折旧 54 000 元。报废处理时用银行存款支付清理费用 400 元,保险公司同意赔偿 30 000 元,残料估价 600 元已验收入库。请编制乙公司这项业务的会计分录。

解析:(1) 注销固定资产原值和累计折旧:

借:固定资产清理——货车 46 000

累计折旧 54 000

贷:固定资产——货车 100 000

(2) 支付清理费用,增加清理支出:

借:固定资产清理——货车 400

贷:银行存款 400

(3) 保险公司同意赔偿,应收回的款项增加企业的资产,同时减少清理支出。

借:其他应收款——保险赔款 30 000

贷:固定资产清理——货车 30 000

(4) 残料估价入库,资产增加,同时减少清理支出:

借:原材料 600

贷:固定资产清理——货车 600

(5) 结转固定资产清理净损益:

清理净损失＝46 000＋400－30 000－600＝15 800(元)

清理净损失应增加营业外支出,记借方,则对应的贷方应转销固定资产清理。

借:营业外支出——非常损失 15 800

贷:固定资产清理——货车 15 800

四、固定资产的清查盘点

企业应定期对固定资产进行盘点清查,每年至少实地盘点清查一次,以保证固定资产核算的真实性,充分挖掘企业现有固定资产潜力。在财产清查过程中,如果发现盘盈、盘亏的固定资产,应填制固定资产盘盈、盘亏报告表。查明盘盈、盘亏的原因,按企业管理权限批准后处理,一般情况下,应在期末结账前处理完毕。

(一) 固定资产的盘亏

在固定资产清查过程中发现盘亏(即账面有记录,但没有实物)的固定资产,在会计处理时,应将账面记录的固定资产原价、已计提折旧转销,其差额(即净值)暂记“待处理财产损溢”账户。待查明原因后,按有关管理权限审批完毕,转入“营业外支出”账户。

【例 8-10】甲公司盘亏机器设备一台。该机器设备的原值为 50 000 元,已提折旧为 26 000 元,净值为 24 000 元。经审批后,将盘亏固定资产的净值转为营业外支出。请编制甲公司这项业务的会计分录。

解析:(1) 发现固定资产盘亏,表明固定资产减少,应记贷方;已计提折旧应同时转销,累计折旧减少,应记借方;两者的差额为尚未收回的固定资产净值,暂记“待处理财产损溢”账户的借方。

借:待处理财产损溢——待处理固定资产损溢 24 000

累计折旧 26 000

贷:固定资产——生产设备 50 000

(2) 经审批后处理,净值转为营业外支出,损益支出增加,应记借方;对应的贷方将暂记的待处理财产损溢转销。

借:营业外支出——盘亏损失　　24 000

　　贷:待处理财产损溢——待处理固定资产损溢　　24 000

注:若该项固定资产取得时已按规定抵扣了增值税进项税额,则盘亏转出时也应将相应的进项税额予以转出。

(二) 固定资产的盘盈

在企业财产清查过程中发现盘盈(即账面没有记录,但有实物)的固定资产,经查明确实属于企业所有的,应按同类或类似固定资产的市场价格,减去按该项资产的新旧度估计的价值损耗后的余额,作为固定资产的入账价值。

【例 8-11】乙公司财产清查发现盘盈一台设备,同类设备的市场价值为 80 000 元,经测定该设备为六成新,也就是估计设备损耗价值 32 000 元,净值为 48 000 元。此项盘盈作为前期差错计入"以前年度损益调整"账户。请编制乙公司这项业务的会计分录。

解析:(1) 发现盘盈,表明固定资产增加,应记借方;对应的贷方暂记"以前年度损益调整"账户。

借:固定资产——生产设备　　48 000

　　贷:以前年度损益调整　　48 000

(2) 经审批后处理,详见本章【相关知识介绍】。

第三节　固定资产的折旧方法

一、折旧概述

固定资产的折旧,就是采用一种合理而系统的方法,把固定资产的原始价值减去估计净残值后的余额(即应计提折旧总额),在固定资产的估计使用年限内进行分摊。净残值是指固定资产报废后估计能收回的废料的销售价值抵减固定资产拆除和清理费用后的余额。如残料收入与固定资产报废时需支付的拆除和清理费用相近,或难以估计,或在原始成本中所占的比重不大,也可以不予考虑。估计使用年限时应当考虑有形损耗和无形损耗、资产的使用频率、类似资产的折旧经验、固定资产的维护和保养情况等。

二、固定资产的折旧方法

常用的固定资产折旧计算方法可以分为两类:直线法和加速折旧法。

(一) 直线法

直线法是指在固定资产预计使用年限或预计完成的工作量内，将其价值均衡地分摊到各期的方法。它主要有年限平均法和工作量法。

1. 年限平均法

年限平均法就是将应计算折旧的固定资产价值按预计使用年限均衡地分摊到各期的方法。其计算公式为：

年折旧率＝1/预计使用年限×100%

年折旧额＝(固定资产原值－净残值)×年折旧率

月折旧率＝年折旧率÷12

月折旧额＝(固定资产原值－净残值)×月折旧率

【例 8-12】A 公司某项固定资产原值为 200 000 元，预计净残值率为 4%，预计使用年限为 8 年。公司固定资产采用年限平均法计提折旧，则：

年折旧率＝1/8×100%＝12.5%

年折旧额＝200 000×(1－4%)×12.5%＝24 000(元)

月折旧率＝12.5%÷12＝1.041 7%

月折旧额＝200 000×(1－4%)×1.041 7%＝2 000(元)

年限平均法是假定固定资产提供效用和获取收益的潜力随时间的推移而减退，与其使用程度无关。这种方法在各个月份计提的折旧额都是相等的，计算简便，应用比较广泛。一般用于房屋建筑物、道路等固定资产的折旧计算。

2. 工作量法

工作量法就是将应计折旧的固定资产的价值按预计完成的工作总量均衡地分摊到各期的方法。

固定资产预计工作总量是指固定资产从开始使用直至报废清理的全部使用年限内预计完成的工作总量，可用时间、里程、产量等表示。固定资产预计工作总量由各企业根据本企业各项固定资产的具体情况自行确定。工作量法计算折旧的公式为：

单位工作量折旧额＝固定资产原值×(1－预计净残值率)/预计总工作量

月折旧额＝月工作量×单位工作量折旧额

【例 8-13】B 公司载货汽车一辆，原值为 200 000 元，预计净残值率为 4%，预计行使总里程为 500 000 公里。某月该汽车行驶 10 000 公里。该汽车采用工作量法计提折旧。则：

单位里程折旧额＝200 000×(1－4%)/500 000＝0.384(元/公里)

月折旧额＝10 000×0.384＝3 840(元)

工作量法一般用于价值较高、各月的工作量不均衡的大型精密机床以及运输设备等固定资产的折旧计算。

(二) 加速折旧法

加速折旧法是在固定资产使用的早期多提折旧，后期少提折旧，从而使固定资产的价值在使用期内尽快得到补偿的方法。加速折旧法主要有年数总和法和双倍余额递减法。

1. 年数总和法

年数总和法是以一个逐年递减的分数乘以固定资产的应计折旧总额来计算各年折旧额的方法。这一分数的分子代表固定资产尚可使用年限,分母代表使用年数逐年数字之和。其计算公式如下:

$$年折旧率=\frac{预计使用年限-已使用年限}{预计使用年限\times(1+预计使用年限)\div 2}\times 100\%$$

年折旧额=(固定资产原值-预计净残值)×年折旧率

月折旧率=年折旧率÷12

月折旧额=(固定资产原值-预计净残值)×月折旧率

【例 8-14】 C公司某项精密仪器原始价值为60 000元,预计使用年限为5年。估计残值为5 000元,清理费用为2 000元。公司采用年数总和法计提折旧。请计算C公司各年的折旧额。

年数总和=5+4+3+2+1=15

或 =5×(5+1)÷2=15

各年折旧率及折旧额计算如表8-6所示。

表 8-6 折旧额计算表(年数总和法) 金额单位:元

年份	原值-净残值	预计折旧年限-已使用年限/年	折旧率/%	折旧额	累计折旧
1	57 000	5	5/15	19 000	19 000
2	57 000	4	4/15	15 200	34 200
3	57 000	3	3/15	11 400	45 600
4	57 000	2	2/15	7 600	53 200
5	57 000	1	1/15	3 800	57 000

2. 双倍余额递减法

双倍余额递减法是以每期期初固定资产账面净值乘以双倍的直线折旧率来计算各年折旧额的方法。其计算公式如下:

双倍直线折旧率=2/预计使用年限×100%

年折旧额=固定资产期初账面净值×双倍直线折旧率

月折旧额=固定资产年折旧额÷12

采用双倍余额递减法计提折旧,在计提折旧的初期不考虑固定资产的预计净残值,但是,在固定资产预计使用年限内的最后两年,应改按年限平均法计提折旧。此时,从当期期初的账面净值中扣除预计净残值后的余额,平均分两年计提折旧。最后两年固定资产折旧额计算公式如下:

最后两年固定资产年折旧额=(当期期初的账面净值-预计净残值)÷2

【例 8-15】仍以【例 8-14】C 公司的数据为例，按双倍余额递减法计算各年折旧如表 8-7 所示。

表 8-7　折旧额计算表(双倍余额递减法)　　金额单位：元

年份	期初账面净值	年折旧率/%	年折旧额	累计折旧	期末账面净值
1	60 000	40	24 000	24 000	36 000
2	36 000	40	14 400	38 400	21 600
3	21 600	40	8 640	47 040	12 960
4	12 960	—	4 980	52 020	7 980
5	7 980	—	4 980	57 000	3 000

采用加速折旧法计提固定资产折旧，能使企业在较短时间内收回大部分投资，减少固定资产因技术进步和通货膨胀等的影响而产生的无形损耗；而且，还可以增强企业的固定资产投资能力，加快固定资产更新换代，提升企业的生产力水平。加速折旧法适用于技术更新较快的行业。

企业应当根据固定资产的性质和损耗方式，合理地确定固定资产的预计使用年限、预计净残值、折旧方法等，一经确定不得随意变更，如需变更，应在财务报表附注中予以说明。

按照现行的有关规定，固定资产折旧方法可以采用年限平均法、工作量法、年数总和法、双倍余额递减法。

第四节　无形资产与商誉

一、无形资产概述

无形资产是指没有具体实物形态，但能供企业长期使用并为企业带来经济利益的经济资源，包括专利权、非专利技术、商标权、土地使用权等。

(一) 无形资产的含义

根据无形资产准则的定义，无形资产是指企业拥有或控制的、没有实物形态的、可辨认的非货币性资产。

可辨认的无形资产包括专利权、非专利技术、商标权、著作权、土地使用权、特许经营权等。

(二) 无形资产的特征

(1) 不具有实物形态。无形资产所体现的是一种权力或获得超额利润的能力，即能使企业获得高于同行业一般水平的盈利能力。不具有实物形态是无形资产区别于其他资产的显著标志。

(2) 在较长的时期内使企业获得经济效益。无形资产能在多个生产经营期内使用,属于一项长期资产。企业为取得无形资产所发生的支出,属于资本性支出。

(3) 无形资产所代表的未来经济利益具有较大的不确定性。无形资产的经济价值在很大程度上受企业外部因素的影响,其预期的获利能力具有不确定性,同时,无形资产使用期限或收益期限也具有不确定性。如由于新技术的发明应用,使得原有专利技术还在法律规定的有效期限内,便出现价值贬值甚至完全被新技术所取代。

二、无形资产的内容及核算

(一) 无形资产的内容和取得成本

1. 专利权

专利权是由国家专利注册机构授予发明者或持有者在一定期限内独家使用、制造和转让其技术发明的权利。

专利权可以是通过购买而获得的,也可以是通过自己的发明而获得的。购入专利权的成本是易于确定的,一般包括购买成本及其相关费用,这些费用均属于资本性支出。

如果专利权是企业自己发明创造的,根据无形资产准则规定,与专利权有关的研究阶段费用必须作为期间费用处理,但开发阶段符合确认条件的支出以及与申请专利权有关的法律手续费等可以资本化,作为无形资产的成本,并应当自可供使用起在预计使用年限内分期平均摊销,计入损益。在中国,专利权的法定寿命为15年。由于市场竞争的加剧,技术进步的速度加快,新技术的不断涌现,消费者需求的不断变化,有的专利权可能还在法律有效期限内就被经济价值更高的新的专利权所取代,这样专利权的经济寿命会低于其法定寿命。在会计实务中,由于其经济寿命难以确定,因此,选择专利权的预计使用年限作为摊销期限,当其超过了相关合同规定的受益年限或法律规定的有效年限时,其专利权的成本要按照规定的受益年限和法定年限孰低原则进行摊销。

【例8-16】甲公司自行开发研制成功并依法申请取得了某项技术的专利权。该项专利权的研究费用为100 000元,开发费用为80 000元;申请专利注册登记费为35 000元,律师费为5 000元,以银行转账支票支付。请编制甲公司这项业务的会计分录。

解析:企业在研究阶段发生各项费用100 000元,已经在发生时计入了当期费用。企业自行研制并依法取得的专利权的成本应包括专利的开发费用、与申请专利权有关的法律手续费等,即无形资产的成本为120 000(80 000+35 000+5 000)元。其会计分录如下:

借:无形资产——专利权　　　　120 000

　贷:银行存款　　　　　　　　　120 000

2. 商标权

商标权是指企业专门用来标明某种特定商品或劳务而使用特定词语、名称或图案的权利。特定的商标是企业特定商品质量的标志,商标一经注册登记,在一定期限内就获得了法律的保护。根据商标法规定，商标使用权在受让人保证使用该注册商标产品的质量前提下，可以进行有偿转让。由于商标的最初设计和注册登记费用往往数额不大，因而通常在发生时直接记入当期费用。但是，如果企业购入驰名的商标权，其支付的较高成本则应作为无形资产入账。商标权具有永续的法定寿命，其受益期是整个经营期，但其经济寿命很难判断，一般其成本应在预计的使用年限内比照专利的摊销处理。

3. 非专利技术

非专利技术是指生产经营过程中采用的，在国内外不享有法律保护的各种技术、经验和技巧。非专利技术是保密的、不公开的。它既包括技术领域，也包括经营管理领域。

非专利技术的特征是在生产经营中使用，能够提高企业的经营能力和生产水平，给企业带来较高的经济效益，并可以随着实践的发展不断完善、提高。只要能够长久保密，企业可以长期享有其经济利益。

企业的非专利技术可以自己研究开发，也可以从外部购入。对于企业自行研究开发所发生的费用，应于发生时将其全部记入当期费用，作为收益性支出处理。对于从外部购入的非专利技术，应将其实际发生的支出予以资本化，作为无形资产入账，其成本应在预计的使用年限内摊销。

4. 土地使用权

土地使用权是指国家准许某一企业在一定时期内对国有土地享有开发、利用、经营的权利。取得土地使用权有时可以不付任何代价(如政府划拨的)，这种没有支付成本而取得的土地使用权，不能作为无形资产入账。但是，如果企业花费一定代价而取得的土地使用权，应予以资本化，即只要为获得土地使用权付出了代价，则所花费的全部支出，应作为土地使用权，计入无形资产的取得成本，并应在预计的使用年限内摊销。

5. 特许经营权

特许经营权也称专营权，是指在某一地区经营或销售某种商品的权利或是一家企业接受另一家企业使用其商标、商号、技术秘密等的权利。一般包括两种情况：一是由政府机构授权，准许企业使用或在一定地区享有经营某种业务的特权，如水、电、邮电通讯等专营权、烟草专卖权等等；二是指企业间依照签订的合同，有限期或无限期地使用另一家企业的某些权利，如连锁店的分店等。会计上的特许经营权主要是指后一种情况，只有企业为了取得某项特许经营权支付了较高的费用，才能资本化为特许经营权的取得成本，即作为无形资产入账，并在享有特许经营权的整个期限内摊销。

6. 著作权

著作权是指著作权人对其著作依法享有的出版、发行等方面的专有权力。包括出版权、发表权、署名权、修改权、保护作品完整权、使用权或获得报酬的权利。著作权可以转让、出售或赠予。购买著作权一般会支出较高的成本，应作为资本性支出记入“无形资产”账户核算，并将其成本分期摊销。

注：各项无形资产在确认后发生的相关支出，应在发生时计入当期损益。

(二) 无形资产摊销的核算

按照无形资产相关会计准则，企业摊销无形资产，应自无形资产可供使用时起，至不再作为无形资产确认时止。无形资产的摊销金额一般应当计入当期损益。若某项无形资产包含的经济利益是通过所生产的产品或其他资产实现的，其摊销金额应当计入相关资产的成本。

不同的无形资产，其预计使用年限不同。一般从取得无形资产的当月起，按预计使用年限采用直线法进行摊销。对于有法律保护期限的，应按照预计的受益年限和法定年限孰低原则进行摊销，使用寿命不确定的无形资产不应摊销。

无形资产摊销的核算，应设置“累计摊销”账户，该账户属于“无形资产”账户的备抵账户，用于核算企业对使用寿命有限的无形资产价值进行的分期摊销，即核算分期转移到成本或费用中的无形资产价值。其具体核算内容如表 8-8 所示。

表 8-8　累计摊销

借方	贷方
减少的无形资产摊销额	计提的无形资产摊销额
	期末余额： 反映无形资产的累计摊销额

注:“累计摊销”账户，贷方登记增加额，借方登记减少额，期末余额在贷方。企业可按无形资产项目进行明细核算。

【例 8-17】乙公司购入一项专利技术，取得的增值税专用发票上注明：价款及相关费用 240 000 元，增值税税额 14 400 元，以银行转账支票支付。假定这项专利技术购入当月即投入使用，专利的法定寿命为 15 年，预计公司的受益期为 10 年。请编制乙公司取得和按月摊销专利权的会计分录。

解析:(1) 外购专利的成本一般包括购买价款及其相关费用，即无形资产的取得成本为 240 000 元，无形资产成本增加记入“无形资产”账户的借方，购入时支付的增值税按规定记入“应交税费”账户的借方；银行存款减少记入“银行存款”账户的贷方。应编制的会计分录如下：

借:无形资产——专利权　　240 000

　　应交税费——应交增值税(进项税额)　　14 400

　贷:银行存款　　254 400

(2) 按照预计的受益年限和法定年限孰低原则，企业应取较短者 10 年为摊销期限。则每月的摊销额为：

$$240\,000 \div 10 \div 12 = 2\,000(\text{元})$$

无形资产应自取得的当月起开始摊销，其摊销的价值，应直接计入当期的管理费用，同时记入“累计摊销”账户的贷方；管理费用增加，应记入“管理费用”账户的借方。其摊销的会计分录如下：

借:管理费用——无形资产摊销　　2 000

　贷:累计摊销　　2 000

【例 8-18】仍沿用【例 4-2】。20×5 年 10 月 1 日，W 公司收到通力公司以土地使用权投资 300 000 元，已办妥产权转移手续(假定不考虑增值税)[2]。W 公司的预计经营期限为 20 年，10 月月末，进行土地使用权的成本摊销[47]。请编制 W 公司收到和摊销土地使用权的有关会计分录。

(1) 10月1日,收到通力公司以土地使用权投资时[2]:

借:无形资产——土地使用权　　300 000

　　贷:实收资本——通力公司　　300 000

(2) 月末摊销时[47]:

计算月摊销额:

$$300\,000 \div 20 \div 12 = 1\,250(\text{元})$$

借:管理费用——无形资产摊销　　1 250

　　贷:累计摊销——土地使用权　　1 250

(三) 无形资产的转让

企业拥有的无形资产,可以依法转让。转让无形资产的方式有两种:一是转让其所有权(或出售无形资产),即企业不再保留该项无形资产;二是转让其使用权(或出租无形资产),即出让方仍保留对该项无形资产的所有权,仅仅是将无形资产的使用权部分或全部让渡给其他企业;受让方对该项无形资产只能根据合同规定的范围合理使用。

1. 转让无形资产所有权的核算

企业转让无形资产所有权或出售无形资产,所取得的转让收入(即出售价款),按规定,应按转让收入的6%缴纳增值税。企业出售无形资产获得的收入,抵减无形资产的账面价值(无形资产原值减去累计摊销)和应交税费后,其差额形成企业的出售损益。若为收益,记入"资产处置损益——处置非流动资产损益"账户的借方;反之,若为损失,记入"资产处置损益——处置非流动资产损益"账户的贷方。

【例 8-19】 A公司将其拥有的一项专利权转让给D公司,开出的增值税专用发票上注明:价款为120 000元,增值税税额为7 200元。款项已收存银行。出售时已摊销价值为20 000元,该项专利取得成本为126 000元。请编制A公司这项业务的会计分录。

解析: 转让收取价税款127 200元,银行存款增加,应记借方;转销已摊销价值20 000元,应记借方。在出售时,该项无形资产的账面余额126 000元应随之转销,无形资产减少,应记贷方;按规定企业应缴纳增值税7 200元,在未缴纳之前形成企业的负债,应交税费增加,应记贷方;则出售收益=127 200+20 000−126 000−7 200= 14 000(元),资产处置损益增加,应记贷方。编制会计分录如下:

借:银行存款　　127 200

　　累计摊销　　20 000

　　贷:无形资产——专利权　　126 000

　　　　应交税费——应交增值税(销项税额)　　7 200

　　　　资产处置损益——处置非流动资产损益　　14 000

假如【例 8-19】中,A公司出售所得价款为95 400元,即所开出的增值税专用发票上注明:价款为90 000元,增值税税额为5 400元。款项已收存银行。出售收益=95 400+20 000−126 000−5 400=−16 000(元)。负号说明是出售损失,应记入"资产处置损益"

账户的借方。编制会计分录如下:

借:银行存款　　95 400
　累计摊销　　20 000
　资产处置损益——处置非流动资产损益　　16 000
　贷:无形资产——专利权　　126 000
　　应交税费——应交增值税(销项税额)　　5 400

2. 转让无形资产使用权的核算

对于无形资产使用权的转让或出租无形资产,取得租金收入时,对于制造业而言,属于其附营业务收入,应增加企业的其他业务收入;按期摊销无形资产的成本,相应地增加企业的其他业务成本;并按转让使用权收入计算缴纳增值税。

【例 8-20】 假定Y公司转让无形资产的使用权,月租金收入为21 200元(含税),月摊销无形资产9 000元,增值税税率为6%。请编制Y公司这项业务的会计分录。

解析: 应纳增值税=21 200÷(1+6%)×6%=1 200(元)

(1) 取得租金收入时,应编制会计分录如下:

借:银行存款　　21 200
　贷:其他业务收入　　20 000
　　应交税费——应交增值税(销项税额)　　1 200

(2) 摊销时,应编制会计分录如下:

借:其他业务成本　　9 000
　贷:累计摊销　　9 000

随着新技术的不断涌现,若预计某项无形资产已经不能给企业带来未来经济利益,应当将该项无形资产的账面价值全部转入当期损益。

三、商誉

商誉是一项性质比较特殊的资产。从理论上讲,商誉指的是企业在其有形资产上能获得的高于同行业正常投资报酬率的能力所形成的价值,即企业获得超额收益的能力。这主要是由于企业的地理位置优越、生产技术先进、产品质量优良、内部组织管理得当、生产经营效率高、竞争能力强、融资渠道有利、垄断地位稳定、信誉良好等多种综合因素所形成的。可见,商誉与企业整体有关,它不能单独存在,也不能与企业可辨认的各种资产分开。因此,确定商誉的存在及对它作出会计计量,都是十分复杂的。在会计实务中,只有企业购并另一家企业所支付的代价超过另一家企业净资产的公平市价时,才应确认商誉单独核算。

【相关知识介绍】

在长期资产部分,小企业会计准则和企业会计准则的规定差异相对较大,主要体现在以下四个方面。

一、关于建造固定资产过程中发生的借款费用

小企业会计准则中,企业建造固定资产过程中发生的借款费用,在竣工决算前发生

的，计入固定资产成本。按照企业会计准则，企业建造固定资产过程中发生的符合资本化条件的借款费用，在资产达到预定可使用状态前发生的，计入固定资产成本。亦即归集形成固定资产成本的截止日期不同，小企业截止到竣工决算前；一般企业截止到达到预定可使用状态前。

二、关于折旧

对于固定资产的折旧范围和折旧年限，小企业会计准则中，房屋、建筑物以外未使用的固定资产不计提折旧；对于折旧年限有最低限制。在企业会计准则中，除了已提足折旧继续使用的固定资产和单独估价入账的土地外，其他资产都要计提折旧；折旧年限是固定资产的预期使用年限。

三、关于固定资产的盘盈、盘亏

小企业会计准则中，固定资产盘亏如属于经营损失，按管理权限经批准后，按盘亏资产的净损失，记入“管理费用”账户；如属于非常损失，则记入“营业外支出”账户。在企业会计准则中，不需要区分原因，均记入“营业外支出”账户。

对于固定资产的盘盈，小企业会计准则中，通过“待处理财产损溢”账户过渡，盘盈净收益，记入“营业外收入”账户。在企业会计准则中，固定资产盘盈不再计入当期损益，而是作为前期差错处理。也就是在财产清查中盘盈的固定资产先通过“以前年度损益调整”账户过渡，即借记“固定资产”账户，贷记“以前年度损益调整”账户；按管理权限经批准后，盘盈净值应补交所得税、补提盈余公积，其余额转入“利润分配——未分配利润”账户，即借记“以前年度损益调整”账户，贷记“应交税费——应交所得税”账户、“盈余公积”账户、“利润分配——未分配利润”账户。

四、关于无形资产摊销

小企业会计准则中，无形资产摊销时直接贷记“无形资产”账户。在企业会计准则中，企业应设置“累计摊销”账户，作为无形资产的备抵账户，无形资产摊销时贷记“累计摊销”账户。

本章小结

长期资产是指在企业生产经营活动中供使用（而不是为了销售）的、能够在多个会计期间为企业提供效用的资产，包括固定资产、无形资产等。固定资产是企业为生产商品、提供劳务、出租或经营管理而持有的，使用寿命超过一个会计年度的有形资产。

固定资产的原始成本亦称取得成本或历史成本，是指企业购建某项固定资产并达到预计可使用状态前所发生的一切合理、必要的支出，包括买价、进口关税、运输和保险费等相关费用。购建固定资产需要设置资产类账户“固定资产”“在建工程”账户进行核算。

固定资产折旧是将固定资产在长期使用中由于损耗而逐渐减少的价值分期转移到成本或费用中去的过程。常用的固定资产折旧计算方法可以分为两大类:直线法和加速折旧法。直线法有年限平均法和工作量法;加速折旧法有年数总和法和双倍余额递减法。企业一般应按月提取折旧,当月增加的固定资产,当月不计提折旧,从下月起计提折旧;当月减少的固定资产,当月正常计提折旧,从下月起不提折旧。折旧通常需设置“固定资产”账户的备抵账户“累计折旧”核算,折旧费用应由固定资产服役的部门来负担。

固定资产的修理支出属于收益性支出,应在发生时计入当期的费用。改扩建支出一般应作为资本性支出,调整固定资产的账面价值。企业因出售、报废和毁损等原因处置的固定资产,应设置“固定资产清理”账户核算。出售清理之后的净损益转入“资产处置损益”账户;报废或毁损等清理之后的净损益转入“营业外支出”或“营业外收入”账户。企业应定期对固定资产进行盘点清查,每年至少实地盘点清查一次。企业盘盈的固定资产应通过“以前年度损益调整”账户核算,盘亏的固定资产应通过“待处理财产损溢”账户核算,会计期末,应按有关规定处理完毕。

无形资产是指企业拥有或控制的、没有实物形态的、可辨认非货币性资产。可辨认无形资产包括专利权、非专利技术、商标权、著作权、土地使用权、特许经营权等。

无形资产的取得成本与核算因取得方式的不同而不同。无形资产应自取得当月起开始摊销,其摊销额应设置无形资产的备抵账户“累计摊销”账户单独核算。无形资产的转让分为转让所有权和转让使用权两种,转让所有权的净损益转入“资产处置损资”账户;转让使用权视同企业的其他业务核算。

思考题

1. 长期资产包括哪些?各有何特征?
2. 长期资产的价值是如何进行补偿的?
3. 计提固定资产折旧的方法主要有哪些?各有何特点?
4. 请比较无形资产摊销与固定资产折旧的异同。
5. 如何核算固定资产的盘盈或盘亏?
6. 如何核算固定资产的取得、出售和报废?
7. 无形资产包括哪些具体内容?
8. 无形资产取得时是如何计价的?
9. 转让无形资产所有权和使用权在会计核算上有何不同?

核算题

一

1. **目的**：练习固定资产取得的核算。

2. **资料**：

(1) A公司购入一台需要安装的设备，取得的增值税专用发票上注明价款为200 000元，增值税税额为26 000元，运费、包装费等为1 500元，取得增值税普通发票。款项以银行存款支付。

(2) 上述设备投入安装，发生的安装成本为8 000元，以银行存款支付(假设不考虑增值税)。

(3) 上述设备已安装完毕，投入使用。

3. **要求**：根据以上资料，请编制A公司各项业务的会计分录。

二

1. **目的**：练习固定资产折旧的核算。

2. **资料**：A公司引进一条专用生产线，安装完毕后，交付使用的固定资产原值为500 000元，预计使用年限为5年、净残值为20 000元。

3. **要求**：

(1) 按照直线法、年数总和法和双倍余额递减法，分别计算A公司该项固定资产每年的折旧额；

(2) 请编制A公司每年提取折旧的会计分录。

三

1. **目的**：练习固定资产清理的核算。

2. **资料**：A公司因发生火灾而报废一台机床。账面原价为400 000元，已提折旧160 000元；保险公司同意赔偿200 000元；用银行存款支付清理费用3 000元；报废收回残料估计价值为10 000元，已验收入库。

3. **要求**：编制A公司各项业务的会计分录。

四

1. **目的**：练习固定资产盘盈、盘亏的核算。

2. **资料**：A公司年末对固定资产进行清查，情况如下：

(1) 发现未入账的车床一台，其全新的市场价值为60 000元，成新率为70%。

(2) 查出一台电脑去向不明,其账面原价为9 000元,已提折旧4 800元(假设不考虑增值税)。

(3) 经调查认定,电脑丢失是由于管理人员责任心不强造成的,经批准由管理员赔偿2 000元,其余额计入当期损失。

(4) 盘盈车床经批准处理。

注:(1)和(4)分别按企业会计准则和小企业会计准则进行处理。

3. **要求:**编制A公司各项业务的会计分录。

五

1. **目的:**练习无形资产的核算。

2. **资料:**A公司为一般纳税人,20×5年11月份发生下列经济业务:

(1) 1日,开出转账支票购入一项专利技术,取得的增值税专用发票上注明:价款60 000元,增值税税额3 600元,发生相关的手续费、聘请律师费2 200元,取得增值税普通发票。法律规定该项专利技术的有效期为10年,企业预计此项专利技术的生产经营期为8年。

(2) 12日,公司将一项原值400 000元、有效期限为10年商标权对外转让,此项商标权已使用4年,转让收入318 000元(含税)已存入银行,增值税税率为6%。

(3) 20日,公司将一项专利权出租,取得租金收入106 000元(含税),收到款项存入银行,增值税税率为6%。

(4) 30日,自行开发并按法律程序申请取得一项专利权,取得时用银行存款支付发生的注册费、聘请律师费等费用为80 000元,取得增值税普通发票。在开发过程中领用材料120 000万元、分配直接参与开发人员的工资50 000元及福利费7 000元。

(5) 摊销本月应负担的1日购入专利的价值。

3. **要求:**根据以上资料,编制A公司各项业务的会计分录。

第九章　应交税费及其他应付款项

应交税费及其他应付款项都属于企业的流动负债，流动负债是指企业将在一年（含一年）或者超过一年的一个正常营业周期内偿还的债务，包括短期借款、应付利息、应付票据、应付账款、预收账款、应交税费、应付职工薪酬、应付股利、其他应付款等。在前面的章节中已经介绍了短期借款、应付利息、应付票据、应付账款、预收账款等流动负债项目的核算。本章主要介绍应交税费、应付职工薪酬、其他应付款等内容及核算，应付股利将在第十一章加以介绍。

第一节　应交税费

应交税费是企业根据税法规定应缴而未缴纳的税费。应交税费通常按照征税对象的数量或金额计算确定。

一、应交税费概述

在企业正常的生产经营过程中，应当按照国家的有关规定向税务机关缴纳各种税费，这些税费，有的在发生时一次缴清，如印花税、耕地占用税、契税以及进出口关税等；有的需要预先估计或经税务部门核定应纳税额，然后与税务部门结算，如增值税、消费税、城市维护建设税、资源税、土地增值税、房产税、车船税、土地使用税、所得税、教育费附加、矿产资源补偿费等。对于在发生时一次缴清的税费，会计处理比较简单，通常在发生时直接计入有关的成本费用；而需要与税务部门结算的税费，在企业未与税务部门清算、上缴之前就形成了企业的流动负债。

企业应设置“应交税费”账户，核算企业应缴纳的与税务部门发生结算关系的各种税费的形成及其缴纳情况。该账户属于负债类，其具体核算内容如表 9-1 所示。

表 9-1　应交税费

借方	贷方
已缴纳或垫付的各项税费	预计应缴纳的各项税费
期末借方余额： 反映企业多缴或尚未抵扣的税费	期末贷方余额： 反映企业尚未缴纳的税费

“应交税费”账户,企业应按税费种类设置明细账,进行明细核算。

由于各种税费的计算基础不同,会计处理方法也有差异,对于应在发生时一次缴清的税费,按规定,在发生时,直接将其计入当期的成本费用。

【例 9-1】 20×5 年 10 月 30 日,W 公司用转账支票支付印花税 800 元[51]。请编制这项业务的会计分录。

解析: 企业支付的印花税,应计入当期费用,即按规定记入“税金及附加”账户的借方;企业的银行存款减少,应计入“银行存款”账户的贷方。编制的会计分录如下:

借:税金及附加——印花税　　800

　　贷:银行存款——工行香山支行　　800

“税金及附加”账户,属于损益支出类,即费用类,用于核算企业经营活动发生的消费税、城市维护建设税、资源税、教育费附加、房产税、车船税、土地使用税、印花税等相关税费。其具体核算内容如表 9-2 所示。

表 9-2　税金及附加

借方	贷方
企业应负担的税金及附加的增加	销售退回等原因而冲减的税金及附加
月末余额: 反映本月发生的税金及附加	

注: 年末,将其累计净额从本账户的贷方转入“本年利润”账户的借方,结转后,此账户应无余额。

“税金及附加”账户,企业可按税费种类进行明细核算。

本节将重点介绍增值税、消费税等几个主要应缴纳的税费及其核算。

二、增值税

(一) 增值税的计算

增值税是就其货物或劳务在流转过程中的增值部分征收的一种流转税。在中国,增值税的纳税人分为一般纳税人和小规模纳税人两类。一般纳税人的资格认定,由企业提出申请、主管税务机关批准。

1. 一般纳税人应缴纳增值税的计算

对于一般纳税人,按规定:购入货物时,与货款同时支付给供货方的增值税(即进项税额),可以从销售货物应向客户收取的增值税(即销项税额)中抵扣。但是,企业购入货物时必须取得规定的原始凭证,其支付的增值税进项税额才准予扣除。企业当期应向税务机关缴纳的增值税的计算公式如下:

当期应缴纳增值税 = 当期销项税额 − 当期进项税额 − 累计尚未抵扣进项税额

销项税额 = 不含税销售额 × 增值税税率(制造业现行增值税税率为 13%)

不含税销售额 = 含税销售额 ÷ (1 + 税率)

【例 9-2】 甲企业为一般纳税人,20×5 年 11 月从商场购入商品一批,增值税专用发票上注明价款 100 000 元、增值税税额 13 000 元;货款已支付,商品验收入库。当月销售商品增值税专用发票上注明价款 150 000 元、增值税税额 19 500 元;货款尚未收到。企业上月末尚未抵扣的进项税额 3 900 元。则企业当月应缴纳增值税税额计算如下:

19 500 − 13 000 − 3 900 = 2 600(元)

按照现行规定,一般纳税人适用一般计税方法,增值税税率分别为 13%、9%、6%,出口货物的税率为零。

2. 小规模纳税人应缴纳增值税的计算

对于小规模纳税人,不实行税款抵扣制,即购货或接受应税劳务时,无论取得何种原始凭证,其支付的增值税税额,只能计入购入货物或应税劳务的成本。销售货物应向税务部门缴纳的增值税税额按不含税价格乘以征收率计算。即:

当期应缴纳增值税 = 不含税销售额 × 征收率

不含税销售额 = 含税销售额 ÷ (1 + 征收率)

按现行税法规定,小规模纳税人的增值税征收率为 3%。

【例 9-3】 若假定甲企业不是一般纳税人,而是小规模纳税人,增值税征收率为 3%。本月购入商品的含税价格为 113 000 元;当月销售商品含税价为 154 500 元;则甲企业当月应缴纳增值税税额计算如下:

不含税销售额 = 154 500 ÷ (1 + 3%) = 150 000(元)

当月应缴纳增值税 = 150 000 × 3% = 4 500(元)

(二) 一般纳税人允许抵扣进项税额的原始凭证

(1) 增值税专用发票。一般纳税人销售货物或者提供应税劳务均应开具增值税专用发票,增值税专用发票记载了销售货物的售价、税率以及税额等,购货方以增值税专用发票上记载的购入货物已支付的税额,作为扣税和记账的依据。

(2) 海关进口增值税专用缴款书。从海关取得的海关进口增值税专用缴款书上注明的增值税税额,可以作为扣税和记账的依据。

(3) 购进免税农产品的收购凭证。购进农产品,除取得增值税专用发票或者海关进口增值税专用缴款书外,一般按照农产品收购发票或者销售发票上注明的农产品买价和 9%的扣除率计算进项税额,并以此作为扣税和记账的依据。计算公式为:

进项税额 = 买价 × 扣除率

(4) 完税凭证。向境外单位或者个人购进服务、无形资产或者不动产,按税务机关或者扣缴义务人取得的解缴税款的完税凭证上注明的增值税税额,作为扣税和记账依据。

按照规定,企业购入货物或接受应税劳务没有按照规定取得并保存增值税扣税凭证,或增值税扣税凭证上没有按照规定注明增值税税额及其他有关事项的,其进项税额不能从销项税额中抵扣,只能计入购入货物或接受应税劳务的成本。

(三) 账户的设置

对于一般纳税人,应设置"应交税费——应交增值税"二级明细账户,并按表 9-3 借方、贷方所列示项目,设置三级明细项目,反映借方、贷方核算的各项增值税明细项目的内容。期末借方余额反映企业尚未抵扣的增值税;期末贷方余额反映企业本期应缴未缴的增值税。

表 9-3　应交增值税明细账

年		凭证		摘要	借方						贷方						借或贷	余额
月	日	种类	编号		合计	进项税额	销项税额抵减	已交税金	转出未交增值税	减免税款	合计	销项税额	出口退税	进项税额转出	转出多交增值税	简易计税		

小规模纳税人增值税的核算比较简单,直接在“应交税费——应交增值税”二级明细账户核算。贷方登记计算的应缴纳增值税的增加;借方登记已缴纳的增值税;期末贷方余额,反映企业尚未缴纳的增值税。

(四)一般纳税人的增值税会计核算

1. 一般购销业务进项税额、销项税额的核算

【例 9-4】续【例 9-2】。请编制甲企业 20×5 年 11 月购货、销货和用银行存款缴纳增值税的有关会计分录。

解析:(1) 购入商品时:

借:库存商品　　100 000
　　应交税费——应交增值税(进项税额)　　13 000
　贷:银行存款　　113 000

(2) 销售时:

借:应收账款　　169 500
　贷:主营业务收入　　150 000
　　　应交税费——应交增值税(销项税额)　　19 500

(3) 缴纳当月的应缴增值税时,“应交税费”和“银行存款”账户余额同时减少,则:

借:应交税费——应交增值税(已交税金)　　2 600
　贷:银行存款　　2 600

注:增值税一般纳税人在购入应税货物或接受应税劳务并取得扣税凭证时,可以按规定抵扣进项税额,以对方提供的增值税专用发票为依据,发票上注明的不含税价款计入货物的成本,发票上注明的增值税作为进项税额。在销售货物时,可以开具、使用增值税专用发票,以企业自己开出的增值税专用发票为依据,其中不含税的价款作为销售收入,向对方收取的增值税作为销项税额。

若企业销售货物或提供应税劳务实行价税合一,应将含税销售额还原为不含税销售

额，再按不含税销售额计算销项增值税。

一般纳税人缴纳当月的应缴增值税时，其明细项目(或三级账户)为“已交税金”。

2. 一般纳税人购入免税农业产品的核算

一般纳税人购入免税农业产品，通常按实际支付价款的9%作为扣除率，计算进项税额。即：对增值税一般纳税人购进免税的农业产品，可以凭农业产品收购单位的销售发票上注明的金额，按9%的扣除率计算抵扣进项税额，以其余额作为购入物资的成本。

【例9-5】 E公司收购免税农业产品，实际支付的价款为100 000元，所购农产品尚未到达企业。请编制E公司这项业务的会计分录。

解析： 计算可抵扣的进项税额：

$$100\,000 \times 9\% = 9\,000(元)$$

计算购进农产品的取得成本：100 000－9 000＝91 000(元)，即买价扣除其可抵扣进项税额后的余额。其会计分录如下：

借：在途物资　　91 000

　应交税费——应交增值税(进项税额)　　9 000

　贷：银行存款　　100 000

3. 一般纳税人购入物资不予抵扣进项税额的核算

一般纳税人用于简易计税方法计税项目、免征增值税项目、集体福利或者个人消费的购进货物，购入物资、产成品等发生非正常损失等，所发生的进项税额不能抵扣，只能随货物的价款一起转移，计入有关的成本、费用。

【例9-6】 M公司为一般纳税人，20×5年5月7日购进一批洗涤剂，准备用于职工集体福利。取得的增值税专用发票上注明：价款2 000元，增值税税额260元。企业用转账支票支付货款。请编制M公司这项业务的会计分录。

解析： 购入的洗涤剂用于职工集体福利，所发生的进项税额不能抵扣，只能随货物的价款一起转移，计入有关的成本费用。因此，购买洗涤剂支付的价款2 000元以及增值税税额260元，共计2 260元，应记入“应付职工薪酬”账户。编制的会计分录如下：

借：应付职工薪酬——职工福利费　　2 260

　贷：银行存款　　2 260

对于购进货物、产成品等发生非正常损失有关增值税进项税额的处理实例详见第七章【例7-6】【例7-9】。

4. 小规模纳税人一般业务的核算

小规模纳税人购入货物或接受劳务支付的增值税税额，无论是否能够取得增值税专用发票，都不能作为进项税额抵扣，而应计入购入货物或应税劳务的成本；在销售货物时，不能出具增值税专用发票，只能开具增值税普通发票。

【例9-7】 丁企业经核定为小规模纳税人。本期发生如下经济业务：

(1) 购入原材料。增值税专用发票上注明价款为120 000元，增值税税额为15 600元。货款尚未支付。材料已验收入库。

(2) 本期销售产品。销售价款总额为103 000元(含税)，企业收到客户开出并承兑的商业汇票。

(3) 期末,企业开出转账支票,缴纳本期应缴纳的增值税。

请根据以上资料,编制丁企业有关的会计分录。

解析:

(1) 购进货物时,价款和税金应同时计入取得成本。即:

借:原材料　　135 600

　贷:应付账款　　135 600

(2) 销售货物时:

不含税价格＝103 000÷(1＋3%)＝100 000(元)

应缴纳增值税＝100 000×3%＝3 000(元)

借:应收票据　　103 000

　贷:主营业务收入　　100 000

　　应交税费——应交增值税　　3 000

(3) 缴纳税款时:

借:应交税费——应交增值税　　3 000

　贷:银行存款　　3 000

根据增值税的现行规定,自 2019 年 4 月 1 日起,销售或进口货物,加工、修理修配劳务、提供有形动产租赁服务,税率为 13%;提供交通运输、邮政、基础电信、建筑、不动产租赁服务,销售不动产,转让土地使用权,销售或进口与人民生活密切相关的货物,税率为 9%;境内单位和个人发生的跨境应税行为,税率为零;除此之外的纳税人发生的应税行为,税率为 6%。此外,增值税征收率为 3%,财政部和国家税务总局另有规定的除外。

三、消费税

消费税是国家为了调节消费结构,正确引导消费方向,在对货物普遍征收增值税的基础上,选择部分商品(主要指烟、酒、高档次及高能耗的消费品)再征收的一道税。

(一) 消费税的计算

消费税的计算有从价定率和从量定额两种方法。其计算公式如下:

从价定率下的应纳消费税税额＝销售额×税率

从量定额下的应纳消费税税额＝销售数量×单位税额

注:公式中的销售额为不含增值税的销售额。

(二) 账户的设置

企业应在“应交税费”账户下设置“应交消费税”二级明细账户,核算企业按规定计算和缴纳消费税情况。账户的贷方登记按规定应缴纳的消费税,借方登记企业实际缴纳的消费税;期末贷方余额,反映尚未缴纳的消费税;期末借方余额,反映多缴纳的消费税。

(三) 应缴纳消费税的核算

1. 商品销售业务的核算

企业按规定计算的消费税,借记“税金及附加”账户,贷记“应交税费——应交增值税”账户。

【例 9-8】 K公司销售所生产的高档化妆品一批,价款为11 300元(含增值税),适用的消费税税率为15%,增值税税率为13%;收到货款并已存入银行;这批商品的成本为8 000元。请编制K公司这项业务的会计分录。

解析: 不含增值税收入=11 300÷(1+13%)=10 000(元)

销售商品应纳增值税=10 000×13%=1 300(元)

销售商品应纳消费税=10 000×15%=1 500(元)

(1) 企业应在编制记录销售收入会计分录的同时,编制计算应纳消费税的会计分录:

① 实现销售收入并结转成本的会计分录为:

借:银行存款　　11 300

　贷:主营业务收入　　10 000

　　应交税费——应交增值税(销项税额)　　1 300

借:主营业务成本　　8 000

　贷:库存商品　　8 000

② 消费税尚未缴纳之前形成企业的负债,记入“应交税费”账户的贷方;产生的消费税支出应记入“税金及附加”账户,属于损益支出,应记借方。则计算消费税的会计分录为:

借:税金及附加　　1 500

　贷:应交税费——应交消费税　　1 500

(2) 按规定期限缴纳消费税的会计分录为:

借:应交税费——应交消费税　　1 500

　贷:银行存款　　1 500

2. 应税消费品用于非销售业务的核算

企业以生产的商品对外进行股权投资,用于在建工程、非生产机构等,按规定应缴纳的消费税,应计入有关的成本费用。

【例 9-9】 Y公司将本企业生产的柴油按50 000元对外捐赠,市场价为60 000元(不含增值税)。Y公司适用的增值税税率为13%,应缴消费税2 000元。请编制Y公司这项业务的会计分录。

解析: 计算捐赠柴油应缴纳的增值税:

60 000×13%=7 800(元)

对外捐赠本企业自产产品,应按产品成本50 000元和其应缴纳的消费税2 000元与应缴纳的增值税7 800元同时计入营业外支出,费用增加59 800元记借方;库存商品柴油成本减少记贷方,应交税费增加记贷方。

借:营业外支出　　59 800

　贷:库存商品——柴油　　50 000

　　应交税费——应交消费税　　2 000

　　　　——应交增值税(销项税额)　　7 800

四、其他税费

(一)房产税、车船税和土地使用税

房产税是以房屋和收入为征税对象,以房屋的计税余值或租金收入为计税依据,向产权所有人征收的一种财产税。

车船税是以在我国境内依法应当到车船管理部门登记的车辆、船舶为征税对象,按照其种类、吨位和规定的税额计算征收的一种使用行为税。

土地使用税,也称城镇土地使用税,是以城镇的土地为征税对象,对使用土地的单位和个人,按实际占用的土地面积定额征收的一种行为税。

房产税、车船税和土地使用税的核算比较简单,在计算应缴金额时:

借:税金及附加

　　贷:应交税费——应交房产税

　　　　　　　——应交车船税

　　　　　　　——应交土地使用税

实际缴纳时:

借:应交税费——应交房产税

　　　　　——应交车船税

　　　　　——应交土地使用税

　　贷:银行存款

(二)城市维护建设税和教育费附加

城市维护建设税是为了加强城市的维护建设、扩大和稳定城市维护建设的资金来源而由国家开征的一种税,城市维护建设税税率依企业所在城市的规模不同而异。

教育费附加是国家为了发展国家的教育事业、提高人民的文化素质而征收的一项费用。

城市维护建设税和教育费附加都是按照企业缴纳流转税的一定比例计算,并与流转税一起缴纳,由税务部门负责征收。其计算公式为:

应缴纳城市维护建设税=本期应缴纳的增值税和消费税×适用税率

应缴纳教育费附加=本期应缴纳的增值税和消费税×附加率

企业按规定应缴纳的城市维护建设税和教育费附加,借记“税金及附加”账户;属于应缴纳的城市维护建设税,贷记“应交税费——应交城市维护建设税”账户;属于应缴纳的教育费附加,贷记“应交税费——应交教育费附加”账户。

【例 9-10】 20×9 年 12 月,乙公司根据本期发生的流转税计算的应缴纳的城市维护建设税为 420 元,应缴纳的教育费附加为 180 元。公司已开出转账支票,缴纳税费。请编制乙公司按规定计算和缴纳这项税费时的会计分录。

解析:按规定计算出的应缴纳的城市维护建设税和教育费附加应计入“税金及附加”账户;这两项税费在尚未缴纳之前形成企业的“应交税费”负债。

（1）计算时应编制的会计分录为：

借：税金及附加　　600

　贷：应交税费——应交城市维护建设税　　420

　　　　　　——应交教育费附加　　180

（2）缴纳时应编制的会计分录为：

借：应交税费——应交城市维护建设税　　420

　　　　　——应交教育费附加　　180

　贷：银行存款　　600

第二节　其他应付款项

一、应付职工薪酬

职工薪酬是企业为获得职工提供的服务或解除劳动关系而给予的各种形式的报酬或补偿。

（一）职工薪酬的组成内容

职工薪酬包括短期薪酬、离职后福利、辞退福利和其他长期职工福利。其中，短期薪酬具体包括：职工工资、奖金、津贴和补贴，职工福利费，医疗保险费、工伤保险费和生育保险费等社会保险费，住房公积金，工会经费和职工教育经费，短期带薪缺勤，短期利润分享计划，非货币性福利以及其他短期薪酬。

企业提供给职工配偶、子女、受赡养人、已故职工遗属及其他受益人等的福利，也属于职工薪酬。

（二）应付职工薪酬的核算

1. 账户的设置

企业应设置“应付职工薪酬”账户，用于核算企业根据有关规定应付给职工的各种薪酬。该账户属于负债类，其具体核算内容如表 9-4 所示。

表 9-4　应付职工薪酬

借方	贷方
实付职工薪酬	职工薪酬的提取 （或职工薪酬费用的结算分配）
	期末余额： 反映企业应付未付的职工薪酬

“应付职工薪酬”账户，企业可按照“应付职工薪酬”的组成项目进行明细核算。

2. 职工薪酬的分配

企业应于月度终了，由财务会计部门编制“职工薪酬汇总表”，将本月应支付的职工薪酬按职工服务的部门分配计入有关的成本、费用。

【例 9-11】 20×5 年 10 月 20 日，W 公司的“职工薪酬结算汇总表”上列示应分配工资 12 500 元。其中，生产工人工资 9 000 元(Y 型产品生产工人工资 5 000 元，Z 型产品生产工人工资 4 000 元)，车间管理人员工资 1 500 元，公司管理人员工资 2 000 元。请编制 W 公司分配工资费用的会计分录$\left[19\frac{1}{2}\right]$。

解析： 按规定，工资费用应按职工服务的部门分配，即“谁受益，谁负担费用”。也就是说，产品生产人员的工资费用应由相应的产品生产成本承担，即计入“生产成本”；车间管理部门的人员工资，应由“制造费用”来承担；公司管理人员的工资，应由“管理费用”来承担。贷方记入“应付职工薪酬”账户。则编制的会计分录如下：

借：生产成本——Y 型产品(职工薪酬)　　5 000
　　　　　　——Z 型产品(职工薪酬)　　4 000
　　制造费用——职工薪酬　　1 500
　　管理费用——职工薪酬　　2 000
　贷：应付职工薪酬——工资　　12 500

注： ①“生产成本”账户，属于成本类，可归属于资产类，用于核算企业生产各种产品所发生的各项生产费用，包括生产各种产品、自制材料、自制工具、自制设备等。其具体核算内容如表 9-5 所示。

表 9-5　生产成本

借方	贷方
发生的各项生产费用(包括直接材料、直接人工、月末分配转入的制造费用等)	产品完工验收入库转出的成本
期末余额： 尚未完工的在制品成本	

“生产成本”账户，企业可按基本生产成本和辅助生产成本进行明细核算。

②“制造费用”账户，属于成本类，可归属于资产类，主要用于核算企业生产车间(部门)为生产产品和提供劳务而发生的各项间接费用，包括生产车间的管理人员薪酬、折旧费、修理费、办公费、水电费、机物料消耗、劳动保护费等。其具体核算内容如表 9-6 所示。

表 9-6　制造费用

借方	贷方
生产车间发生的各项间接费用	月末分配转出的费用
期末一般应无余额	

“制造费用”账户，企业可按生产车间、部门和费用项目进行明细核算。

【例 9-12】X 公司为生产型企业，本期发生专设销售机构人员工资 3 000 元、固定资产改扩建工程人员工资 5 000 元、研发部门人员工资 2 000 元。请编制 X 公司结算分配工资费用的会计分录。

解析：按规定，工资费用应按职工服务的部门分配。也就是说，销售人员的工资费用应记入“销售费用”账户借方，固定资产改扩建工程人员的工资，应记入“在建工程”账户借方，研发部门人员工资，应记入“研发支出”账户借方；并贷记“应付职工薪酬”账户。则编制的会计分录如下：

借：销售费用——职工薪酬　　3 000
　　在建工程——职工薪酬　　5 000
　　研发支出——职工薪酬　　2 000
　贷：应付职工薪酬——工资　　10 000

上例中的“研发支出”账户，成本类，可归属于资产类，用于核算企业进行研究与开发无形资产过程中发生的材料、人工、费用等各项支出。其具体核算内容如表 9-7 所示。

表 9-7　研发支出

借方	贷方
研发支出增加	研发支出结转减少
期末余额： 可资本化的研发支出	

“研发支出”账户，企业可将研究开发项目分为“费用化项目”和“资本化项目”进行明细核算。

3. 职工薪酬的发放

企业应按规定手续从银行提取现金，用于支付职工薪酬。若在发放职工薪酬时代扣代缴各种款项，则相应地减少应付职工薪酬。

【例 9-13】续【例 9-12】，X 公司从银行提现 8 500 元，当日发放工资。代扣个人所得税 105 元。请编制×公司各项业务的会计分录。

解析：(1) 提现：

借：库存现金　　8 500
　贷：银行存款　　8 500

(2) 支付当月职工工资：

借：应付职工薪酬——工资　　8 500
　贷：库存现金　　8 500

(3) 企业代扣代缴的个人所得税，在尚未缴纳之前，形成企业的负债。

按规定，职工应缴纳的个人所得税由所在单位代扣代缴，代扣时应减少“应付职工薪酬”负债；代扣的个人所得税在尚未缴纳之前形成“应交税费”负债。

借：应付职工薪酬——工资　　105
　贷：应交税费——代扣代交个人所得税　　105

4. 职工工资附加费的提取与缴纳

按规定，企业应按职工工资总额的一定比例提取职工福利费、住房公积金、社会保险费、工会经费等附加费,按职工的工作岗位从成本费用中列支。提取的时间与工资的提取结算同步进行,其会计处理也与分配工资费用是一致的。

【例 9-14】 续【例 9-11】。20×5 年 10 月 20 日,W 公司按职工工资总额提取职工福利费。请编制 W 公司这项业务的会计分录(假定职工福利费的提取比例为工资总额的 14%)$\left[19\frac{2}{2}\right]$。

解析: 提取职工福利费时,费用的列支渠道与工资费用的列支渠道相同,编制会计分录如下:

借:生产成本——Y 型产品(职工薪酬)　　700
　　　　　　——Z 型产品(职工薪酬)　　560
　　制造费用——职工薪酬　　210
　　管理费用——职工薪酬　　280
　　贷:应付职工薪酬——职工福利费　　1 750

【例 9-15】 续【例 9-12】。编制 X 公司提取社会保险费的会计分录(假定社会保险费提取比例为工资总额的 16%)。

借:销售费用——职工薪酬　　480
　　在建工程——职工薪酬　　800
　　研发支出——职工薪酬　　320
　　贷:应付职工薪酬——社会保险费　　1 600

【例 9-16】 续【例 9-15】。X 公司开出现金支票,缴纳职工各项社会保险费。请编制这项业务的会计分录。

解析: 缴纳社会保险费,应付职工薪酬减少,应记借方;用现金支票缴纳,银行存款减少,应记贷方。则编制会计分录如下:

借:应付职工薪酬——社会保险费　　1 600
　　贷:银行存款　　1 600

二、其他应付款

(一) 账户的设置

企业应设置“其他应付款”账户,用于核算企业应付、暂收其他单位或个人的款项,如应付租入固定资产和包装物的租金、存入保证金等。此账户属于负债类。其具体核算内容如表 9-8 所示。

表 9-8　其他应付款

借方	贷方
应付、暂收款的支付或返还	应付、暂收款的增加
	期末余额: 反映企业尚未支付或返还的款项

“其他应付款”账户,企业可按其他应付款的项目和对方单位(或个人)进行明细核算。

（二）其他应付款的主要项目

企业应付、暂收款项的主要项目包括：
(1) 应付经营租入固定资产和包装物租金。
(2) 存入保证金(如收入包装物押金等)。
(3) 应付、暂收所属单位、个人的款项。
(4) 其他应付、暂收款项。

（三）核算举例

【例 9-17】 2 月 10 日，D 公司收到 E 公司交来的包装物押金(支票)2 000 元；2 月 20 日 E 公司按期返还了包装物。请编制 D 公司这两项业务的会计分录。

解析：(1) 2 月 10 日，收到押金属于 D 公司的暂收款，在返还之前形成企业的负债。其他应付款增加应记贷方，银行存款增加应记借方。应编制的会计分录如下：

借：银行存款　　2 000
　贷：其他应付款——押金　　2 000

(2) 2 月 20 日，收回包装物返还押金时，其他应付款减少应记借方，银行存款减少应记贷方。应编制的会计分录如下：

借：其他应付款——押金　　2 000
　贷：银行存款　　2 000

【相关知识介绍】

自 2016 年 5 月 1 日起，国家全面推开了营业税改增值税的试点，现行的“营改增”政策主要包括：

1.《关于全面推开营业税改征增值税试点的通知》(财税〔2016〕36 号)
(1)《营业税改征增值税试点实施办法》
(2)《营业税改征增值税试点有关事项的规定》
(3)《营业税改征增值税试点过渡政策的规定》
(4)《跨境应税行为适用增值税零税率和免税政策的规定》
2.《增值税会计处理规定》(财会〔2016〕22 号)
3.《关于深化增值税改革有关事项的公告》(国家税务总局公告 2019 年第 14 号)

全面实行“营改增”之后，各个行业全都纳入到了“营改增”的范畴，对应的税率也发生了相应的变化，之后税率又经历了 2017 年 7 月 1 日、2018 年 5 月 1 日和 2019 年 4 月 1 日的三次调整，目前有关增值税税率的规定如下：

(1) 13%税率的适用行业：①销售或进口货物(除适用 9%税率的①②③④⑤外)；②提供加工、修理、修配劳务；③提供有形动产、租赁服务。

(2) 9%税率的适用行业：①粮食、食用植物油；②自来水、暖气、冷气、热水、煤气、天然气等居民用煤炭制品；③图书、报纸、杂志；④饲料、化肥、农药、农机、农膜、农业产品；⑤国务院规定的其他行业；⑥转让土地使用权；⑦销售不动产；⑧提供建筑服务；⑨提供交通、邮政、电信等服务。

除此之外，纳税人购进用于生产和委托加工 13%增值税率货物的农产品，按照 10%

的扣除率计算进项税额。

(3) 6%税率的适用行业:①提供现代服务;②提供金融服务;③提供电信服务;④提供生活服务;⑤销售无形资产。

(4) 零税率的适用行业:①国际运输服务;②航天运输服务;③向境外单位提供的境外消费服务;④财政部和税务局总局规定的其他服务;⑤纳税人出口货物。

(5) 现行增值税征收率适用3%税率。

本章小结

流动负债是指企业将在一年(含一年)或者超过一年的一个正常营业周期内偿还的债务,包括短期借款、应付利息、应付票据、应付账款、预收账款、应交税费、应付职工薪酬、应付股利、其他应付款等。

应交税费是企业根据税法规定应缴而尚未缴纳的税费。应设置负债类账户“应交税费”核算。应交税费种类较多,还应分别设置二级账户予以核算。对于增值税,应注意区分一般纳税人和小规模纳税人的不同会计核算方法。职工薪酬是企业对职工的负债,用于核算企业根据有关规定应付给职工的各种薪酬,包括职工工资、奖金、津贴和补贴、职工福利费、社会保险费、住房公积金、工会经费、职工教育经费、非货币性福利等短期薪酬,以及离职后福利、辞退福利等。分配时应按职工的岗位将其分别计入成本、费用等有关账户核算。

其他应付款与企业购买商品或接受劳务供应没有直接关系,主要核算企业应付、暂收其他单位或个人的款项,如应付租入固定资产和包装物的租金、存入保证金等。

思考题

1. 流动负债包括哪些账户?
2. 一般纳税人与小规模纳税人增值税的会计核算有何不同?
3. 职工薪酬的构成内容有哪些?
4. 一般纳税人允许抵扣进项税额的原始凭证有哪些?
5. 其他应付款和其他应收款的核算有何异同?
6. 增值税和消费税的核算有何异同?
7. 职工的薪酬费用及与薪酬相关的各种福利、保险等费用由谁负担?
8. 其他应付款的具体核算内容有哪些?

核 算 题

1. **目的**：练习应交税费的核算。

2. **资料**：A公司为增值税一般纳税人，适用的增值税税率为13%，消费税税率为10%。存货收发采用实际成本核算。20×9年12月份A公司发生的经济业务如下：

(1) 2日，购进原材料一批，增值税专用发票上注明价款80 000元、增值税税额10 400元。发票账单均已收到，货物尚未运达，货款尚未支付。约定付款条件为：2/10，1/20，n/30。

(2) 2日，收购免税农业产品，以现金支票支付的价款为20万元，收购的农业产品已验收入库。

(3) 4日，从仓库领用一批原材料用于职工福利，原材料成本为5 000元。

(4) 5日，销售甲产品400件，单位售价为150元，单位成本为100元。已开出增值税专用发票，货款尚未收到。该种产品还应缴纳消费税。

(5) 8日，厂部办公室领用产品一批，账面成本为800元，市价为1 200元。该种产品应缴纳消费税。

(6) 5日，发放职工工资。本月公司应付职工薪酬总额为56 500元，其中，代扣个人所得税2 450元，代扣水电费800元，其余的用库存现金支付。

(7) 10日，用银行存款支付本月2日购进原材料的货款。

(8) 15日，转让一项无形资产使用权，收入30 000元(含税)，收到的转账支票已存入银行。转让无形资产的增值税税率为6%。

(9) 20日，购入需要安装的机器一台，增值税专用发票上注明价款150 000元、增值税税额19 500元。款项已用银行存款支付。

(10) 21日，收到现金500元，系包装物押金。

(11) 30日，根据表9-9分配本月职工薪酬，并假定按12%计提本月住房公积金，按16%计提本月社会保险费。

表9-9　职工薪酬分配表　　单位：元

部　门	工资总额	应提社会保险费	应提住房公积金
基本生产车间			
生产工人	40 000	6 400	4 800
管理人员	5 500	880	660
企业管理部门	6 000	960	720
在建工程	5 000	800	600
合　计	56 500	9 040	6 780

3. **要求**：根据以上资料，编制A公司各项业务的会计分录。

第十章　成本核算

第一节　生产经营过程概述

根据第一章企业资金运动的基本过程可知，资金主要是在生产经营过程中不断地循环和周转的。制造业的生产经营过程一般可以分为供应、生产和销售三个阶段，如图 10-1 所示。

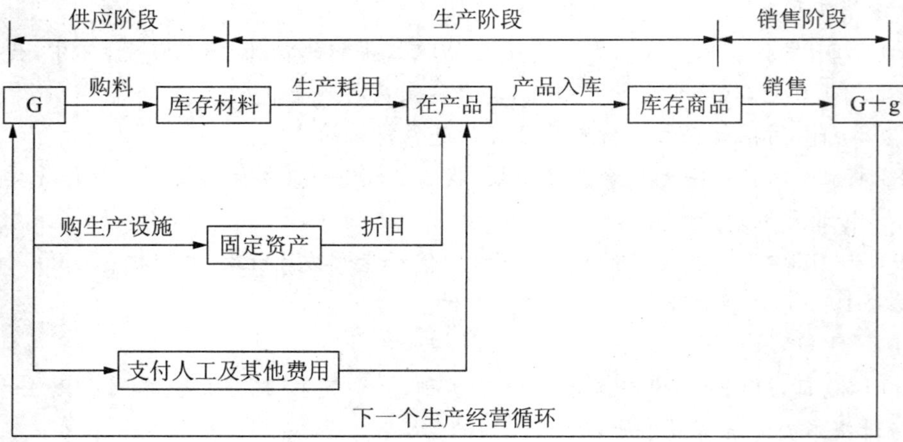

图 10-1　生产经营过程简图

在供应（购货）阶段，企业购买原材料、燃料等生产物资，为企业的产品生产形成物资储备；在生产阶段，企业的生产人员从仓库领用材料，并利用机器设备对其进行加工，进行产品生产。在此阶段，生产产品领用的材料费用、生产工人的工资费用、使用厂房、机器设备磨损而应计提的折旧费用等，共同构成了产品的生产成本，亦即在制品成本。产品加工完成，验收入库，形成了企业的库存商品。在销售（销货）阶段，出售库存商品，取得收入，收回货款或延时结算。此过程中取得的收入，在补偿了产品生产费用和销售费用等支出后，若有剩余即形成了企业的利润；反之，则为亏损。

成本核算，主要是对生产经营过程的中心环节——生产阶段的核算，也就是对生产的产品进行成本计算。成本核算的一般程序就是将生产经营过程中发生的各种直接费用和间接费用，按照成本核算的要求逐步进行归集和分配，最终计算出各种产品的成本的过程。具体归纳如下：

一、审核和控制生产费用

对企业生产经营过程中发生的各项费用支出，应当严格遵守国家规定的费用、成本开支范围，严格按照企业内部财务会计制度和成本费用核算办法中规定的费用审核标准进行费用的审核和控制，主要是确定各项费用是否应该开支，应该开支的费用按照国家的有关规定是否应记入产品成本等。

二、确定成本计算对象

成本计算对象是生产费用的承担者，是归集和分配生产费用的对象。确定成本计算对象是计算产品成本的前提。由于不同的企业有不同的生产类型和成本管理要求，所以成本计算对象也有所不同。对制造企业而言，产品成本计算对象除了产品品种以外，还可以是产品批别或者生产步骤等。企业应根据自身的生产特点和管理要求，确定成本计算对象，并根据确定的成本计算对象开设产品成本明细账。

三、确定成本项目

成本项目是指生产费用要素按照经济用途划分成的若干项目。和成本计算对象一样，企业也应根据生产类型的特点和成本管理的要求，确定成本项目。通过成本项目，可以反映成本的经济构成以及产品生产过程中不同的资金耗用情况。因此，企业为了满足成本管理的需要，可在直接材料、直接人工、制造费用三个成本项目的基础上进行必要的调整。

四、确定成本计算期

成本计算期就是指多长时间计算一次成本，即成本计算的间隔期，不同生产组织的企业有不同的间隔期。一般情况下，生产批量大的产品成本计算期与会计期间相一致；生产批量小的产品成本计算期则与产品的生产周期相一致。

五、设置成本费用明细账或成本计算单

成本费用明细账是在确定成本计算对象的基础上，企业根据自身的生产经营特点和成本管理的要求，按照确定的成本计算对象分别开设产品成本明细账。制造企业一般要设置以下明细账：①生产成本明细账，按成本计算对象和成本项目核算产品生产过程中所发生的应计入产品成本中的生产费用；②制造费用明细账，按生产部门和明细项目分别核算发生的制造费用，并按规定进行成本核算，月末一般无余额；③库存商品明细账、自制半成品明细账，按成本计算对象和成本项目核算产品和自制半成品成本。此外，企业还根据

需要设置其他相关费用的明细账等。

六、归集和分配生产费用

生产费用在各个成本核算对象之间进行分配和归集,实际上就是要正确划分各种产品成本的界限,以正确确定本期应记入各种产品成本的费用。对产品生产直接发生的生产费用直接作为产品成本的构成内容,直接记入该产品成本,如直接材料、直接工资等;对于为产品生产服务发生的间接费用,期末应按有关标准,根据受益程度的大小分配记入各成本核算对象。产品成本计算的过程也就是生产费用的分配和汇总过程,是生产费用在各种产品之间横向的分配和归集。

七、计算完工产品成本和月末在产品成本

各成本核算对象所承担的生产费用,如果既有完工产品又有期末在产品,还应当在完工产品和期末在产品之间采用适当的方法进行分配,从而计算出完工产品成本和月末在产品成本。这是生产费用在同种产品中本月完工产品与月末在产品之间纵向的分配和归集。

简单而言,成本计算可以分为三个基本步骤:

(1) 生产费用的归集。一方面,归集生产产品发生的直接材料和直接人工费用等。另一方面,归集生产车间为生产产品所发生的间接费用,如生产设备的折旧费、修理费,工具等的摊销费,车间管理人员的工资、福利费,车间的水费、电费、机物料消耗等。

(2) 间接生产费用的分配。月末,将间接费用按适当的标准分配计入到有关产品的成本,间接费用分配后无余额。

(3) 生产成本在已完工和未完工产品之间的分配。

第二节　成本核算简例

企业购入的各项材料物资验收入库后,形成的原材料、包装物、低值易耗品等的核算,我们已经在第五章购销业务与商业账款中作了介绍,这里不再赘述。企业产品成本的计算是通过“生产成本”账户进行的,其明细账是按成本计算对象(即产品类别)来设置的。

一、生产费用要素归集和分配概述

(一) 生产费用要素按经济内容的分类

生产费用要素是指生产费用按经济内容或性质的不同所作的分类,制造业生产费用要素一般有:

1. 外购材料

外购材料是指企业为进行产品生产而耗用的一切由企业外部购入的原料及主要材料、半成品、辅助材料、包装物、修理用备件、低值易耗品等。

2. 外购燃料

外购燃料是指企业为进行产品生产而耗用的由企业外部购进的各种燃料，包括固体燃料、液体燃料、气体燃料。外购燃料与外购材料从性质上看是相同的，可归为一类。但由于在许多企业中燃料是重要的能源，在成本中所占比重较大，因此将其单独列为一类进行核算。

3. 外购动力

外购动力是指企业为进行产品生产而耗用的由企业外部购进的动力，如电力等。

4. 人工费

人工费是指企业应计入产品生产费用的职工工资及其相关的费用，即应付职工薪酬的内容。

5. 折旧费

折旧费是指企业按照一定的方法计算的固定资产折旧费。

6. 其他支出

其他支出是指不属于以上各项费用要素的支出，如差旅费、租赁费、设计制图费、试验检验费等。

按经济内容分类的生产费用可以说明企业在产品生产过程中消耗了哪些性质的费用，消耗了多少，可以了解生产费用的构成，有利于加强生产费用的核算和管理。同时也为企业核定流动资金定额和编制采购资金计划提供必要的核算依据。

（二）生产费用要素分配的一般原则

凡是属于直接用于产品生产的费用应直接计入相应产品成本，在“生产成本——××产品”账户核算；属于和产品生产有关，但不能确定哪一种产品应负担的具体金额，如车间房屋折旧、设备维修、水电费等间接费用，可先在“制造费用”账户归集，月末，将其分配计入相关的产品成本。一般情况下，制造费用月末分配后没有余额。

（三）生产费用要素的分配程序

（1）根据生产费用的原始凭证或原始凭证汇总表，编制费用分配表或费用汇总分配表，并编制记账凭证。

（2）根据原始凭证或记账凭证登记各种成本明细账。

（3）根据记账凭证登记成本总账。

二、材料费用的归集

企业的材料费用随领用部门的不同，其会计处理也不同。通常，材料费用按“谁受益，谁负担费用”的原则进行会计处理。

企业生产产品耗用的材料物资应作为直接材料记入产品“生产成本”账户，并按成本计算对象（或产品类别）进行明细核算。生产车间耗用的材料物资，应记入间接生产费用

“制造费用”账户;企业管理部门一般耗用的材料物资,应记入“管理费用”账户。

【例 10-1】 20×5 年 10 月 20 日,W 公司生产车间领用原材料 35 000 元,其中,主组件 A 15 000 元,主组件 B 10 000 元,零配件 10 000 元。原材料用于 Y 型产品 21 000 元,用于 Z 型产品 14 000 元[16]。请编制 W 公司这项业务相关的会计分录。

解析: 由于领用的材料能够直接确定归属的产品对象,因此,应增加记入 Y 型和 Z 型产品的“生产成本”账户。其会计分录如下:

借:生产成本——Y 型产品	21 000	
——Z 型产品	14 000	
贷:原材料——主组件 A		15 000
——主组件 B		10 000
——零配件		10 000

三、工资费用的归集

企业产品生产过程中发生的人工费用,是构成产品成本的重要部分。企业职工在产品生产中起着不同的作用,有直接从事产品制造的生产工人;有为产品生产提供服务的车间管理人员;有为组织整个企业正常生产经营活动的企业管理人员。由于其服务的岗位不同,所发生的薪酬费用在成本计算中归集的对象也不同。

通常,由职工所属的部门或岗位来承担相应的薪酬费用。直接从事产品生产的工人工资,计入所生产产品的生产成本中的“直接工资”成本项目中;为产品生产提供服务的车间管理人员的工资费用,作为间接费用“制造费用”处理;为组织整个企业正常生产经营活动的企业管理人员的工资费用计入“管理费用”。

【例 10-2】 仍以【例 9-11】为例。20×5 年 10 月 20 日,W 公司的“职工薪酬结算汇总表”上列示应分配工资 12 500 元。其中,生产工人工资 9 000 元(Y 型产品生产工人工资 5 000元, Z 型产品生产工人工资 4 000 元),车间管理人员工资 1 500 元,公司管理人员工资 2 000 元。请编制 W 公司提取职工薪酬(亦即分配工资费用)的会计分录 $\left[19\frac{1}{2}\right]$。

解析: 职工薪酬费用应由职工所属的部门或岗位来承担,因此,生产工人工资应记入“生产成本”账户借方,车间管理人员工资应记入“制造费用”账户借方,公司管理人员工资应记入“管理费用”账户借方;应分配的工资总额应记入“应付职工薪酬”账户贷方。应编制的会计分录如下:

借:生产成本——Y 型产品(职工薪酬)	5 000	
——Z 型产品(职工薪酬)	4 000	
制造费用——职工薪酬	1 500	
管理费用——职工薪酬	2 000	
贷:应付职工薪酬——工资		12 500

企业按以上部门职工工资总额的一定比例计提职工福利费、社会保险费、住房公积金、工会经费等,其列支渠道与工资费用的列支渠道相同。

【例 10-3】 续【例 10-2】。20×5 年 10 月 20 日,W 公司按工资总额提取职工福利费。请编制W公司这项业务的会计分录。假定职工福利费的提取比例为工资总额的14%[19 $\frac{2}{2}$]。

解析:职工福利费用按工资总额的一定比例提取,其费用列支渠道与工资费用的列支渠道相同。编制的会计分录如下:

借:生产成本——Y型产品(职工薪酬) 700
——Z型产品(职工薪酬) 560
制造费用——职工薪酬 210
管理费用——职工薪酬 280
贷:应付职工薪酬——职工福利费 1 750

四、间接费用

(一)间接费用的归集

间接费用是指和企业生产的产品有关,但在发生时不能直接确定所归属的具体产品,不能根据结算凭证直接计入产品生产成本的费用,如生产车间发生的机物料消耗、水电费、设备折旧费、修理费、管理人员的薪酬等。一般先在"制造费用"账户归集,月末,按适当的标准将其分配计入到有关产品的成本。

【例10-4】20×5年10月20日,W公司发生如下经济业务:

(1)根据折旧费用计算表,计提本月固定资产折旧1 500元,其中,管理部门车辆折旧500元,车间设备折旧1 000元[20]。

(2)开出转账支票,支付水费300元,其中,管理部门水费100元,车间水费200元[21]。

(3)开出转账支票,支付电费500元,其中,管理部门电费100元,车间电费400元[22]。

要求:请编制W公司相关业务的会计分录。假定支付水费和电费取得的都是增值税普通发票。

解析:根据费用的承担原则,管理部门发生的费用应记入"管理费用"账户,生产车间发生的费用应作为间接费用记入"制造费用"账户。因此,编制会计分录如下:

(1)借:制造费用——折旧费 1 000
管理费用——折旧费 500
贷:累计折旧 1 500

(2)借:制造费用——水费 200
管理费用——水费 100
贷:银行存款——工行香山支行 300

(3)借:制造费用——电费 400
管理费用——电费 100
贷:银行存款——工行香山支行 500

【例10-5】20×5年10月20日,W公司生产车间领用一批工具,价值为200元[17]。同日,用转账支票支付下季度销售机构租用仓库租金600元[18]。请编制W公司各项业务的会计分录。

解析:(1) 车间领用工具,由于这批工具价值不大,可将工具的全部成本200元一次计入有关的成本费用,即制造费用增加记借方,周转材料减少记贷方。编制会计分录如下:

借:制造费用——低值易耗品摊销　　200

　　贷:周转材料——工具　　200

(2) 支付下季度销售机构租用仓库租金600元。尽管受益期是下季度,但根据现行企业会计准则的规定,对于预付,后期才逐渐形成费用的项目,应按这项支出的受益部门,直接计入相关的费用类账户进行核算,包括企业预付给保险公司的财产保险费、预付的经营租赁固定资产租金、预付报刊订阅费等。

由于预付的是销售机构租用仓库的租金,属于企业销售商品过程中发生的费用,应计入销售费用。费用增加,银行存款减少。编制会计分录如下:

借:销售费用——预付租金　　600

　　贷:银行存款——工行香山支行　　600

注:企业会计准则规定,包装物和低值易耗品(统称周转材料)摊销应采用一次摊销法或五五摊销法。

【例10-6】20×5年10月27日,W公司预订下一年度报刊,用银行存款支付订阅款1 200元[38]。请编制W公司这项业务的会计分录。

解析:尽管订阅的报刊的受益期是20×6年度,但根据现行企业会计准则的规定,对于预付,后期才逐渐形成费用的项目,应按这项支出的受益部门,直接计入相关的费用类科目进行核算。

由于报刊订阅费属于行政管理部门为组织和管理生产经营活动所发生的费用,应计入管理费用。费用增加,银行存款减少。编制会计分录如下:

借:管理费用——报刊费　　1 200

　　贷:银行存款——工行香山支行　　1 200

(二) 间接费用的分配

月末企业应根据“发出材料汇总表”“职工薪酬结算汇总表”以及其他费用分配表归集并分配生产费用,如表10-1、表10-2、表10-3所示(由于管理费用属于期间费用,不计入成本,在此不作归集)。

表10-1　生产成本明细账

生产成本——Y型产品

(16)原材料	21 000	
(19-1/2)工资	5 000	
(19-2/2)职工福利费	700	

表10-2　制造费用明细账

(17)摊销费	200	
(19-1/2)工资	1 500	
(19-2/2)职工福利费	210	
(20)折旧费	1 000	
(21)水费	200	
(22)电费	400	
3 510		

表10-3　生产成本明细账

生产成本——Z型产品

(16)原材料	14 000	
(19-1/2)工资	4 000	
(19-2/2)职工福利费	560	

企业本期的生产费用归集完毕，并将总账、明细账核对相符后，即可进行对间接费用的分配。

间接费用的分配，就是将所发生的制造费用在受益产品之间按一定比例进行分摊。因为直接材料和直接人工费用在发生时就已经明确其归属的产品对象，因此，不需要再予分配。在本例中，间接费用的受益对象是Y型和Z型两种产品，其分配标准可以按工资总额的比例进行分配，也可以按生产工时比例进行分配。

【例 10-7】 20×5 年 10 月 21 日，W 公司分配制造费用。其中，Y 型产品的生产工时为 60 小时，Z 型产品的生产工时为 40 小时[23]，则分配率为：

$$分配率=\frac{制造费用总额}{总工时}=\frac{3\,510}{100}=35.10$$

W 公司制造费用分配表如表 10-4 所示。

表 10-4　制造费用分配表

产品名称	分配基数/工时	分配率	分配金额/元
Y 型产品	60	35.10	2 106.00
Z 型产品	40	35.10	1 404.00
合　计	100		3 510.00

W 公司间接费用分配的会计分录如下：

借：生产成本——Y 型产品　　2 106

　　　　　　——Z 型产品　　1 404

　贷：制造费用　　　　　　　　3 510

对间接费用进行分配后，“制造费用”账户已无余额，全部生产费用都体现在 Y 型和 Z 型两种产品的成本之中，则两种产品的成本计算单如表 10-5 所示。

表 10-5　Y、Z 型产品的成本计算单　　单位：元

成本项目	Y 型产品		Z 型产品	
	总成本(30 台)	单位成本	总成本(20 台)	单位成本
直接材料	21 000.00	700.00	14 000.00	700.00
直接人工	5 700.00	190.00	4 560.00	228.00
其他直接支出				
分配制造费用	2 106.00	70.20	1 404.00	70.20
合　计	28 806.00	960.20	19 964.00	998.20

【例 10-8】 20×5 年 10 月 21 日，W 公司将已完工的 Y 型和 Z 型产品验收入库[24]。请编制 W 公司这项业务的会计分录。

解析： 产品生产完工，验收入库。库存商品增加，应记借方；生产成本减少应记贷方，其会计分录如下：

借:库存商品——Y型产品　　　　28 806
　　　　　——Z型产品　　　　19 964
　贷:生产成本——Y型产品　　　　28 806
　　　　　　——Z型产品　　　　19 964

若假定,【例10-8】中的Y型产品月末已经完工并验收入库,而Z型产品全部未完工,则应编制的会计分录如下:

借:库存商品——Y型产品　　　　28 806
　贷:生产成本——Y型产品　　　　28 806

对于Z型产品,由于全部尚未完工,不需要进行任何账务处理,其发生的生产成本19 964元,就是Z型产品在制品成本。

第三节　成本核算的方法

一、成本核算的方法简介

(一) 成本核算的基本方法

1. 品种法

(1) 定义。品种法也称简单法,是以产品品种为产品成本计算对象、归集和分配生产费用、计算产品成本的一种方法。

(2) 成本对象。品种法以产品品种作为成本计算对象,并据以设置产品成本明细账归集生产费用和计算产品成本。如果企业生产的产品不止一种,就需要以每一种产品作为成本计算对象,分别设置产品成本明细账。实际工作中,可以将“品种法”之下的成本对象变通应用为:产品类别、产品品种、产品品种规格。

(3) 计算方法及要点。品种法在实际工作中的应用要点为:以“品种”为对象开设生产成本明细账、成本计算单;成本计算期一般采用“会计期间”;以“品种”为对象归集和分配费用;以“品种”为主要对象进行成本分析。

(4) 适用范围。品种法适用于大批大量、单步骤生产的企业,如发电、采掘业、管理上只要求考核最终产品的企业。在大量大批多步骤生产的企业中,如果企业规模较小,而且管理上又不要求提供各步骤的成本资料时,也可以采用品种法计算产品成本。企业的辅助生产车间也可以采用品种法计算产品成本。

2. 分批法

(1) 定义。分批法也称订单法,是以产品的批次或定单作为成本计算对象来归集生产费用、计算产品成本的一种方法。

(2) 成本对象。分批法的成本计算对象是产品的批别。分批法是一种很广义的成本计算方法，在实际工作中，有“批号”“批次”的定义。可以按照下列方式确定成本对象：产品品种、存货核算中分批实际计价法下的“批”、生产批次、制药等企业的产品“批号”、客户订单——即按照客户订单计算成本的方法、其他企业需要并自定义的“批”。

(3) 计算方法及要点。分批法在实际工作中的应用要点为：以“批号”和“批次”为成本计算对象开设生产成本明细账、成本计算单。分批法的成本计算期是不固定的，一般把一个生产周期(即从投产到完工的整个时期)作为成本计算期定期计算产品成本。由于在未完工时没有产成品，完工后又没有在产品，产成品和在产品不会同时并存，因而也不需要把生产费用在产成品和半成品之间进行分配。

(4) 适用范围。分批法适用于单件、小批生产类型的企业，主要包括：

① 单件、小批生产的重型机械、船舶、精密工具、仪器等制造企业。

② 不断更新产品种类的时装等制造企业。

③ 新产品的试制、机器设备的修理作业以及辅助生产的工具、器具、模具的制造等，亦可采用分批法计算成本。

3. 分步法

(1) 定义。分步法是按产品的生产步骤归集生产费用、计算产品成本的一种方法。

(2) 成本对象。分步法成本计算对象是各个加工步骤的各种或各类产品，也就是说该种方法是以产品的生产步骤和产品品种作为成本计算对象。分步法下的“步”同样是广义的，在实际工作中有丰富的、灵活多样的具体内涵和应用方式，分步法下之“步”在实际应用中，可以定义为下列“步”含义：部门——即计算考核“部门成本”、车间、工序、特定的生产、加工阶段、工作中心，以及上述情况的随意组合。

(3) 计算方法及要点。较之其他方法，分步法在具体计算方式方法上很有不同，这主要是因为它按照生产加工阶段、步骤计算成本所导致的。

在分步法下，有下列一系列特定的计算流程、方法和含义，分步法成本核算一般有如下要点：

① 以各种产品生产步骤为成本计算对象，设置成本明细账。分步法成本计算对象是各个加工步骤的各种或各类产品，也就是说该种方法是以产品的生产步骤和产品品种作为成本计算对象。成本明细账按每个加工步骤的各种或各类产品设置。如果只生产一种产品，成本计算对象就是该种产成品及其所经过的各个生产步骤，产品成本明细账应该按照产品的生产步骤设置。如果生产多种产品，成本计算对象则应是各种产品及其所经过的各个生产步骤。产品成本明细账应该按照各种产品的各个步骤设置。

在实际工作中，产品成本计算的分步与产品实际的生产步骤的划分并不一定完全一致，计算产品成本时，可以只对管理上有必要分步计算成本的生产步骤单独设立产品成本明细账，单独计算成本；管理上不要求单独计算成本的生产步骤，则可以与其他生产步骤合并设立产品成本明细账，合并计算成本。

② 计算产品成本一般是按月定期进行。在大量大批生产的企业里，原材料连续投入，产品连续不断地转移到下一生产步骤，生产过程中始终有一定数量的在产品，成本计算一般在月末进行。所以，成本计算是定期的，成本计算期与产品的生产周期不一致，但与报告期一致。

③ 生产费用需要在完工产品与在产品之间分配。在大量、大批的多步骤生产中，由

于生产过程较长，而且往往都是跨月陆续完工，在月终计算成本时各步骤都有在产品，因此，要将生产费用采用适当的方法，在完工产品与在产品之间进行分配。

④ 各步骤之间的成本需要结转。由于产品生产分步进行，上一步骤生产的半成品是下一步的加工对象。因此，为了计算各种产品的产成品成本，还需要按照产品的品种，结转各步骤成本。也就是说，与其他成本计算方法不同之处，在采用分步法计算产品成本时，在各个步骤之间还需要进行成本结转。这是分步法的一个重要特点。

(4) 分步法的种类。

① 平行结转分步法。平行结转分步法指半成品成本并不随半成品实物的转移而结转，而是在哪一步骤发生就留在该步骤的成本明细账内，直到最后加工成产成品，才将其成本从各步骤的成本明细账转出的方法。各生产步骤只归集计算本步骤直接发生的生产费用，不计算结转本步骤所耗用上一步骤的半成品成本；各生产步骤分别与完工产品直接联系，本步骤只提供在产品成本和加入最终产品成本的份额，平行独立、互不影响地进行成本计算，平行地把份额计入完工产品成本。

② 约当产量比例法。约当产量比例法属于按完工产品与月末在产品之间某一分配标准的比例同时计算完工产品成本和月末在产品成本的一种方法。它是将月末结存在产品的数量按其完工程度折算为相当于完工产品的数量，即约当产量，然后按照完工产品产量(也就是完工程度为100%的约当产量)与月末在产品约当产量的比例划分完工产品与月末在产品成本的一种方法。本月完工产品产量加上月末在产品约当产量，称为约当总产量，亦简称为约当产量。其计算公式为：

月末在产品约当产量＝月末在产品结存数量×在产品完工百分比

约当产量单位成本＝(月初在产品成本＋本月发生的生产耗费)÷(完工产品产量＋月末在产品约当产量)

完工产品总成本＝约当产量单位成本×完工产品产量

③ 逐步结转分步法。逐步结转分步法也称顺序结转分步法，它是按照产品连续加工的先后顺序，根据生产步骤所汇集的成本、费用和产量记录，计算自制半成品成本，自制半成品成本随着半成品在各加工步骤之间移动而顺序结转的一种方法。按产品的生产步骤先计算半成品成本，再随实物依次逐步结转，最终计算出产成品成本。即从第一步骤开始，先计算该步骤完工半成品成本，并转入第二步骤，加上第二步骤的加工费用，算出第二步骤半成品成本，再转入第三步骤，依此类推，到最后步骤算出完工产品成本。

逐步结转分步法下，半成品成本结转方式有两种，即综合结转和分项结转。综合结转法，是指各生产步骤耗用上一步骤的半成品成本，以其综合成本(不分成本项目)记入下一步骤成本计算单中的“直接材料”项目，或是设立“半成品”项目。采用综合结转法结转半成品成本时，可按实际成本结转，也可按计划成本结转。分项结转法是将各生产步骤所耗上一步骤的半成品成本，按其成本项目分别记入各生产步骤产品生产成本计算单相同的成本项目内，以计算按成本项目反映的各步骤产品生产成本的方法。采用这种方法时，如果半成品是通过半成品库收发，其自制半成品明细账还必须按成本项目设专栏登记。分项结转，可以按实际成本结转，也可以按计划成本结转，然后按成本项目分项调整成本差异。由于后一种作法计算工作量较大，因而一般多采用按实际成本分项结转的方法。

逐步结转分步法适用于大量大批连续式复杂生产的企业。这种企业不仅将产成品作为商品对外销售,而且生产步骤所产半成品也经常作为商品对外销售。例如,纺织厂的棉纱,钢铁厂的生铁、钢锭等,都需要计算半成品成本。

(5) 适用范围。分步法适用于连续、大量、多步骤生产的制造企业,如冶金、水泥、纺织、酿酒、砖瓦等企业。这些企业,从原材料投入到产品完工,要经过若干连续的生产步骤,除最后一个步骤生产的是产成品外,其他步骤生产的都是完工程度不同的半成品。这些半成品,除少数可能出售外,都是下一步骤加工的对象。因此,应按步骤、按产品品种设置产品成本明细账,分别成本项目归集生产费用。凡能直接计入某一步骤某种产品的生产费用,都应直接记入其成本明细账;不能直接计入的,先按生产步骤归集,然后按照一定标准在该步骤各种产品之间分配记入。由于连续生产,要定期计算产品成本,同时一般在各个生产步骤都有在产品,因此要按月将各步骤各产品所归集的生产费用在完工产品(半成品或产成品)和在产品之间按约当产量、定额耗用量等标准进行划分,然后计算出产成品成本。如各步骤按产品类别归集生产费用,还须进一步按规定的系数、定额成本等标准,按各类成本在同类中各种产品间分配,计算各种产品成本。

4. ABC 成本法

从 20 世纪 70 年代开始,在一些发达国家开始研究采用作业成本法(ABC 法)进行成本核算。现在这种方法已经被很多国家采用。它是一种将制造费用等间接费用不按传统的(以车间为费用归集和分配对象)方法,而是以"作业"为费用归集和分配的方法,它能够更加合理地分配间接费用,使成本的核算更加合理。由于它只是间接费用的一种分配方法,因此,企业实际上还要结合其他基本核算方法共同使用。

成本管理系统能够满足企业成本核算的各种方法的需求,但是,由于各个企业的成本核算还有许多具体的、特殊的要求,有的企业的随意性还比较大。建议企业在成本核算中,选择适当的成本核算方法,并规范成本核算过程,减少随意性,一旦确定一种成本核算方法之后,不要随意改变。

(二) 成本核算的辅助方法

1. 分类法

分类法是先将产品按一定标准分为若干类别,按类别归集生产费用,计算出每类产品的成本;然后再按一定标准将每类产品的成本分配给类内各种产品,从而计算出每一种产品成本的一种产品成本计算方法。分类法不是一种独立的成本计算方法,它是在成本计算基本方法的基础上,为简化核算而采用的一种成本计算的辅助方法。它必须与产品成本计算的基本方法结合使用。通常它是与品种法结合使用的。

分类法主要适用于生产的产品种类、规格繁多但可以对产品按一定标准进行分类的企业。生产的产品种类、规格繁多的企业,如果按照产品的品种归集生产费用,成本计算的工作量过大。在这种情况下,可以先按一定标准将产品进行分类,按产品类别来归集生产费用。这就形成了产品成本计算的分类法。

2. 定额法

定额法是指以产品品种或批次作为成本计算对象,根据产品的实际产量,计算产品的定额生产费用以及实际脱离定额的差异,用完工产品的定额成本加减定额差异与定额变动的差异,从而计算出完工产品的成本和在产品成本的一种方法。一般适用于产品已经定型,产品品种比较稳定,各项定额比较齐全、准确,原始记录健全的企业。

二、成本核算的基本方法实例

(一) 品种法实例

详见本章第二节“成本核算简例”。

(二) 分批法实例

【例 10-9】甲工厂按照购货单位的要求,小批生产 A、B 产品,采用分批法计算产品成本。该厂 8 月份投产 A 产品 50 件,批号为 801, 9 月份全部完工;9 月份投产 B 产品 40 件,批号为 901,当月完工 30 件,已交货,还有 10 件尚未完工。材料在生产时一次投入。901 批 B 产品在产品约当产量计算表如表 10-6 所示。

表 10-6　901 批 B 产品在产品约当产量计算表

工序	月末在产品数量/件	在产品完工程度
1	2	15%
2	2	25%
3	6	70%
合计	10	

材料在生产开始时一次性投入。各种成本的归集和分配过程略。

要求:将 801 批和 901 批产品成本计算单(表 10-7 和表 10-8)填写完整。

解析:801 批产品成本计算如下:

结转产成品成本＝8 月月末成本余额＋9 月份发生生产成本

单位成本＝产成品成本 /50 件

表 10-7　产品成本计算单

批号:801　　产品名称:A 产品　　开工日期:8 月 15 日

委托单位:××公司　　批量:50 件　　完工日期:9 月 15 日　　单位:元

项　　目	直接材料成本	直接人工成本	制造费用	合　计
8 月月末成本余额	27 000	2 025	7 650	36 675
9 月份发生生产成本				
据材料成本分配表	10 350			10 350
据工资成本分配表		3 825		3 825
据制造费用分配表			18 000	18 000
合　　计	37 350	5 850	25 650	68 850
结转产成品成本(50 件)	37 350	5 850	25 650	68 850
单位成本	747	117	513	1 377

901 批产品成本计算如表 10-8 所示。

表 10-8 产品成本计算单

批号:901　　产品名称:B产品　　开工日期:9月1日

委托单位:××公司　　批量:40件　　完工日期:　　单位:元

项目	直接材料成本	直接人工成本	制造费用	合计
9月份发生生产成本				
据材料成本分配表	18 000			18 000
据工资成本分配表		1 750		1 750
据制造费用分配表			4 550	4 550
合计	18 000	1 750	4 550	24 300
结转产成品成本(30件)	13 500	1 500	3 900	18 900
单位成本	450	50	130	630
月末在产品成本	4 500	250	650	5 400

其中:材料成本按完工产品产量和在产品数量作为比例进行分配。

完工产品应负担的材料成本=[18 000/(30+10)]×30=13 500(元)

在产品应负担的材料成本=[18 000/(30+10)]×10=4 500(元)

其他生产成本按约当产量比例进行分配。

(1) 计算901批B产品在产品约当产量,如表10-9所示。

表 10-9 B产品约当产量计算表

工序	完工程度	在产品/件		完工产品/件	产量合计/件
	①	②	③=①×②	④	⑤=③+④
1	15%	2	0.3		
2	25%	2	0.5		
3	70%	6	4.2		
合计		10	5	30	35

(2) 直接人工成本按约当产量法分配。

完工产品应负担的直接人工成本=[1 750/(30+5)]×30=1 500(元)

在产品应负担的直接人工成本=[1 750/(30+5)]×5=250(元)

(3) 制造费用按约当产量法分配:

完工产品应负担的制造费用=[4 550/(30+5)]×30=3 900(元)

在产品应负担的制造费用=[4 550/(30+5)]×5=650(元)

将各项成本分配结果计入901批B产品成本计算单,即可计算出B产品的产品成本和月末在产品成本。

(三) 分步法实例

在实际工作中,根据成本管理对各生产步骤成本资料要求的不同(即是否要求计算半成品成本)和简化核算的要求,各生产步骤成本的计算和结转,一般采用逐步结转和平行结转两种方法。

1. 逐步结转分步法实例

【例 10-10】 某公司 20×2 年 7 月份生产甲产品,生产过程分为三个步骤,第一步骤投入原材料后生产 A 半成品,交第二步骤生产 B 半成品,再交第三步骤加工成甲产成品,原材料在第一步骤开始生产时一次投入,各步骤的加工程度逐步发生,各步骤月末在产品的完工程度均为 50%,该企业采用综合逐步结转分步法计算产品成本,自制半成品通过半成品库收发,发出自制半成品的计价采用加权平均法。有关资料如表 10-10、表 10-11、表 10-12 所示。

表 10-10　产量资料　　单位:件

项　目	月初在产品	本月投入	本月完工	月末在产品
第一步骤	50	300	240	110
第二步骤	30	250	200	80
第三步骤	80	190	250	20

表 10-11　期初在产品成本　　单位:元

项　目	直接材料	自制半成品	直接人工	制造费用	合　计
第一步骤	3 500		690	1 400	5 590
第二步骤		4 190	430	1 380	6 000
第三步骤		18 250	7 100	3 950	29 300
合　计	3 500	22 440	8 220	6 730	40 890

表 10-12　本月生产费用　　单位:元

项　目	直接材料	直接人工	制造费用	合　计
第一步骤	28 000	5 800	9 810	43 610
第二步骤		10 850	10 620	21 470
第三步骤		21 500	19 450	40 950
合　计	28 000	38 150	39 880	106 030

期初库存:A 半成品月初库存 60 件,实际成本 8 700 元,B 半成品月初无库存。

要求:将归集在各步骤成本计算单中的生产费用,采用约当产量法在各步骤的本月完工产品和月末在产品之间进行分配,并计算出完工产品和月末在产品成本。

解析：

表 10-13 第一步骤基本生产成本明细账

车间名称：第一步骤　　　　完工产量：240 件

产品名称：A 半成品　　　　20×2 年 7 月　　　　单位：元

项　目	直接材料	直接人工	制造费用	合　计
月初在产品成本	3 500	690	1 400	5 590
本月生产费用	28 000	5 800	9 810	43 610
合　计	31 500	6 490	11 210	49 200
单位产品成本	90	22	38	150
完工半成品成本	21 600	5 280	9 120	36 000
月末在产品成本	9 900	1 210	2 090	13 200

（1）根据表 10-13，第一步骤成本计算：

直接材料费用分配率 = 31 500 ÷ (240 + 110) = 90

直接人工费用分配率 = 6 490 ÷ (240 + 110 × 50%) = 22

制造费用分配率 = 11 210 ÷ (240 + 110 × 50%) = 38

根据完工入库半成品成本，作如下会计分录，半成品明细分类账如表 10-14 所示。

借：自制半成品——A 半成品　　　　36 000

　贷：生产成本——基本生产成本——A 半成品　　　　36 000

表 10-14 半成品明细分类账

名称：A 半成品　　　　金额单位：元

摘　要	收　入			发　出			结　存		
	数量/件	单价	金额	数量/件	单价	金额	数量/件	单价	金额
期初余额							60	145	8 700
一车间交库	240	150	36 000						
二车间领用				250	149	37 250	50	149	7 450

表 10-15 第二步骤基本生产成本明细账

车间名称：第二步骤　　　　完工产量：200 件

产品名称：B 半成品　　　　20×2 年 7 月　　　　单位：元

项　目	自制半成品	直接人工	制造费用	合　计
月初在产品成本	4 190	430	1 380	6 000
本月生产费用	37 250	10 850	10 620	58 720
合　计	41 440	11 280	12 000	64 720
单位产品成本	148	47	50	245
完工半成品成本	29 600	9 400	10 000	49 000
月末在产品成本	11 840	1 880	2 000	15 720

(2) 根据表 10-15,第二步骤成本计算:

直接材料费用分配率=41 440÷(200+80)=148

直接人工费用分配率=11 280÷(200+80×50%)=47

制造费用分配率=12 000÷(200+80×50%)=50

根据完工入库半成品成本,作如下会计分录,半成品明细分类账如表 10-16 所示。

借:自制半成品——B 半成品　　49 000

　　贷:生产成本——基本生产本——B 半成品　　49 000

表 10-16　半成品明细分类账

名称:B 半成品　　金额单位:元

摘　要	收　入			发　出			结　存		
	数量/件	单价	金额	数量/件	单价	金额	数量/件	单价	金额
期初余额									
二车间交库	200	245	49 000						
三车间领用				190	245	46 550	10	245	2 450

(3) 根据表 10-17,第三步骤成本计算:

直接材料费用分配率=64 800÷(250+20)=240

直接人工费用分配率=28 600÷(250+20×50%)=110

制造费用分配率=23 400÷(250+20×50%)=90

根据完工入库产成品成本,作如下会计分录:

借:库存商品——甲产品　　110 000

　　贷:生产成本——基本生产本——B 半成品　　110 000

表 10-17　第三步骤基本生产成本明细账

产品名称:甲产成品　　20×2 年 7 月　　单位:元

项　目	自制半成品	直接人工	制造费用	合　计
月初在产品成本	18 250	7 100	3 950	29 300
本月生产费用	46 550	21 500	19 450	87 500
合　计	64 800	28 600	23 400	116 800
单位产品成本	240	110	90	440
完工半成品成本	60 000	27 500	22 500	110 000
月末在产品成本	4 800	1 100	900	6 800

2. 平行结转分步法实例

【例 10-11】某公司生产乙产品,需经过三个车间连续加工制成,第一车间生产 D 半成品,直接转入二车间加工制成 H 半成品,H 半成品直接转入三车间加工成乙产成品。其中,1 件乙产品耗用 1 件 H 半成品,1 件 H 半成品耗用 1 件 D 半成品。原材料于第一车间生产开始时一次投入,第二车间和第三车间不再投入材料。各车间月末在产品完工率均为50%。各车间生产费用在完工产品和在产品之间的分配采用约当产量法。

(1) 本月各车间产量资料如表10-18所示。

表10-18 各车间产量资料表 单位:件

摘　要	第一车间	第二车间	第三车间
月初在产品数量	20	50	40
本月投产数量或上步转入	180	160	180
本月完工产品数量	160	180	200
月末在产品数量	40	30	20

(2) 各车间月初在产品成本及本月生产费用资料如表10-19所示。

表10-19 各车间月初在产品成本及本月生产费用 单位:元

摘　要		直接材料	直接人工	制造费用	合 计
第一车间	月初在产品成本	1 000	60	100	1 160
	本月的生产费用	18 400	2 200	2 400	23 000
第二车间	月初在产品成本		200	120	320
	本月的生产费用		3 200	4 800	8 000
第三车间	月初在产品成本		180	160	340
	本月的生产费用		3 450	2 550	6 000

该企业采用平行结转分步法计算产品成本。

解析:下面采用平行结转分步法计算乙产品的生产成本,计算过程如下:

(1) 编制各生产步骤的约当产量计算表,如表10-20所示。

表10-20 各生产步骤的约当产量计算表 单位:元

摘　要	直接材料	直接人工	制造费用
第一车间步骤的约当产量	290 (200+40+30+20)	270 (200+40×50%+30+20)	270
第二车间步骤的约当产量	250 (200+20+30)	235 (200+30×50%+20)	235
第三车间步骤的约当产量	220 (200+20)	210 (200+20×50%)	210

(2) 编制各生产步骤的成本计算单,如表10-21、表10-22、表10-23所示。

表 10-21 产品成本计算单

车间:第一车间　　品名:乙产品(D 半成品)　　单位:元

摘　要	直接材料	直接人工	制造费用	合　计
月初在产品成本	1 000	60	100	1 160
本月发生费用	18 400	2 200	2 400	23 000
合　计	19 400	2 260	2 500	24 160
第一步骤的约当产量	290	270	270	
分配率	66.90	8.37	9.26	
应计入产成品成本份额	13 380	1 674	1 852	16 906
月末在产品成本	6 020	586	648	7 254

表 10-22 产品成本计算单

车间:第二车间　　品名:乙产品(H 半成品)　　单位:元

摘　要	直接人工	制造费用	合　计
月初在产品成本	200	120	320
本月发生费用	3 200	4 800	8 000
合　计	3 400	4 920	8 320
第二步骤约当产量	235	235	
分配率	14.47	20.94	
应计入产成品成本份额	2 894	4 188	7 082
月末在产品成本	506	732	1 238

表 10-23 产品成本计算单

车间:第三车间　　品名:乙产品　　单位:元

摘　要	直接人工	制造费用	合　计
月初在产品成本	180	160	340
本月发生费用	3 450	2 550	6 000
合　计	3 630	2 710	6 340
第三步骤约当产量	210	210	
分配率	17.29	12.90	
应计入产成品成本份额	3 458	2 580	6 038
月末在产品成本	172	130	302

(3) 编制产品成本汇总表,如表 10-24 所示。

表 10-24 产品成本汇总计算表

产品名称:乙产品　　　　单位:元

项　目	数　量	直接材料	直接人工	制造费用	总成本	单位成本
第一车间		13 380	1 674	1 852	16 906	84.53
第二车间			2 894	4 188	7 082	35.41
第三车间			3 458	2 580	6 038	30.19
合　计	200	13 380	8 026	8 620	30 026	150.13

根据产品成本汇总计算表和产成品入库单,编制结转完工入库产品生产成本的会计分录如下:

借:库存商品——乙产品　　30 026
　贷:生产成本——第一车间　　16 906
　　　　　　——第二车间　　7 082
　　　　　　——第三车间　　6 038

【相关知识介绍】

成本核算包含的内容较多,是成本会计研究的内容。本章中介绍的成本核算方法仅仅是典型的基本生产部门的成本核算。对于制造业而言,除了基本生产费用核算以外,还有辅助生产,即为基本生产和企业经营管理服务而进行的产品生产和劳务供应,前者如工具、模型、包装物等的生产;后者如供水、供电、供气、机修等。有时也对外销售,但不是辅助生产的主要任务。

辅助生产费用必须按部门进行归集与核算,并将其分配计入各受益对象,成为产品成本和经营管理费用的组成部分。辅助生产费用归集程序有两种,一种是辅助生产车间发生的费用较大时,应通过"制造费用"账户归集,然后再转入"生产成本——辅助生产成本"账户,即计入辅助生产产品或劳务的成本。如果数额小,且都是对内提供劳务,则直接计入"生产成本——辅助生产成本"账户。

辅助生产车间的生产费用,包括本车间发生的直接材料、直接人工和其他费用,以及其他辅助生产部门转入的费用;辅助生产车间的劳务和作业成本,应当根据车间提供的劳务、作业量分配给各受益单位;辅助生产车间为提供劳务、作业而发生的费用,应加上其他辅助生产车间分配进来的费用,减去分配给其他辅助生产车间的费用,然后全部分配给基本生产车间和管理部门,以及其他的受益单位。

分配辅助生产费用的方法有:直接分配法、一次交互分配法、计划成本分配法、代数分配法和顺序分配法等。

本章小结

成本核算，主要是对生产经营过程的中心环节——生产阶段的核算，也就是对生产的产品进行成本计算。成本计算可以分为三个基本步骤：①生产费用的归集；②间接生产费用的分配；③生产成本在已完工和未完工产品之间的分配。

直接生产费用的归集是指与产品生产直接相关的费用的归集，主要包括直接材料费用、直接工资费用等。通常，费用的承担原则是“谁受益谁承担”。若材料领用时就能够确认是生产产品耗用的材料物资，应在“生产成本——直接材料”账户归集；直接从事产品制造的生产工人的薪酬费用，应在“生产成本——直接人工”账户归集。

间接费用的归集是指和企业生产的产品有关，但在发生时不能直接确定所归属的具体产品，不能根据结算凭证直接计入产品生产成本的费用，如生产车间发生的机物料消耗、水电费、设备折旧费、修理费、工具的摊销费、管理人员的薪酬等等，一般先在“制造费用”账户归集。月末，按适当的标准将其分配计入到有关产品的成本，其分配标准可以按生产工人工资额的比例进行分配，也可以按生产工时比例进行分配。

产品完工，根据每一种产品发生的直接材料、直接人工、分配计入的制造费用等成本项目的合计，计算完工产品成本。

成本核算的方法有品种法、分批法、分步法。

思考题

1. 产品成本由哪几项费用构成？
2. 什么是直接费用？如何归集？
3. 何谓间接生产费用？其核算内容有哪些？
4. 如何进行间接生产费用的分配？
5. 如何结转完工产品的成本？

核 算 题

1. 目的:练习产品成本的核算

2. 资料:A公司20×5年6月份发生如下经济业务:

(1) 1日,领用甲原材料100 000元,其中用于M产品60 000元,N产品30 000元,车间一般耗用5 500元,管理部门耗用4 500元。

(2) 2日,生产车间领用乙原材料60 000元,其中用于M产品40 000元,N产品20 000元。

(3) 8日,开出转账支票,支付车间设备修理费600元,直接计入当期车间费用。

(4) 10日,开出现金支票,支付水电费1 200元,其中,管理部门水电费300元,车间水电费900元。

(5) 15日,生产车间领用一批工具,价值为200元。这批工具预计可使用4个月。企业采用一次摊销法进行核算。

(6) 20日,根据"职工薪酬结算汇总表"分配工资费用24 000元。其中,生产工人工资18 000元(M产品生产工人工资12 000元,N产品生产工人工资6 000元),车间管理人员工资2 500元,公司管理人员工资3 500元。

(7) 20日,根据"职工薪酬结算汇总表"计提职工福利费。假定职工福利费的提取比例为工资总额的14%。

(8) 29日,根据折旧费用计算表,计提本月固定资产折旧40 000元。其中,管理部门车辆折旧16 000元,车间设备折旧24 000元。

(9) 月末,M、N产品全部完工,验收入库。

3. 要求:

(1) 根据以上资料,编制各项业务的会计分录。

(2) 计算制造费用的分配率(按工时比例,M产品的生产工时为240小时,N产品的生产工时为160小时)。

(3) 计算M、N产品的成本。

第十一章　经营成果的计算与分配

企业经过一定时期的生产经营活动，即完成了供、产、销一个生产经营循环，要对整个企业的经营成果进行结算，以便明确本会计期间的所得与所费，最终确认企业的盈利或亏损。同时，对于企业取得的盈利，除了按规定缴纳所得税外，还应在留存和分配上做出安排。

第一节　经营成果的计算

经营成果是指企业在一定会计期间所取得的利润。利润通常分为营业利润、利润总额和净利润。

一、营业利润

营业利润是企业在销售商品、提供劳务等日常活动中所产生的利润。即按照配比原则，企业日常活动的收入抵减相应的支出的余额。它是企业一定时期经营成果的主要来源，直接反映企业经营的成败。其计算公式为：

营业利润＝营业收入－营业成本－税金及附加－销售费用－管理费用－研发费用
－财务费用＋其他收益±投资收益±公允价值变动收益
－信用减值损失－资产减值损失±资产处置收益

（一）营业收入

营业收入是指企业在从事销售商品、提供劳务等日常活动中所产生的收入，是主营业务收入与其他业务收入之和。主营业务收入因行业的不同其包括的内容也有差别：如制造业是指销售商品、自制半成品、代制品、代修品、提供工业性劳务等收入；商品流通企业是指销售商品、代销等收入；其他行业是指服务业务收入等。其他业务收入是指企业在日常生产经营过程中发生的除主营业务以外的各项附营业务收入，主要包括材料销售、包装物出租等收入。其他业务在企业生产经营中占次要地位，发生的次数较少，金额不大。营业收入计算公式为：

营业收入＝主营业务收入＋其他业务收入

【例 11-1】甲企业 20×9 年 6 月，对外提供运输劳务，收入 327 000 元(含税)，已收到现金支票。假定：①甲企业是运输企业；②甲企业是制造企业。

要求：根据以上经济业务，编制有关的会计分录。

(1) 甲企业是运输企业。

解析：无论是运输企业，还是制造业，都应计算并缴纳增值税。交通运输业适用的增值税税率为 9%。

计算应缴纳的增值税：

$$327\,000\div(1+9\%)\times9\%=27\,000(\text{元})$$

提供运输服务是运输企业的主营业务，因此，取得的运输收入应增加企业的“主营业务收入”并增加“应交税费”负债，同时增加资产“银行存款”。编制会计分录如下：

借：银行存款　　327 000
　贷：主营业务收入　　300 000
　　应交税费——应交增值税(销项税额)　　27 000

(2) 甲企业是制造企业。

解析：运输服务对于从事产品制造生产的企业来说是非主营业务，其收入应增加企业“其他业务收入”并增加“应交税费”负债，同时增加资产“银行存款”。编制会计分录如下：

借：银行存款　　327 000
　贷：其他业务收入　　300 000
　　应交税费——应交增值税(销项税额)　　27 000

(二) 营业成本

营业成本是指企业在从事销售商品、提供劳务等日常活动中所产生的与营业收入相配比的成本支出，是主营业务成本与其他业务成本之和。其计算公式为：

营业成本＝主营业务成本＋其他业务成本

(三) 减值损失

1. 信用减值损失

信用减值损失是指按照金融工具准则要求计提的各项金融工具减值准备所形成的预期信用损失，如应收账款等减值损失。

在预期信用损失法下，减值准备的计提不以减值的实际发生为前提，而是以未来可能的违约事件造成的损失的期望值来计量当前(资产负债表日)应当确认的减值准备。

信用减值损失的核算详见第五章第六节“坏账损失的核算”。

2. 资产减值损失

资产减值损失是指企业由于各项资产减值而产生的损失。如存货、固定资产、无形资产等发生的减值损失等。企业应设置“资产减值损失”账户，用于核算企业计提各项资产减值准备所形成的损失。该账户属于损益支出类，其具体核算内容如表 11-1 所示。

表 11-1　资产减值损失

借方	贷方
发生的资产减值损失增加	资产减值损失减少
月末余额： 反映企业的累计减值损失	

注:年末,将其累计净额从本账户贷方转入"本年利润"账户借方,结转后,此账户应无余额。

"资产减值损失"账户,企业可按资产减值损失的项目进行核算。

【例 11-2】根据【例 7-12】,采用成本与可变现净值孰低进行存货的期末计量,按单项比较法计算,期末存货成本为 9 700 元,可变现净值为 9 600 元,成本高于可变现净值,应计提减值准备,计入资产减值损失。编制会计分录如下:

借:资产减值损失——存货　　100

　贷:存货跌价准备　　100

(四) 公允价值变动损益

公允价值变动损益是指企业交易性金融资产等公允价值变动形成的应计入当期损益的利得(减去损失)。企业应设置损益收入类账户"公允价值变动损益"进行核算。其具体核算内容如表 11-2 所示。

表 11-2　公允价值变动损益

借方	贷方
公允价值变动形成的损失	公允价值变动形成的收益
	月末余额: 反映企业的累计净收益

注:年末,将其累计净额从本账户转入"本年利润"账户,结转后,此账户应无余额。

"公允价值变动损益"账户,企业可按投资类别进行明细核算。

【例 11-3】20×5 年 8 月 10 日,甲公司用暂时闲置的资金购入股票 10 000 股,市价为每股 5.80 元,相关税费为 480 元,甲公司用存出投资款支付 58 480 元。20×5 年 12 月 31 日,该公司持有的股票市价为 61 000 元。20×6 年 1 月 6 日,公司将该股票出售,市价为每股 6.5 元,相关税费为 550 元。请编制甲公司购入股票、年末调整和出售的会计分录。

解析:(1) 购入时。

借:交易性金融资产——成本　　58 000

　投资收益　　480

　贷:其他货币资金——存出投资款　　58 480

(2) 年末调整时。

企业持有的交易性金融资产,按规定:在资产负债表日应按该项资产的公允价值调整其账面价值。此例中,股票年末的公允价值为 61 000 元,高于其账面价值 58 000 元,差额 3 000 元应同时记入"交易性金融资产——公允价值变动"和"公允价值变动损益"账户(后者反映的是账面损益)。编制会计分录如下:

借:交易性金融资产——公允价值变动　　3 000

　贷:公允价值变动损益　　3 000

(3) 出售时。

交易性金融资产出售,实际收到价款 64 450(65 000 − 550)元,增加存出投资款;减少交易性金融资产账户总额 61 000(58 000 + 3 000)元,即成本和公允价值变动之和,两者之间的差额计入投资收益。编制会计分录如下：

借：其他货币资金——存出投资款　　64 450

　贷：交易性金融资产——成本　　58 000

　　　　　　　　　——公允价值变动　　3 000

　　投资收益　　3 450

注："营业利润"计算公式中的"研发费用""其他收益"项目反映的内容，详见第十二章第三节"利润表"。

二、利润总额

利润总额是企业日常活动中所产生的营业利润与非日常活动产生的利得（减损失）的合计。其计算公式为：

利润总额＝营业利润＋营业外收入－营业外支出

营业外支出是指企业发生的与其生产经营活动无直接关系的各项支出，即损失，包括非流动资产毁损报废损失、公益性捐赠支出、非常损失、盘亏损失等。

营业外收入是指企业发生的与其生产经营活动无直接关系的各项收入，即利得，包括与企业日常活动无关的政府补助、盘盈利得、捐赠利得等。

三、净利润

净利润是企业一定时期取得的利润总额扣除按税法规定计算的当期所得税费用后的余额。其计算公式如下：

净利润＝利润总额－所得税费用

第二节　利润总额的核算

利润总额是企业一定期间实现的盈利（或亏损）总额，按会计期间划分，利润总额一般可分为月度利润总额和年度利润总额。月度利润总额的计算和结转，可以采用"账结法"也可以采用"表结法"。年度利润总额的计算和结转，必须采用"账结法"。

一、账结法

所谓"账结法"，就是不论月度还是年度都通过"本年利润"账户进行核算。

"本年利润"账户，属于所有者权益类，用于核算企业本期实现的净利润，其具体核算内容如表 11-3 所示。

表 11-3 本年利润

借方	贷方
期末转入的各项损益支出	期末转入的各项损益收入
月末借方余额： 反映本月的累计净损失	月末贷方余额： 反映本月的累计净收益

注：年末，如“本年利润”账户有贷方余额（即净收益），应从其账户的借方转入“利润分配——未分配利润”账户的贷方；反之，如“本年利润”账户有借方余额（即净损失），则应从其账户的贷方转入“利润分配——未分配利润”账户的借方。

账结法的具体做法是：每月月末，将所有损益类账户的余额分别转入“本年利润”账户。其中，损益收入类账户的余额转入“本年利润”账户的贷方，损益支出类账户的余额转入“本年利润”账户的借方，结转后，所有损益类账户月末均没有余额，而“本年利润”账户既可能出现贷方余额，也可能出现借方余额。“本年利润”账户的贷方余额表示本月累计实现的净利润，“本年利润”账户的借方余额表示本月累计发生的亏损总额。

下面以 W 公司 20×5 年 10 月份发生的各项经济业务为例，说明利润总额的计算与结转的“账结法”。

【例 11-4】根据 W 公司的总账记载，20×5 年 10 月月末各损益类账户的余额如下：

账户名称	借方余额	贷方余额
主营业务收入		71 500.00
主营业务成本	41 012.40	
税金及附加	800.00	
其他业务收入		500.00
其他业务成本	400.00	
销售费用	2 680.00	
管理费用	13 811.80	
财务费用	130.00	

(1) 根据上述资料，采用“账结法”结转损益类账户[56][57]。

解析：首先，将损益收入类账户的余额，从各自账户的借方转入“本年利润”账户的贷方。应编制的会计分录如下：

借：主营业务收入　　71 500
　　其他业务收入　　500
　贷：本年利润　　72 000

其次，再将损益支出类账户的余额，从各自账户的贷方转入“本年利润”账户的借方。应编制的会计分录如下：

借：本年利润　　58 834.20
　贷：主营业务成本　　41 012.40
　　　其他业务成本　　400
　　　税金及附加　　800
　　　销售费用　　2 680

管理费用　　　　　　　　　　　　　　　　13 811.80

财务费用　　　　　　　　　　　　　　　　　　130

经过上述结转之后，各损益类账户都没有余额。则10月月末“本年利润”账户为贷方余额13 165.80元(72 000－58 834.20)，即W公司10月份实现税前利润为13 165.80元。

(2) 根据上述资料，计算并结转所得税费用[58][59]。企业适用的所得税税率为25％。

解析：企业实现的税前利润，按照税法规定应当缴纳企业所得税，则可以计算出W公司10月份应缴纳所得税：

13 165.80×25％＝3 291.45(元)

所得税费用增加应记借方，应交税费增加应记贷方。应编制的会计分录如下：

借：所得税费用　　　　　　　　　　　　3 291.45

　贷：应交税费——应交所得税　　　　　　　3 291.45

“所得税费用”账户属于损益支出类，即费用类账户，故应将其从本账户的贷方转入本年利润的借方。应编制的会计分录如下：

借：本年利润　　　　　　　　　　　　　3 291.45

　贷：所得税费用　　　　　　　　　　　　　3 291.45

结转后，“所得税费用”账户无余额。此时，“本年利润”账户的余额为9 874.35(13 165.80－3 291.45)元，即W公司10月份实现的净利润为9 874.35元。

注：所得税费用的具体核算详见本章第三节“所得税与净利润的核算”。

采用账结法，账面上能够直接反映各个月末累计实现的税后利润总额或累计发生的亏损总额，但每月结转本年利润的工作量较大。

二、表结法

所谓“表结法”，就是每月结账时，通过编制月度利润表计算出本月的利润总额。平时，损益类各账户的余额不需要结转到“本年利润”账户，只有年终进行决算时，才用“账结法”将损益类各账户的全年累计余额转入“本年利润”账户，并结出全年累计利润总额。

【例11-5】仍以W公司20×5年10月份发生的各项经济业务为例，说明“表结法”的应用。

解析：根据W公司的总账记录，将20×5年10月月末各损益类账户的月末余额填入利润表，直接计算出本月的净利润，无需编制会计分录，如表11-4所示。

表11-4　利润表(简表)

会企02表

编制单位：W有限责任公司　　　　20×5年10月　　　　单位：元

项　　目	本期金额	上期金额
一、营业收入	72 000.00	
减：营业成本	41 412.40	
税金及附加	800.00	
销售费用	2 680.00	

续 表

项　　目	本期金额	上期金额
管理费用	13 811.80	
研发费用	—	
财务费用	130.00	
加:其他收益	—	
投资收益(损失以"—"号填列)	—	
公允价值变动收益(损失以"—"号填列)	—	
信用减值损失(损失以"—"号填列)	—	
资产减值损失(损失以"—"号填列)	—	
资产处置收益(损失以"—"号填列)	—	
二、营业利润(亏损以"—"号填列)	13 165.80	
加:营业外收入	—	
减:营业外支出	—	
三、利润总额(亏损总额以"—"号填列)	13 165.80	
减:所得税费用	3 291.45	
四、净利润(净亏损以"—"号填列)	9 874.35	

第三节　所得税与净利润的核算

一、所得税的核算

企业应设置"所得税费用"账户,核算企业按规定计算的所得税。此账户属于损益支出类,即费用类,其具体核算内容如表 11-5 所示。

表 11-5　所得税费用

借方	贷方
按规定计算的所得税费用	期末转出的所得税费用
结转后无余额	

企业所得税一般采用平时按月或按季预交、年末汇算清缴的方法,多退少补。

企业实现的年度利润要按税法规定计算并缴纳所得税。但所得税的计算基数并不是直接根据其全年所实现的利润总额,而是按税法规定的应纳税所得额为计算基数的。其计算公式为：

应纳所得税＝应纳税所得额×所得税税率

其中，应纳税所得额不同于税前会计利润（即利润总额），它是在企业税前会计利润的基础上调整确定的。其计算公式为：

应纳税所得额＝税前会计利润＋纳税调整增加额－纳税调整减少额

(1) 纳税调整增加额主要包括两类：

① 按会计准则允许作为支出列支的项目，但按税法规定不允许列支的项目，如税收的滞纳金、罚款等。

② 按会计准则允许作为费用列支的项目，但超过税法规定的列支标准的金额，如超过税法规定标准的工资费用、业务招待费等。

(2) 纳税调整减少额主要包括按税法规定允许弥补的亏损和准予免税的项目，如前五年内未弥补亏损、国债利息收入等。

换言之，企业在计算应缴纳的所得税时，应按照税法的有关规定计算应税所得，即在会计税前利润的基础上，将税法不允许扣除而会计上作为费用支出予以扣除的项目金额补加上，将税法允许扣除而会计上作为收益的项目金额扣减掉。调整后的金额，即为应纳税所得额。

【例 11-6】 假定B公司12月份实现利润总额为500 000元。其中投资收益中有20 000元为国债利息收入，管理费用中有超支的业务招待费10 000元，核定计税工资为100 000元，实发工资为120 000元。

要求：(1) 计算12月份应纳税所得额和应纳所得税（企业适用的所得税税率为25%）。

(2) 编制所得税的计算和结转的会计分录。

解析：(1) 按税法规定：在会计税前利润基础上，业务招待费超支和实发工资超支部分应调增应纳税所得额，国债利息收入应调减应纳税所得额。故：

应纳税所得额＝500 000－20 000＋10 000＋(120 000－100 000)
　　　　　　＝510 000(元)

应纳所得税＝510 000×25%＝127 500(元)

(2) 计算所得税的会计分录如下：

借：所得税费用　　　　127 500
　贷：应交税费——应交所得税　　　　127 500

由于“所得税费用”账户属于损益支出类，故应将其从本账户的贷方转入“本年利润”账户的借方。其结转所得税费用的会计分录如下：

借：本年利润　　　　127 500
　贷：所得税费用　　　　127 500

二、净利润的核算

净利润是企业的利润总额扣除所得税费用后的余额。它是企业在一定期间生产经营活动的最终成果,也是企业一定期间全部收入与全部费用配比的结果。

(一)净利润的计算

企业的净利润,一般按以下公式计算:

净利润=利润总额-所得税费用

=利润总额-应纳税所得额×所得税税率

假定没有纳税调整项目,企业的净利润计算公式如下:

净利润=利润总额×(1-所得税税率)

(二)净利润的结转

通常,企业实现的净利润(即“本年利润”账户的期末余额),在会计期末应从“本年利润”账户的借方转入“利润分配——未分配利润”账户的贷方。结转后,“本年利润”账户应无余额。

“利润分配——未分配利润”账户,属于所有者权益类,是“利润分配”账户的二级明细账户,用于核算净利润的来源渠道和分配去向。其具体核算内容如表 11-6 所示。

表 11-6 利润分配——未分配利润

借方	贷方
分配的净利润	转入的净利润
借方余额: 历年累计的未弥补亏损	贷方余额: 历年积存的未分配利润

【例 11-7】 仍以 W 公司 10 月份的资料为例,计算并结转净利润[60]。

净利润=利润总额-所得税费用=13 165.80-3 291.45=9 874.35(元)

结转净利润的会计分录如下:

借:本年利润　　9 874.35

　贷:利润分配——未分配利润　　9 874.35

第四节 利 润 分 配

利润分配是指企业对税后利润按规定的程序进行的分配。企业税后利润分配的内容主要包括弥补以前年度亏损(按税法规定超过税前弥补期限的部分)、提取盈余公积和向投资者分配利润等。

一、账户的设置

企业应设置“利润分配”账户，用于核算企业利润的分配（或亏损的弥补）和历年利润分配（或弥补）后的积存余额。此账户属于所有者权益类。其具体核算内容如表 11-7 所示。

表 11-7　利润分配

借方	贷方
分配的净利润	用于分配的资金来源
借方余额： 历年累计的未弥补亏损	贷方余额： 历年积存的未分配利润

为了能够清楚地反映企业用于分配的资金来源及企业净利润的流向，企业应当设置以下明细账户：

（1）盈余公积补亏。

（2）提取法定盈余公积。

（3）提取任意盈余公积。

（4）应付现金股利或利润。

（5）转作股本的股利。

（6）未分配利润。

期末，除“利润分配——未分配利润”二级账户有余额外，其他所有二级账户均没有余额。

二、利润分配的核算

（一）企业本年度盈利

按照有关法规的规定，企业当年实现利润，应当按照税后利润的 10% 提取法定盈余公积金，法定盈余公积金累计额达到公司注册资本的 50% 以上时，可以不再提取。在提取法定盈余公积金后，经股东大会决议，还可以从税后利润中提取任意盈余公积金。

1. 提取盈余公积

企业的税后利润在弥补以前年度亏损以后，如果还有剩余，应按规定的比例计提盈余公积。企业用税后利润弥补以前年度亏损不需要进行特别的会计处理。

【例 11-8】假定 M 公司 20×5 年度实现税后利润为 100 000 元，公司股东会决定按当年税后利润的 10%、5% 分别提取法定盈余公积和任意盈余公积。请根据以上资料，编制 M 公司相应的会计分录。

解析：

提取的法定盈余公积＝100 000×10%＝10 000（元）

提取的任意盈余公积＝100 000×5%＝5 000（元）

由于提取的法定盈余公积和任意盈余公积属于企业的留存收益，应在所有者权益类账户中的“盈余公积”账户核算。盈余公积增加，记贷方；利润分配减少，记借方。其会计分录如下：

借：利润分配——提取法定盈余公积　　10 000
　　　　　　——提取任意盈余公积　　5 000
　贷：盈余公积——法定盈余公积　　10 000
　　　　　　　——任意盈余公积　　5 000

注："盈余公积"账户，属于所有者权益类，用于核算企业盈余公积金的提取、使用及结存情况。其具体核算内容如表 11-8 所示。

表 11-8　盈余公积

借方	贷方
盈余公积金的使用(包括弥补亏损、转增资本或分配股利)	按规定从净利润中提取的金额
	贷方余额： 反映提取的盈余公积余额

企业应按净利润的一定比例提取盈余公积，并应设置二级明细账户"法定盈余公积""任意盈余公积"进行明细核算。

2. 盈余公积金的用途

企业的法定盈余公积金和任意盈余公积金可以用于弥补亏损、转增资本或分配股利。

(1) 弥补亏损。企业发生的亏损，可在盈利后的五年内用税前利润弥补，超过五年仍未弥补的亏损，则必须用以后年度的税后利润弥补或用盈余公积弥补。

(2) 转增资本。与资本公积相同，企业按规定办理增资手续后，可将法定盈余公积和任意盈余公积转作实收资本或股本。但法定盈余公积转增资本后，留存的公积金数额不得低于转增资本前注册资本的 25%。

(3) 分配股利。经股东大会决议，企业可按规定用盈余公积发放现金股利或股票股利。

【例 11-9】假定 M 公司决定用法定盈余公积金 20 000 元转增资本。假定 M 公司投资人甲公司和乙公司的出资比例分别为 25%和 75%。请编制 M 公司这项业务的会计分录。

解析：由于所有者权益一增一减，其会计分录如下：

借：盈余公积——法定盈余公积　　20 000
　贷：实收资本——甲公司　　5 000
　　　　　　　——乙公司　　15 000

3. 向投资者分配利润

企业当年的税后利润在扣除弥补以前年度亏损和提取盈余公积以后的数额，再加上年初未分配利润，即为当年可以向投资者分配的利润总额。企业可以在此限额内，决定向投资者分配利润的具体数额。

【例 11-10】续【例 11-8】【例 11-9】。M 公司在提取盈余公积后，按税后利润的 40%向投资者分配的利润，请编制 M 公司分配利润的会计分录。

解析：向投资者分配利润总额＝100 000×40%＝40 000(元)。

按 M 公司投资人甲公司和乙公司的出资比例(25%：75%)进行分配。

甲公司应分得的利润＝40 000×25%＝10 000(元)

乙公司应分得的利润＝40 000×75%＝30 000(元)

由于向投资者分配的利润在实际支付之前形成企业的负债——应付股利，其增加记贷方，利润分配减少记借方，则会计分录如下：

借：利润分配——应付现金股利或利润　　40 000

　　贷：应付股利——甲公司　　10 000

　　　　　　　　——乙公司　　30 000

注："应付股利"账户，属于负债类，用于核算企业经董事会、股东大会或类似机构决议确定分配给投资者的现金股利或利润。其具体核算内容如表 11-9 所示。

表 11-9　应付股利

借方	贷方
已支付的现金股利或利润	应付的现金股利或利润的增加
	贷方余额： 企业尚未支付的现金股利或利润

续【例 11-10】。M 公司实际支付投资者利润时，负债和资产同时减少。其会计分录如下：

借：应付股利——甲公司　　10 000

　　　　　　——乙公司　　30 000

　　贷：银行存款　　40 000

4. 本年利润及利润分配的结转

【例 11-11】根据【例 11-8】【例 11-10】的资料，年末 M 公司进行本年利润及利润分配的结转。请编制 M 公司这项业务的会计分录。

解析：首先，将本年实现的净利润 100 000 元结转到"利润分配——未分配利润"账户的贷方。即：

借：本年利润　　100 000

　　贷：利润分配——未分配利润　　100 000

其次，将本期已分配的净利润结转到"利润分配——未分配利润"账户的借方。即：

借：利润分配——未分配利润　　55 000

　　贷：利润分配——提取法定盈余公积　　10 000

　　　　　　　　——提取任意盈余公积　　5 000

　　　　　　　　——应付现利股利或利润　　40 000

最后，"利润分配——未分配利润"账户的贷方金额 100 000 元抵消借方金额 55 000 元后的余额为 45 000 元，即为企业累计未分配利润。

（二）企业本年度亏损

首先，将本期发生的净损失结转到"利润分配——未分配利润"账户的借方。即：

借：利润分配——未分配利润

　　贷：本年利润

其次，若企业用盈余公积金弥补了亏损，则应将已弥补的亏损数额转入"利润分配——未分配利润"账户的贷方。即：

借：利润分配——盈余公积补亏

贷:利润分配——未分配利润

最后,“利润分配——未分配利润”账户的贷方金额与借方金额相抵后,若有借方余额,则亏损尚未弥补;若余额为零,表示亏损已弥补完毕。

【相关知识介绍】

根据《公司法》第一百六十六条“公司税后利润分配”及其解释:

公司的税后利润,是公司在一定时期内生产经营的财务成果。公司的税后利润应当按照下列顺序分配:

(1) 弥补公司的亏损。公司亏损是指在一个会计年度内,公司的盈利低于公司的全部成本、费用及其损失的总和。

(2) 提取法定公积金。公司当年的税后利润在弥补亏损后,如果仍有剩余,应当提取10%列入法定公积金。公司的法定公积金累积金额达到公司注册资本的50%后,可以不再提取。公司不得削减法定公积金的提取比例。

(3) 提取任意公积金。公司除了提取法定公积金以外,可以根据公司的实际情况,在提取了法定公积金后,由股东会或者股东大会决定另外再从税后利润中提取一定的公积金。此部分是公司自行决定提取的,不是法律强制要求的,被称为任意公积金。任意公积金提取多少,由公司自行决定。

(4) 支付普通股股利。公司税后利润在进行以上分配后,如仍有剩余,可以按确定的利润分配方案向公司的普通股股东支付股利。

法律规定公司的税后利润应当先用于弥补亏损、提取法定公积金,然后才能分配给公司的股东,以保持公司资本的稳定性,维护债权人的利益。如果公司的股东会、股东大会或者董事会违反法律的规定,在公司弥补亏损和提取法定公积金之前向股东分配利润,股东必须将违反规定分配的利润退还公司。

本章小结

经营成果是指企业在一定会计期间所取得的利润。通常分为营业利润、利润总额和净利润。营业利润是企业在销售商品、提供劳务等日常活动中所产生的利润。利润总额是企业日常活动中所产生的利润与非日常活动产生的利得(减损失)的合计。净利润是企业一定时期取得的利润总额扣除按税法规定计算的当期所得税费用后的余额。

利润总额的计算和结转,可以采用“账结法”也可以采用“表结法”。但年度利润总额的计算和结转,必须采用“账结法”。“账结法”就是不论月份或年度都通过所有者权益类账户“本年利润”进行核算。“表结法”就是每月结账时,通过编制月度利润表计算出本月的利润总额,平时,损益类各账户的余额不需要结转到“本年利润”账户。

企业实现的年度利润要按税法规定计算并缴纳所得税，应设置损益支出类账户“所得税费用”核算。所得税的计算基数是税法规定的应纳税所得额，它是在企业税前会计利润（利润总额）的基础上调整确定的。

利润分配是指企业对税后利润按规定的程序进行的分配。主要包括弥补以前年度亏损（按税法规定超过税前弥补期限的部分）、提取盈余公积和向投资者分配利润等。企业的利润分配应设置所有者权益类账户“利润分配”核算，用于反映净利润的来源渠道和分配去向。对应的账户有所有者权益类账户“盈余公积”、负债类账户“应付股利”等。盈余公积包括法定盈余公积和任意盈余公积，可以用于弥补亏损、转增资本或分配股利。

思　考　题

1. 经营成果的含义是什么？
2. 企业所得税是如何进行计算的？
3. 利润总额的计算和结转方法有哪些？
4. 盈余公积包括哪些内容？如何使用？
5. “利润分配”账户的核算内容与方法有哪些？
6. 如何计算利润形成过程？

核　算　题

一

1. **目的**：练习经营成果的计算。

2. **资料**：A公司为一般纳税人，适用的增值税税率为13%。20×9年6月份公司发生如下经济业务：

（1）销售产品400件，每件售价为260元，成本为200元，已将增值税专用发票交给购货单位。收到购货方的转账支票，并已存入银行。

（2）采用托收承付结算方式向外地销售一批产品，开出的增值税专用发票上注明售价总额100 000元、增值税税额13 000元，用银行存款代垫运杂费1 300元，已办妥托收手续。该批产品成本为65 000元。

(3) 上月售出的产品因质量问题发生退货。产品售价为10 000元,增值税税额为1 300元,成本为6 000元。退回产品已经入库,并开出支票,退还货款和增值税税款。

(4) 开出转账支票支付广告费5 000元。

(5) 用银行存款购买办公用品6 500元。

(6) 用现金支票支付商品展销费4 000元。

(7) 用库存现金支付业务招待费800元。

(8) 银行从公司账户划出当月短期借款利息1 200元。

(9) 取得捐赠收入2 000元,存入银行。

(10) 销售一批原材料。开出的增值税专用发票上注明价款5 000元、增值税税额650元。收到银行本票已存入银行。这批材料的成本为3 500元。

(11) 计算结转本月的城市维护建设税1 810.90元。

(12) 计算结转本月的教育费附加776.10元。

(13) 对外公益性捐赠支出为10 000元,已用银行存款支付。

3. **要求:**

(1) 根据以上资料,编制A公司有关的会计分录。

(2) 计算A公司本月实现的利润总额、所得税及净利润。

(3) 结转A公司损益类账户与"本年利润"账户。

注:假定除上述资料中明确开出的增值税专用发票外,其他业务涉及的均为增值税普通发票。

二

1. **目的:**练习所得税的核算。

2. **资料:**A公司20×9年度实现利润总额(税前会计利润)为800万元,本年收到的国库券利息收入为5万元;业务招待费超支2万元,实发工资超支3.5万元,公司适用的所得税税率为25%,假如本年度无其他纳税调整因素。

3. **要求:**

(1) 根据上述资料,计算A公司应缴纳的所得税。

(2) 编制A公司计算与结转所得税费用的会计分录。

三

1. **目的:**练习利润分配的核算。

2. **资料:**A公司20×8年年末的未分配利润为20万元。20×9年实现净利润120万元。公司董事会决定,按当年实现净利润的10%提取法定盈余公积,按5%提取任意盈余公积,并向投资者分配利润40万元(甲、乙投资者的出资比例分别为60%、40%)。

3. **要求:**

(1) 根据上述资料,编制A公司20×9年度有关利润分配的会计分录。

(2) 计算A公司20×9年年末的累计未分配利润。

第十二章 财务报表

第一节 财务报表概述

一、企业编制财务报表的目的

日常的会计核算中，对企业所发生的各项经济业务都已按照一定的会计程序在有关的账簿中进行了连续、系统的记录和计算，但是，各账簿只能提供某一方面的总括指标和详细指标，不能全面、概括地反映企业的财务状况、经营成果和现金流量，不能满足财务报表使用者的要求。因此，企业必须在会计账簿的基础上，进一步对日常的会计核算资料进行分类、整理、汇总，形成企业会计核算的最终成果——财务报表，从而综合地反映企业某一特定日期的财务状况，以及某一特定时期的经营成果和现金流量状况，为投资人、债权人、政府及相关机构、企业管理者、职工和社会公众等提供他们所需要的会计信息。

企业编制财务报表的目的就是为财务报表使用者提供与企业财务状况、经营成果和现金流量等有关的会计信息，反映企业管理层受托责任的履行情况，有助于使用者作出经济决策。因此，企业必须定期编制财务报表。

二、财务报表的分类

尽管企业的组织结构、业务内容和经营规模有所不同，但所有的企业都需要编制一套财务报表来报告会计信息。财务报表的分类方法很多，这里主要介绍以下几种分类方法。

(一)按服务对象，可以分为对外报表和内部报表

对外报表是企业必须定期编制、定期向上级主管部门、投资者、财税部门等报送或按规定向社会公布的报表。这是一种主要的、定期的、规范化的财务报表。它要求有统一的报表格式、指标体系和编制时间等，常见的资产负债表、利润表、现金流量表和所有者权益变动表等均属于对外报表。

内部报表是企业根据其内部经营管理的需要而编制的,供其内部管理人员使用的财务报表。它不要求统一格式,没有统一指标体系,如企业的成本报表、费用报表等。

(二)按所提供会计信息的重要性,可以分为主表和附表

主表即主要财务报表,是指所提供的会计信息比较具体、完整,能基本满足各种信息需要者的不同要求的财务报表。现行的主表主要有三张,即资产负债表、利润表和现金流量表。

附表即从属报表,是指对主表中不能或难以具体反映的一些重要信息进行补充说明的报表。

(三)按经济内容,可分为静态报表和动态报表

静态报表是指综合反映企业某一特定日期财务状况的报表,如资产负债表;动态报表是指综合反映企业一定期间的经营成果或现金流量状况的报表,如利润表、现金流量表。

(四)按报告期,可分为月度报表、季度报表、半年度报表和年度报表

月度、季度和半年度报表统称为中期财务报表。一般情况下,月度末或季度末编制的报表,主要是资产负债表和利润表。半年度报表(上市公司要求编制)和年度报表是半年度末和会计年度末应编制的报表,年度财务报表至少应当包括资产负债表、利润表、现金流量表、所有者权益变动表和附注。月度报表要求简明扼要,及时反映;年度报表要求揭示完整,反映全面;季报表和半年报表在会计信息的详细程度方面介于前两者之间。

(五)按编制的会计主体,可分为个别报表和合并报表

个别报表是指每个会计主体单独编制的财务报表,用于反映各个会计主体本身的财务状况、经营成果和现金流量状况的财务报表。

合并报表是以母公司和子公司组成的企业集团为一个会计主体,由集团公司中的母公司编制的报表。通常以母公司和子公司单独编制的个别财务报表为基础,抵销集团内部往来和关联交易部分,得出整个集团的报表数据。合并报表能够综合反映企业集团的财务状况、经营成果及其现金流量状况。

三、编制财务报表的要求

编制财务报表,有如下要求:

(1) 真实可靠,要求财务报表指标应当如实反映企业的财务状况、经营成果和现金流量。

(2) 计算准确,要求报表中的各项目数额应按规定方法正确计算填列,相关联的数据必须衔接一致,以保证报表数据之间的勾稽关系。

（3）相关可比，要求编制财务报表依据的会计方法，前后期应当遵循一致性原则，不能随意变更。如果确需改变某些会计方法，应当在财务报表附注中说明改变的原因及改变后对报表指标的影响。

（4）内容完整，要求企业应按规定的报表种类、格式、项目、内容填列报表，不能简化或遗漏，以保证报表体系反映经济内容的完整性。

（5）编报及时，要求企业应根据有关规定，按月、按季、按半年、按年及时对外报送会计报表。财务报表的报送期限，由国家统一规定。月报应于月度终了后 6 天内对外提供；季报应于季度终了后 15 天内对外提供；半年度报应于年度中期结束后 60 天内对外提供；年报应于年度终了后 4 个月内对外提供。

第二节 资产负债表

一、资产负债表的内容与结构

资产负债表是指反映企业在某一特定日期财务状况的财务报表。它是反映企业在某一特定日期资产、负债和所有者权益状况的静态财务报表。

具体来说，资产负债表是关于一个企业财务状况的记录，它表明：企业拥有什么，即资产；企业借了多少钱，即负债；企业所有者的财产有多少，即所有者权益。

资产负债表的结构有账户式和报告式两种，中国一般采用账户式。

资产负债表的账户式结构是根据“资产＝负债＋所有者权益”这一会计恒等式，按照一定的分类标准和一定的次序，把企业在某一特定时点的资产、负债和所有者权益项目予以适当的排列，按照一定的要求编制而成的。

报表左方列示的是资产项目，它表明企业在某一特定日期所拥有或控制的经济资源；右方列示的是权益项目，表明企业在某一特定日期所承担的现有义务和投资人对净资产的要求权。资产负债表的基本结构如表 12-1 所示。

表 12-1 资产负债表基本结构

会企 01

编制单位： 年 月 日 单位：元

资产项目	期末余额	年初余额	负债及所有者权益项目	期末余额	年初余额
流动资产： 非流动资产：			流动负债： 非流动负债： 所有者权益：		
资产总计			负债及所有者权益总计		

账户式资产负债表，左方列示的资产项目，按资产的流动性由大到小的顺序排列，流动资产的流动性强，排在前面，非流动资产的流动性弱，排在后面。资产项目反映了企业

在某一日期拥有或控制的经济资源及其分布情况。资产总额大说明企业规模大,充足的资产不仅是企业自身经营活动的物质基础,也是企业筹集资金的物质保证。右方列示负债和所有者权益各项目,负债一般按要求清偿时间的先后顺序排列,流动负债排列在前面,非流动负债排列在后面。负债项目反映企业在某一日期的负债总额以及结构,表明企业未来需用多少资产和劳务清偿债务,可以了解企业面临的财务风险。所有者权益按永久性程度由高到低的顺序排列,表明某一时日投资者在企业资产中所占的份额,反映所有者权益的构成情况。资产各项目的合计等于负债和所有者权益各项目的合计,达到资产负债表左方和右方平衡。

企业实际提供的资产负债表是比较资产负债表,通常,资产负债表左右两方各设"期末余额"和"年初余额"两个金额栏。其中,"年初余额"栏内各项数字,应根据上年年末资产负债表"期末余额"栏内所列数字填列。"期末余额"栏内各项数字,则根据报告期的不同,可分别用月末、季末、半年末或年末各总账账户的余额直接填列,或根据几个明细账户的余额计算分析填列。资产负债表列示"期末余额"和"年初余额"的比较资料,便于对本年度和以前年度企业财务变动状况进行对比分析。

二、资产负债表主要项目期末余额的填列方法

(1)"货币资金"项目,应根据"库存现金""银行存款""其他货币资金"账户的期末余额合计填列。

(2)"交易性金融资产"项目,反映资产负债表日企业分类为以公允价值计量且其变动计入当期损益的金融资产,以及企业持有的直接指定为以公允价值计量且其变动计入当期损益的金融资产的期末账面价值。应根据"交易性金融资产"账户的相关明细账户期末余额分析填列。

(3)"应收票据"项目,反映资产负债表日企业因销售商品、提供服务等收到的商业汇票,包括银行承兑汇票和商业承兑汇票。应根据"应收票据"账户的期末余额,减去"坏账准备"账户中相关坏账准备期末余额后的金额分析填列。

(4)"应收账款"项目,反映资产负债表日企业因销售商品、提供服务等经营活动应收取的款项。应根据"应收账款"和"预收账款"所属相关明细账户期末借方余额合计,减去"坏账准备"账户中相关坏账准备期末余额后的金额分析填列。

(5)"预付款项"项目,应根据"预付账款"和"应付账款"账户所属各明细账户的期末借方余额合计填列。

(6)" 其他应收款"项目,应根据"应收利息""应收股利"和"其他应收款"账户的期末余额合计数,减去"坏账准备"账户中相关坏账准备期末余额后的金额填列。

(7)"存货"项目,应根据"在途物资""原材料""库存商品""周转材料"(或"低值易耗品""包装物")、"委托加工物资""生产成本"等账户的期末余额合计,减去"存货跌价准备"账户期末余额后的金额填列。

(8)"一年内到期的非流动资产"项目,应根据"长期待摊费用""债权投资"两个账户中将于一年内到期的部分分析填列。

(9)"其他流动资产"项目,应根据有关账户的期末余额分析填列。

(10)“债权投资”项目,反映资产负债表日企业以摊余成本计量的长期债权投资的期末账面价值。应根据“债权投资”账户的期末余额,减去其“债权投资减值准备”账户期末余额和一年内到期的债权投资后的余额填列。

(11)“长期股权投资”项目,应根据“长期股权投资”账户的期末余额,减去其“长期股权投资减值准备”账户期末余额后的金额填列。

(12)“固定资产”项目,反映资产负债表日企业固定资产的期末账面价值和企业尚未清理完毕的固定资产清理净损益。应根据“固定资产”账户的期末余额,减去“累计折旧”和“固定资产减值准备”账户的期末余额后的金额,加(或减)“固定资产清理”账户的期末余额填列。

(13)“在建工程”项目,反映资产负债表日企业尚未达到预定可使用状态的在建工程的期末账面价值和企业为在建工程准备的各种物资的期末账面价值。应根据“在建工程”账户的期末余额,减去“在建工程减值准备”账户期末余额后的金额,以及“工程物资”账户的期末余额,减去“工程物资减值准备”账户期末余额后的金额填列。

(14)“无形资产”项目,应根据“无形资产”账户的期末余额,减去“累计摊销”与“无形资产减值准备”两个账户期末余额后的金额填列。

(15)“开发支出”项目,应根据“研发支出”账户的期末余额填列。

(16)“商誉”项目,应根据“商誉”账户的期末余额,减去“商誉减值准备”账户期末余额后的净额填列。

(17)“长期待摊费用”项目,应根据“长期待摊费用”账户的期末余额减去一年内(含一年)摊销的数额后的金额填列。

(18)“短期借款”项目,应根据“短期借款”账户的期末余额填列。

(19)“应付票据”项目,反映资产负债表日企业因购买材料、商品和接受服务等开出、承兑的商业汇票,包括银行承兑汇票和商业承兑汇票。应根据“应付票据”账户的期末余额填列。

(20)“应付账款”项目,反映资产负债表日企业因购买材料、商品和接受服务等经营活动应支付的款项。应根据“应付账款”和“预付账款”账户所属的相关明细账户的期末贷方余额合计数填列。

(21)“预收款项”项目,应根据“预收账款”和“应收账款”账户所属各有关明细账户的期末贷方余额合计填列。

(22)“应付职工薪酬”项目,应根据“应付职工薪酬”账户期末贷方余额填列。如“应付职工薪酬”账户期末为借方余额,以“-”号填列。

(23)“应交税费”项目,应根据“应交税费”账户明细的期末贷方余额合计填列;如“应交税费——应交增值税”等明细账户期末有借方余额的,应当在资产负债表中的“其他流动资产”项目列示。

(24)“其他应付款”项目,应根据“应付利息”“应付股利”和“其他应付款”账户的期末余额合计数填列。

(25)“一年内到期的非流动负债”项目,应根据“长期借款”“应付债券”“长期应付款”账户中将于一年内到期的部分分析填列。

(26)“其他流动负债”项目,应根据有关账户的期末余额分析填列。

(27)"长期借款"项目,应根据"长期借款"账户的期末余额,减去其中一年内到期的部分分析填列。

(28)"应付债券"项目,应根据"应付债券"账户的期末余额,减去其中一年内到期的部分分析填列。

(29)"长期应付款"项目,反映资产负债表日企业除长期借款和应付债券以外的其他各种长期应付款项的期末账面价值。应根据"长期应付款"账户的期末余额和"专项应付款"账户的期末余额合计,减去其中一年内到期的部分分析填列。

(30)"实收资本(或股本)"项目,应根据"实收资本(或股本)"账户的期末余额填列。

(31)"资本公积"项目,应根据"资本公积"账户的期末余额填列。

(32)"盈余公积"项目,应根据"盈余公积"账户的期末余额填列。

(33)"未分配利润"项目,应根据"本年利润"和"利润分配"账户的余额计算填列。未弥补的亏损,在本项目内以"—"号填列。

三、资产负债表编制举例

【例 12-1】 以本书中 W 公司的资料为例,20×5 年 10 月份发生的全部经济业务,即业务[1]到[60]如下:

[1] 1 日,收到兴达公司以货车投资,双方合同约定价值为 100 000 元,已办妥产权转移手续(假定不考虑增值税)【例 4-1】或【例 8-18】。

[2] 1 日,收到通力公司以土地使用权投资,双方合同约定价值 300 000 元,已办妥产权转移手续(假定不考虑增值税)【例 4-2】。

[3] 2 日,与工行×市分行签订借款合同,借入资金 60 000 元,期限为 6 个月,年利率为 5%。当日收到银行进账单,款项已划入公司开户行工行香山支行账户【例 4-6】。

[4] 2 日,与建行×市分行签订合同,借入长期资金 200 000 元用于小型生产线购建工程,期限为 3 年,年利率为 6%。当日收到银行进账单,款项已划入公司的银行存款账户【例 4-8】。

[5] 4 日,购入一台不需安装的机器设备,增值税专用发票上注明价款 78 000 元,增值税税额 10 140 元,支付包装运费 2 340 元,取得增值税普通发票;全部款项以银行存款支付【例 8-1】。

[6] 4 日,用银行存款购建一条小型生产线,取得的增值税专用发票上注明:价款 200 000 元,增值税税额 26 000 元【例 8-3】(1)。

[7] 5 日,从洁美公司购入生产用物资两种。增值税专用发票上注明:主组件 A 价款 60 000 元,增值税税额 7 800 元;主组件 B 价款 40 000 元,增值税税额 5 200 元。A、B 物资已经验收入库。信用条件为"2/10, *n*/30"【例 5-2】(1)。

[8] 5 日,从 C 公司购入零配件。增值税专用发票上注明价款 40 000 元,增值税税额 5 200 元。另外,C 公司垫付运费等 200 元,取得增值税普通发票。已开出转账支票支付货款和运费,零配件已验收入库【例 5-2】(2)。

[9] 5 日,从 D 公司购入一批工具。增值税专用发票上注明价款 3 000 元,增值税税额 390 元。已开出转账支票支付货款,这批工具尚未到达【例 5-2】(3)。

[10] 8 日，5 日购入的工具已到货，已验收入库【例 5-3】(1)。

[11] 8 日，从 E 公司购入 X 型净水机样品。增值税专用发票上注明价款 3 000 元，增值税税额 390 元；开出并承兑 3 个月期限的商业汇票，样品已验收入库【例 5-3】(2)。

[12] 8 日，从 F 公司购入一批纸箱。增值税专用发票上注明价款 1 200 元，增值税税额 156 元；已开出转账支票支付货款，纸箱已验收入库【例 5-3】(3)。

[13] 10 日，用银行存款购入股票、债券作为交易性投资。其中，股票 10 000 股，每股价格 4.24 元，假定交易费用忽略不计；债券 200 张，每张面值 100 元【例 4-9】。

[14] 10 日，用货车向洁美公司投资，双方协议价值为 100 000 元，已办妥移交手续(假定不考虑增值税)【例 4-11】。

[15] 10 日，用银行存款购入 3 年期国债 100 张，每张面值 100 元。企业准备长期持有【例 4-13】。

[16] 20 日，生产车间领用原材料 35 000 元，其中，主组件 A 15 000 元，主组件 B 10 000 元，零配件 10 000 元。原材料用于 Y 型产品 21 000 元，用于 Z 型产品 14 000 元【例 10-1】。

[17] 20 日，生产车间领用一批工具，价值为 200 元【例 10-5】。

[18] 20 日，公司用转账支票支付下季度销售机构租用仓库租金 600 元【例 10-5】。

$\left[19\ \frac{1}{2}\right]$ 20 日，根据“职工薪酬结算汇总表”，分配工资 12 500 元。其中，生产工人工资 9 000 元(Y 型产品生产工人工资 5 000 元，Z 型产品生产工人工资 4 000 元)，车间管理人员工资 1 500 元，公司管理人员工资 2 000 元【例 9-11】或【例 10-2】。

$\left[19\ \frac{2}{2}\right]$ 20 日，按职工工资总额提取职工福利费(假定职工福利费的提取比例为工资总额的 14%)【例 9-14】或【例 10-3】。

[20] 20 日，根据折旧费用计算表，计提本月固定资产折旧 1 500 元，其中，管理部门车辆折旧 500 元，车间设备折旧 1 000 元【例 10-4】(1)。

[21] 20 日，开出转账支票，支付水费 300 元，取得增值税普通发票。其中，管理部门水费 100 元，车间水费 200 元【例 10-4】(2)。

[22] 20 日，开出现金支票，支付电费 500 元，取得增值税普通发票。其中，管理部门电费 100 元，车间电费 400 元【例 10-4】(3)。

[23] 21 日，分配制造费用。其中，Y 型产品的生产工时为 60 小时，Z 型产品的生产工时为 40 小时【例 10-7】。

[24] 21 日，将已完工的 Y 型和 Z 型产品验收入库【例 10-8】。

[25] 21 日，向鞍山宾馆销售 Y 型净水机。开出的增值税专用发票上注明价款40 000 元，增值税税额 5 200 元。企业已将收到的转账支票存入银行【例 5-4】。

[26] 21 日，开出转账支票，向运输部门支付销货运费 400 元，取得增值税普通发票【例 5-5】。

[27] 22 日，销售 Z 型净水机。开出的增值税专用发票上注明价款 17 500 元，增值税税额 2 275 元。收到 S 公司开出并承兑的、期限为 2 个月的商业汇票【例 5-6】(1)。

[28] 22 日，向新新商业大厦销售 Z 型净水机。开出的增值税专用发票上注明价款 14 000 元，增值税税额 1 820 元。信用条件为“2/10，1/20，n/30”【例 5-6】(2)。

[29] 25 日,根据本月销售产品的发出清单,计算出已售 Y 型净水机的成本为 23 044.80 元,已售 Z 型净水机的成本为 17 967.60 元【例 5-7】(1)。

[30] 25 日,支付广告费 1 000 元,开出转账支票,取得增值税普通发票【例 5-7】(2)。

[31] 25 日,销售零配件;开出的增值税专用发票上注明价款 500 元,增值税税额 65 元;已将收到的转账支票存入银行【例 5-8】(1)。

[32] 25 日,根据材料的出库单,结转该批零配件实际成本 400 元【例 5-8】(2)。

[33] 25 日,随同 Z 型净水机一同销售的包装纸箱,不单独计价,其成本为 680 元【例 5-7】(3)。

[34] 26 日,签发现金支票一张,从开户银行提取现金 18 000 元,其中 12 500 元准备用于发放职工工资,其余备用【例 6-1】(1)。

[35] 26 日,用库存现金支付职工工资【例 6-1】(2)。

[36] 26 日,职工吴明出差借款 2 000 元,企业用库存现金支付【例 6-2】(1)。

[37] 26 日,用库存现金支付职工李某生活困难补助 1 000 元【例 6-1】(3)。

[38] 27 日,预订下一年度报刊,用银行存款支付订阅款 1 200 元【例 10-6】。

[39] 27 日,吴明出差归来,报销差旅费 1 800 元,剩余现金交回企业【例 6-2】(2)。

[40] 28 日,用库存现金支付复印机修理费 800 元【例 6-3】(1)。

[41] 28 日,按企业管理人员工资总额的 2%提取工会经费 250 元【例 6-3】(2)。

[42] 28 日,将库存现金 500 元存入银行【例 6-3】(3)。

[43] 28 日,用库存现金支付业务咨询费 800 元【例 6-3】(4)。

[44] 28 日,用库存现金支付业务招待费 300 元【例 6-3】(5)。

[45] 28 日,计提企业管理人员社会保险费 4 187.50 元。其中,养老保险费为 2 937.50 元,医疗保险费为 1 000 元,失业保险费为 250 元【例 6-3】(6)。

[46] 28 日,支付排污费 500 元,开出现金支票【例 6-3】(7)。

[47] 28 日,摊销本期应负担的土地使用权的成本(预期经营期限 20 年)【例 8-18】。

[48] 28 日,收到银行存款利息收入 120 元【例 6-3】(8)。

[49] 30 日,计提本月短期借款利息【例 4-7】。

[50] 30 日,计算 2 日小型生产线工程借款应负担的长期借款利息【例 8-3】(2)。

[51] 30 日,用转账支票支付印花税 800 元【例 9-1】。

[52] 30 日,进行财产清查,发现 Y 型净水机溢余,同类存货的市场价格为 487.70 元。盘盈原因待查【例 7-5】。

[53] 30 日,进行财产清查,发现原材料(主组件 A)短缺,价值 205.31 元,盘亏原因待查【例 7-6】。

[54] 31 日,经查明,盘盈的净水机系入库时漏记所致,经批准冲减管理费用【例 7-7】。

[55] 31 日,经查明,盘亏的原材料是收发时的计量差错造成的,经批准记入管理费用【例 7-8】。

[56][57] 31 日,结转各损益类账户【例 11-4】。

[58][59] 31 日,计算并结转所得税费用。企业适用的所得税税率为 25%【例 11-4】。

[60] 31 日,计算并结转净利润【例 11-7】。

根据以上资料,编制 W 公司资产负债表。W 公司 20×5 年 10 月月初有关账户的余额为:银行存款 200 000 元,固定资产 400 000 元,实收资本 600 000 元。

首先，编制20×5年10月份各项经济业务的会计分录，编号按经济业务的顺序依次为[1]到[60]。

[1] 借：固定资产——货车　100 000
　　贷：实收资本——兴达公司　100 000

[2] 借：无形资产——土地使用权　300 000
　　贷：实收资本——通力公司　300 000

[3] 借：银行存款——工行香山支行　60 000
　　贷：短期借款——工行×市分行　60 000

[4] 借：银行存款——工行香山支行　200 000
　　贷：长期借款——建行×市分行　200 000

[5] 借：固定资产——生产设备　80 340
　　应交税费——应交增值税（进项税额）　10 140
　　贷：银行存款——工行香山支行　90 480

[6] 借：在建工程——生产线工程　200 000
　　应交税费——应交增值税（进项税额）　26 000
　　贷：银行存款——工行香山支行　226 000

[7] 借：原材料——主组件A　60 000
　　　　——主组件B　40 000
　　应交税费——应交增值税（进项税额）　13 000
　　贷：应付账款——洁美公司　113 000

[8] 借：原材料——零配件　40 200
　　应交税费——应交增值税（进项税额）　5 200
　　贷：银行存款——工行香山支行　45 400

[9] 借：在途物资——工具　3 000
　　应交税费——应交增值税（进项税额）　390
　　贷：银行存款——工行香山支行　3 390

[10] 借：周转材料——工具　3 000
　　贷：在途物资——工具　3 000

[11] 借：库存商品——X型净水机　3 000
　　应交税费——应交增值税（进项税额）　390
　　贷：应付票据——商业承兑汇票　3 390

[12] 借：周转材料——纸箱　1 200
　　应交税费——应交增值税（进项税额）　156
　　贷：银行存款——工行香山支行　1 356

[13] 借：交易性金融资产——股票　42 400
　　　　——债券　20 000
　　贷：银行存款——工行香山支行　62 400

[14] 借：长期股权投资——洁美公司　100 000
　　贷：固定资产——货车　100 000

[15]	借:债权投资——国债成本	10 000	
	贷:银行存款——工行香山支行		10 000
[16]	借:生产成本——Y 型产品	21 000	
	——Z 型产品	14 000	
	贷:原材料——主组件 A		15 000
	——主组件 B		10 000
	——零配件		10 000
[17]	借:制造费用——低值易耗品摊销	200	
	贷:周转材料——工具		200
[18]	借:销售费用——预付租金	600	
	贷:银行存款——工行香山支行		600
[19 $\frac{1}{2}$]	借:生产成本——Y 型产品(职工薪酬)	5 000	
	——Z 型产品(职工薪酬)	4 000	
	制造费用——职工薪酬	1 500	
	管理费用——职工薪酬	2 000	
	贷:应付职工薪酬——工资		12 500
[19 $\frac{2}{2}$]	借:生产成本——Y 型产品(职工薪酬)	700	
	——Z 型产品(职工薪酬)	560	
	制造费用——职工薪酬	210	
	管理费用——职工薪酬	280	
	贷:应付职工薪酬——职工福利费		1 750
[20]	借:制造费用——折旧费	1 000	
	管理费用——折旧费	500	
	贷:累计折旧		1 500
[21]	借:制造费用——水费	200	
	管理费用——水费	100	
	贷:银行存款——工行香山支行		300
[22]	借:制造费用——电费	400	
	管理费用——电费	100	
	贷:银行存款——工行香山支行		500
[23]	借:生产成本——Y 型产品	2 106	
	——Z 型产品	1 404	
	贷:制造费用		3 510
[24]	借:库存商品——Y 型产品	28 806	
	——Z 型产品	19 964	
	贷:生产成本——Y 型产品		28 806
	——Z 型产品		19 964

[25] 借:银行存款——工行香山支行	45 200	
贷:主营业务收入——Y型净水机		40 000
应交税费——应交增值税(销项税额)		5 200
[26] 借:销售费用——销货运费	400	
贷:银行存款——工行香山支行		400
[27] 借:应收票据——商业承兑汇票	19 775	
贷:主营业务收入——Z型净水机		17 500
应交税费——应交增值税(销项税额)		2 275
[28] 借:应收账款——新新商业大厦	15 820	
贷:主营业务收入——Z型净水机		14 000
应交税费——应交增值税(销项税额)		1 820
[29] 借:主营业务成本——Y型净水机	23 044.80	
——Z型净水机	17 967.60	
贷:库存商品——Y型净水机		23 044.80
——Z型净水机		17 967.60
[30] 借:销售费用——广告费	1 000	
贷:银行存款——工行香山支行		1 000
[31] 借:银行存款——工行香山支行	565	
贷:其他业务收入——材料销售		500
应交税费——应交增值税(销项税额)		65
[32] 借:其他业务成本——材料销售	400	
贷:原材料——零配件		400
[33] 借:销售费用——包装物	680	
贷:周转材料——包装纸箱		680
[34] 借:库存现金	18 000	
贷:银行存款——工行香山支行		18 000
[35] 借:应付职工薪酬——工资	12 500	
贷:库存现金		12 500
[36] 借:其他应收款——吴明	2 000	
贷:库存现金		2 000
[37] 借:应付职工薪酬——职工福利	1 000	
贷:库存现金		1 000
[38] 借:管理费用——报刊费	1 200	
贷:银行存款——工行香山支行		1 200
[39] 借:库存现金	200	
管理费用——差旅费	1 800	
贷:其他应收款——吴明		2 000
[40] 借:管理费用——修理费	800	
贷:库存现金		800

[41] 借:管理费用——职工薪酬　250
　　贷:应付职工薪酬——工会经费　250
[42] 借:银行存款——工行香山支行　500
　　贷:库存现金　500
[43] 借:管理费用——咨询费　800
　　贷:库存现金　800
[44] 借:管理费用——业务招待费　300
　　贷:库存现金　300
[45] 借:管理费用——社会保险费　4 187.50
　　贷:应付职工薪酬——养老保险费　2 937.50
　　　　　　　　——医疗保险费　1 000
　　　　　　　　——失业保险费　250
[46] 借:管理费用——排污费　500
　　贷:银行存款——工行香山支行　500
[47] 计算月摊销额:300 000÷20÷12=1 250(元)
　借:管理费用——无形资产摊销　1 250
　　贷:累计摊销——土地使用权　1 250
[48] 借:银行存款——工行香山支行　120
　　贷:财务费用——利息收入　120
[49] 借:财务费用——利息支出　250
　　贷:应付利息——工行×市分行　250
[50] 借:在建工程——生产线工程　1 000
　　贷:应付利息——建行×市分行　1 000
[51] 借:税金及附加——印花税　800
　　贷:银行存款——工行香山支行　800
[52] 借:库存商品——Y型净水机　487.70
　　贷:待处理财产损溢——待处理流动资产损溢　487.70
[53] 借:待处理财产损溢——待处理流动资产损溢　232
　　贷:原材料——主组件A　205.31
　　　　应交税费——应交增值税(进项税额转出)　26.69
[54] 借:待处理财产损溢——待处理流动资产损溢　487.70
　　贷:管理费用——存货盘盈　487.70
[55] 借:管理费用——存货盘亏　232
　　贷:待处理财产损溢——待处理流动资产损溢　232
[56] 借:主营业务收入　71 500
　　　其他业务收入　500
　　贷:本年利润　72 000

[57] 借:本年利润　　58 834.20
　　贷:主营业务成本　　41 012.40
　　　　其他业务成本　　400.00
　　　　税金及附加　　800.00
　　　　销售费用　　2 680.00
　　　　管理费用　　13 811.80
　　　　财务费用　　130.00

[58] 经计算,10 月份实现税前利润为 13 165.80(72 000—58 834.20)元。

计算当月应纳所得税:

$$13\,165.80\times25\%=3\,291.45(元)$$

借:所得税费用　　3 291.45
　贷:应交税费——应交所得税　　3 291.45

[59] 借:本年利润　　3 291.45
　　贷:所得税费用　　3 291.45

[60] 净利润=利润总额-所得税费用=13 165.80-3 291.45=9 874.35(元)
　　借:本年利润　　9 874.35
　　　贷:利润分配——未分配利润　　9 874.35

经整理后得到各总账账户的余额如表 12-2 所示。

表 12-2　总账账户的余额表　　单位:元

账户名称	借方余额	账户名称	贷方余额
库存现金	300.00	短期借款	60 000.00
银行存款	44 059.00	应付票据	3 390.00
其他货币资金		应付账款	113 000.00
交易性金融资产	62 400.00	其他应付款	
应收票据	19 775.00	应付职工薪酬	5 187.50
应收账款	15 820.00	应交税费	—42 597.86
坏账准备		应付利息	1 250.00
其他应收款	0	长期借款	200 000.00
在途物资	0	实收资本	1 000 000.00
原材料	104 594.69	盈余公积	
周转材料	3 320.00	利润分配	9 874.35
库存商品	11 245.30	累计折旧	1 500.00
长期股权投资	100 000.00	累计摊销	1 250.00
债权投资	10 000.00		

续 表

账户名称	借方余额	账户名称	贷方余额
固定资产	480 340.00		
在建工程	201 000.00		
无形资产	300 000.00		
合　　计	1 352 853.99	合　　计	1 352 853.99

注:“应交税费”总账账户余额为－42 597.86 元,其中,增值税进项税额为 45 889.31 元,所得税为 3 291.45元。

编制资产负债表,如表 12-3 所示。

表 12-3　资产负债表(简表)

会企 01 表

编制单位:W 有限责任公司　　20×5 年 10 月 31 日　　单位:元

资　　产	期末余额	年初余额	负债及所有者权益	期末余额	年初余额
流动资产:			流动负债:		
货币资金	44 359.00		短期借款	60 000.00	
交易性金融资产	62 400.00		应付票据	3 390.00	
应收票据	19 775.00		应付账款	113 000.00	
应收账款	15 820.00		预收款项		
预付款项			应付职工薪酬	5 187.50	
其他应收款			应交税费	3 291.45	
存货	119 159.99		其他应付款	1 250.00	
一年内到期的非流动资产			一年内到期的非流动负债		
其他流动资产	45 889.31		其他流动负债		
流动资产合计	307 403.30		流动负债合计	186 118.95	
非流动资产:			非流动负债:		
债权投资	10 000.00		长期借款	200 000.00	
长期股权投资	100 000.00		应付债券		
固定资产	478 840.00		长期应付款		
在建工程	201 000.00		其他非流动负债		
无形资产	298 750.00		非流动负债合计	200 000.00	
开发支出			负债合计	386 118.95	
商誉			所有者权益:		
长期待摊费用			实收资本	1 000 000.00	
其他非流动资产			资本公积		
非流动资产合计	1 088 590.00		盈余公积		
			未分配利润	9 874.35	
			所有者权益合计	1 009 874.35	
资产总计	1 395 993.30		负债及所有者权益总计	1 393 993.30	

注:因 W 公司 20×5 年 10 月开业,所以没有年初余额。

第三节 利 润 表

一、利润表的内容与格式

利润表又称损益表，是反映企业一定会计期间经营成果的财务报表。利润表把一定会计期间的营业收入与同一期间的相关费用进行配比，计算出企业一定时期的净利润(或净亏损)，是从总体上反映企业利润的实现和构成情况的报表。

利润表是通过一定的表格来反映企业的经营成果。目前普遍应用的利润表的结构有多步式利润表和单步式利润表两种。中国一般采用多步式利润表格式，即将不同性质的收入和费用类别进行对比，从而可以分别得出营业利润、利润总额和净利润，便于使用者理解企业经营成果的不同来源。如表 12-5 所示。

二、利润表项目的填列方法

企业实际提供的利润表是比较利润表，报表中的“本期金额”栏反映各项目的本期实际发生额。“上期金额”栏反映上年同期各项目的实际发生额。报表使用者通过比较不同期间利润的实现情况，可以判断企业经营成果的未来发展趋势。

报表各项目主要根据各损益类账户的发生额分析填列。

(1)“营业收入”项目，应根据“主营业务收入”账户和“其他业务收入”账户的发生额分析填列。如果账户借方发生额记录有销售退回等事项，应抵减本期的收入，按其销售收入净额填列。即根据如下公式计算填列。

$$营业收入=主营业务收入+其他业务收入$$

(2)“营业成本”项目，应根据“主营业务成本”和“其他业务成本”账户的发生额分析填列。如果账户贷方发生额记录有销售退回等事项，应抵减借方发生额，按已销货物的实际成本填列。即根据如下公式计算填列。

$$营业成本=主营业务成本+其他业务成本$$

(3)“税金及附加”项目，反映企业经营业务中应负担的消费税、房产税、车船税、土地使用税、印花税、城市维护建设税、资源税、土地增值税和教育费附加等，但不包括增值税。本项目应根据“税金及附加”账户的发生额分析填列。

(4)“销售费用”项目，应根据“销售费用”账户的发生额分析填列。

(5)“管理费用”项目，应根据“管理费用”账户的发生额分析填列。

(6)“研发费用”项目，反映企业进行研究与开发过程中发生的费用化支出，以及计入管理费用的自行开发无形资产的摊销。应根据“管理费用”账户下的“研发费用”明细账户的发生额，以及“管理费用”账户下的“无形资产摊销”明细账户的发生额分析填列。

(7)“财务费用”项目，应根据“财务费用”账户的发生额分析填列。

“利息费用”项目,反映企业为筹集生产经营所需资金等而发生的应予费用化的利息支出。应根据“财务费用”账户的相关明细账户的发生额分析填列。

“利息收入”项目,反映企业确认的利息收入。应根据“财务费用”账户的相关明细账户的发生额分析填列。

(8)“其他收益”项目,反映计入其他收益的政府补助,以及其他与日常活动相关且计入其他收益的项目。该项目应根据“其他收益”账户的发生额分析填列。企业作为个人所得税的扣缴义务人,根据《中华人民共和国个人所得税法》收到的扣缴税款手续费,应作为其他与日常活动相关的收益在该项目中填列。

(9)“投资收益”项目,应根据“投资收益”账户的发生额分析填列;如为投资净损失,以“－”号填列。

(10)“公允价值变动收益”项目,应根据“公允价值变动损益”账户的发生额分析填列;如为净损失,以“－”号填列。

(11)“信用减值损失”项目,反映企业按照《企业会计准则第22号——金融工具确认和计量》(财会〔2017〕7号)的要求计提的各项金融工具信用减值准备所确认的信用损失。该项目应根据“信用减值损失”账户的发生额分析填列。

(12)“资产减值损失”项目,应根据“资产减值损失”账户的发生额分析填列。

(13)“资产处置收益”项目,反映企业出售划分为持有待售的非流动资产(金融工具、长期股权投资和投资性房地产除外)或处置组(子公司和业务除外)时确认的处置利得或损失,以及处置未划分为持有待售的固定资产、在建工程及无形资产而产生的处置利得或损失。应根据“资产处置损益”账户的发生额分析填列;如为处置损失,以“－”号填列。

(14)“营业利润”项目,反映企业日常经营活动实现的利润。如为亏损,以“－”号填列。根据如下公式计算填列:

营业利润＝营业收入－营业成本－税金及附加－销售费用－管理费用－研发费用
－财务费用＋其他收益±投资收益±公允价值变动收益
－信用减值损失－资产减值损失±资产处置收益

(15)“营业外收入”项目,反映企业发生的除营业利润以外的收益,主要包括与企业日常活动无关的政府补助、盘盈利得、捐赠利得等。应根据“营业外收入”账户的发生额分析填列。

(16)“营业外支出”项目,反映企业发生的除营业利润以外的支出,主要包括公益性捐赠支出、非常损失、盘亏损失、非流动资产毁损报废损失等。应根据“营业外支出”账户的发生额分析填列。“非流动资产毁损报废损失”通常包括因自然灾害发生毁损、已丧失使用功能等而报废清理产生的损失。

(17)“利润总额”项目,反映企业实现的税前利润总额。如为亏损总额,以“－”号填列。根据如下公式计算填列:

利润总额＝营业利润＋营业外收入－营业外支出

(18)“所得税费用”项目,反映企业按规定从本期收益中减去的所得税费用。本项目应根据“所得税费用”账户的发生额分析填列。

(19)“净利润”项目,反映企业实现的净利润。如为净亏损,以“－”号填列。根据如下公式计算填列:

净利润＝利润总额－所得税费用

三、利润表编制举例

【例 12-2】根据【例 12-1】资料，已知 W 公司 20×5 年 10 月份有关损益账户结转前的余额如表 12-4 所示。

表 12-4 损益账户结转前的余额表 单位：元

账户名称	借方发生额	贷方发生额
主营业务收入		71 500.00
其他业务收入		500.00
主营业务成本	41 012.40	
其他业务成本	400.00	
税金及附加	800.00	
销售费用	2 680.00	
管理费用	13 811.80	
财务费用	130.00	
所得税费用	3 291.45	

根据表 12-4 资料，编制利润表（表 12-5）。

表 12-5 利润表(简表) 会企 02 表

编制单位：W 有限责任公司 20×5 年 10 月 单位：元

项　目	本期金额	上期金额
一、营业收入	72 000.00	
减：营业成本	41 412.40	
税金及附加	800.00	
销售费用	2 680.00	
管理费用	13 811.80	
研发费用	—	
财务费用	130.00	
其中：利息费用	250	
利息收入	120	
加：其他收益	—	
投资收益(损失以“—”号填列)	—	
公允价值变动收益(损失以“—”号填列)	—	
信用减值损失(损失以“—”号填列)	—	
资产减值损失(损失以“—”号填列)	—	

续 表

项　　目	本期金额	上期金额
资产处置收益(损失以"一"号填列)	—	
二、营业利润(亏损以"一"号填列)	13 165.80	
加:营业外收入	—	
减:营业外支出	—	
三、利润总额(亏损总额以"一"号填列)	13 165.80	
减:所得税费用	3 291.45	
四、净利润(净亏损以"一"号填列)	9 874.35	

注:因W公司20×5年10月开业,所以没有上期金额。

第四节　现金流量表

现金流量表是指反映企业在一定会计期间的现金和现金等价物流入和流出的财务报表。它是以现金为基础编制的反映企业财务状况变动的报表,反映企业一定会计期间内有关现金和现金等价物流入和流出的信息,以便于报表使用者了解和评价企业获取现金和现金等价物的能力。

现金流量表从现金的流入和流出两个方面,反映企业在一定期间内的经营活动、投资活动和筹资活动所产生的现金流量。通过现金流量表能够说明一定期间内现金流入和流出的原因,反映企业的偿债能力;同时,还可以分析企业未来获取现金的能力,以及企业投资和理财活动对经营成果和财务状况的影响。

一、现金流量表的编制基础

现金流量表是以现金为基础编制的,这里的现金是广义现金的概念,由企业的库存现金、可以随时用于支付的银行存款、其他货币资金和现金等价物几部分组成。具体包括:

(1) 库存现金。这是指企业持有可随时用于支付的现金,即与会计核算中"库存现金"账户所包括的内容一致。

(2) 银行存款。这是指企业存在银行等金融机构可以随时用于支付的存款,即与会计核算中"银行存款"账户所包括的内容基本一致,区别在于:如果是存在银行等金融机构的款项中不能随时用于支付的存款,如不能随时支取的定期存款,不作为现金流量表中的现金,但提前通知银行等金融机构便可支取的定期存款,则包括在现金流量表中的现金范围内。

(3) 其他货币资金。这是指企业存在银行等金融机构有特定用途的资金,如银行汇票存款、银行本票存款、信用证保证金存款,信用卡存款等。

(4) 现金等价物。这是指企业持有的期限短、流动性高、易于转换为已知金额的现金、价值变动风险很小的交易性投资。现金等价物虽然不是现金,但当企业需要时可以随时变现为已知金额的现金,其支付能力与现金的差别不大,可视为现金。现金等价物通常指购买在3个月或更短时间内即到期或即可转换为现金的投资。如企业于20×8年12月1日购入20×6年1月1日发行的期限为3年的国库券,购买时还有1个月到期,则这项交易性投资视为现金等价物;若国库券的发行日是20×6年7月1日,购买时还有7个月到期,则这项交易性投资不能作为现金等价物。购入日至到期日在3个月或更短时间内转换为已知金额的投资是作为现金等价物的主要标志。

现金流量表是以现金为基础编制的,用来反映企业某一期间内现金流入和流出的金额。编制时需注意以下两点:

(1) 通常,现金流量表反映的是同时使现金项目和非现金项目产生增减变动的业务。对于仅涉及非现金各项目之间增减变动的业务,不影响现金流量净额,一般不予反映。

(2) 有些涉及投资和筹资活动的业务,如债务转为资本等,尽管不涉及当期的现金收支,却会对以后各期的现金流量产生影响,因此,也需要在现金流量表的补充资料中予以披露。

二、现金流量的分类

现金流量表将现金流量划分为:经营活动产生的现金流量、投资活动产生的现金流量和筹资活动产生的现金流量。列入每一类活动的现金流量还要分为流入和流出两个部分,以便揭示每一类活动所导致的现金流入量和现金流出量,从而展示每一类现金流入和流出的原因。现金流量表的格式如表12-6所示。

(一) 经营活动产生的现金流量

(1) 因经营活动而增加的现金,也就是经营活动的现金流入量。它包括销售商品或提供劳务,收到的税费返还等收到的现金。

(2) 因经营活动而减少的现金,也就是经营活动的现金流出量。它包括用于购买货物、接受劳务支付的现金,支付各项制造费用、销售费用、管理费用、经营性租金、缴纳税款等支出的现金,以及支付给职工或为职工支付的工资、福利、保险等支出的现金。

(二) 投资活动产生的现金流量

(1) 因投资活动而增加的现金,也就是投资活动的现金流入量。它包括收回或出售股权和投资收到的现金,因股权性投资和债权性投资而取得的现金股利、利润和利息,出售长期资产的净收入等。

(2) 因投资活动而减少的现金,也就是投资活动的现金流出量。它包括购建长期资产、对外投资等支付的现金。

(三) 筹资活动产生的现金流量

(1) 因筹资活动而增加的现金,也就是投资活动的现金流入量。它包括收到投资者投入的现金(含发行股票和债券筹资净额)、向银行借入的资金等。

(2) 因投资活动而减少的现金,也就是投资活动的现金流出量。它包括偿还债务的本金、利息,分配股利、利润等支付的现金。

以上三类活动的净现金流量的代数和,就是现金及其等价物的增加净额。如果结果为正数,表明现金及其等价物期末较期初增加;反之,如果结果为负数,表明现金及其等价物期末较期初减少。此结果应当与资产负债表中的现金及其等价物项目的期末期初差额相符。

三、现金流量表的基本格式与编制方法

(一) 现金流量表的基本格式

【例 12-3】 仍以本书中 W 公司的资料为例。20×5 年 10 月发生的全部经济业务,即业务[1]到[60]。经整理后得到的资产负债表和利润表如表 12-3、12-5 所示。编制 W 公司 10 月份的现金流量表如表 12-6 所示(表 12-6 中的数据的详细计算过程略)。

表 12-6　现金流量表　　会企 03 表

编制单位:W 有限责任公司　　20×5 年 10 月　　单位:元

项　　目	本期金额	上期金额
一、经营活动产生的现金流量:		
销售商品、提供劳务收到的现金	45 765.00	
收到的税费返还		
收到的其他与经营活动有关的现金	120.00	
经营活动现金流入小计	45 885.00	
购买商品、接受劳务支付的现金	50 146.00	
支付给职工以及为职工支付的现金	13 500.00	
支付的各项税费	800.00	
支付的其他与经营活动有关的现金	8 200.00	
经营活动现金流出小计	72 646.00	
经营活动产生的现金流量净额	−26 761.00	
二、投资活动产生的现金流量:		
收回投资所收到的现金		
取得投资收益所收到的现金		

续 表

项 目	本期金额	上期金额
处置固定资产、无形资产和其他长期资产所收回的现金净额		
收到的其他与投资活动有关的现金		
投资活动现金流入小计		
购建固定资产、无形资产和其他长期资产所支付的现金	280 340.00	
投资所支付的现金	72 400.00	
支付的其他与投资活动有关的现金	236 140.00	
投资活动现金流出小计	388 880.00	
投资活动产生的现金流量净额	−388 880.00	
三、筹资活动产生的现金流量:		
吸收投资所收到的现金		
借款所收到的现金	260 000.00	
收到的其他与筹资活动有关的现金		
筹资活动现金流入小计	260 000.00	
偿还债务所支付的现金		
分配股利、利润或偿付利息所支付的现金		
支付的其他与筹资活动有关的现金		
筹资活动现金流出小计		
筹资活动产生的现金流量净额	260 000.00	
四、汇率变动对现金的影响		
五、现金及现金等价物净增加额	−155 641.00	
补充资料	本期金额	上期金额
1. 将净利润调节为经营活动现金流量		
净利润	9 874.35	
加:资产减值准备		
固定资产折旧	1 500.00	
无形资产摊销	1 250.00	
长期待摊费用摊销		
待摊费用		
预提费用		
处置固定资产、无形资产和其他长期资产的损失(减收益)		

续 表

补充资料	本期金额	上期金额
固定资产报废损失		
公允价值变动损益		
财务费用	250.00	
投资损失(减收益)		
递延所得税资产的减少(减增加)		
递延所得税负债的增加(减减少)		
存货的减少(减增加)	−119 159.99	
经营性应收项目的减少(减增加)	−35 595.00	
经营性应付项目的增加(减减少)	115 119.64	
其他		
经营活动产生的现金流量净额	−26 761.00	
2. 不涉及现金收支的投资和筹资活动:		
债务转为资本		
一年内到期的可转换公司债券		
融资租入固定资产		
3. 现金及现金等价物净增加情况:		
现金的期末余额	44 359.00	
减:现金的期初余额	200 000.00	
加:现金等价物的期末余额	0	
减:现金等价物的期初余额	0	
现金及现金等价物净增加额	−155 641.00	

注:一般情况下,只有半年末和年末才编制现金流量表。

(二) 现金流量表的编制方法

1. 经营活动产生的现金流量的内容与填列方法

(1) 直接法和间接法。直接法是通过现金收入和现金支出的主要类别直接反映来自企业经营活动的现金流量的方法。采用直接法填列经营活动的现金流量时,一般以利润表中的营业收入为起点,调整与经营活动有关项目的增减变动,然后计算出经营活动的现金流量。采用直接法提供的信息有助于评价企业未来的现金流量。

间接法是以本期净利润为起点,调整不涉及现金的收入、费用、营业外收支等有关项目的增减变动,据此计算出经营活动的现金流量。

国际会计准则鼓励企业采用直接法编制现金流量表。在中国,现金流量表用直接法编制,但在现金流量表的补充资料中还单独按照间接法反映经营活动现金流量的情况。

(2) 经营活动产生的现金流量的内容及填列方法。采用直接法编制现金流量表，在确定经营活动的净现金流量时，必须分项计算确定来自经营活动和用于经营活动的现金额，同时，必须以附表列示把净利润调节为经营活动提供的现金流量的过程和结果，二者应当一致。构成经营活动净现金流量的有关数据计算如下：

①“销售商品、提供劳务收到的现金”项目。确定这一数据的基本做法是，将权责发生制基础上确认的销货净额进行修正，调整为收付实现制基础上的销货净额。权责发生制基础上确认的销货净额由现销净额与赊销净额两部分构成。现销净额全部是当期收到的现金，不必调整。赊销净额则需要根据“应收账款”和“应收票据”账户余额的变动情况进行调整，以求得赊销净额中本年已经收回的金额。其计算如下：

销售商品、提供劳务收到的现金 ＝主营业务收入＋其他业务收入
＋应交税费(增值税销项税额)
＋应收账款和应收票据的减少额
＋预收账款的增加额

②“收到的税费返还”项目，反映企业收到返还的各种税费，如收到的增值税、消费税、所得税、教育费附加等。

③“收到的其他与经营活动有关的现金”项目，反映企业除了上述各项目外，收到的其他与经营活动有关的现金流入，如经营租赁租金收入、罚款收入、流动资产损失中由个人赔偿的现金收入等。

④“购买商品、接受劳务支付的现金”项目。反映企业本期为购货而发生的支出。企业本期的购货成本由现购和赊购两部分构成，现购部分不必修正，只需修正赊购部分。上年赊购尚未付款的存货在财务报表中同时表现为本期的期初应付票据和应付账款，一般会在本年支付；本年赊购未付款的存货，在财务报表中同时反映为本期的期末应付票据和应付账款。因此应付票据和应付账款本期的减少额就是用于购货的现金支出。其计算如下：

购买商品、接受劳务支付的现金＝主营业务成本＋其他业务成本
＋应交税费(增值税进项税额)
＋应付账款和应付票据的减少额
＋预付账款的增加额＋存货的增加
－本期列入成本的职工薪酬和非付现折旧、摊销费用等

⑤“支付给职工以及为职工支付的现金”项目，反映企业实际支付给在职职工的以及为在职职工支付的现金，包括本期实际支付给职工的工资、奖金、各种津贴和补贴等，以及为职工支付的其他费用。此处在职职工不包括在建工程人员。

⑥“支付的各项税费”项目，反映企业按规定支付的各种税费，包括本期发生并支付的各种税费，以及本期支付以前各期发生的税费和预交的税金，如支付的教育费附加、矿产资源补偿费、印花税、房产税、土地增值税、车船税、预缴的增值税等。不包括计入固定资产价值、实际支付的耕地占用税等。

⑦“支付的其他与经营活动有关的现金”项目，反映企业除上述各项目外，支付的其他与经营活动有关的现金流出，如支付给离退休人员的各项费用、罚款支出、支付的差旅费、业务招待费现金支出、支付的保险费等。其他现金流出如价值较大的，应单列项目反

映。本项目可以根据有关账户的记录分析填列。

2. 投资活动产生的现金流量的内容及填列方法

(1)“收回投资所收到的现金”项目,反映企业出售、转让或到期收回除现金等价物以外的交易性投资、长期股权投资而收到的现金,以及收回债权投资本金而收到的现金。

(2)“取得投资收益所收到的现金”项目,反映企业因股权性投资和债权性投资而取得的现金股利和利息,以及从子公司、联营企业和合营企业分回利润收到的现金。

(3)“处置固定资产、无形资产和其他长期资产所收回的现金净额”项目,反映企业处置固定资产、无形资产和其他长期资产所取得的现金,减去为处置这些资产而支付的有关费用后的净额。由于自然灾害所造成的固定资产等长期资产损失而收到的保险赔偿收入,也在本项目反映。

(4)“收到的其他与投资活动有关的现金”项目,反映企业除了上述各项以外,收到的其他与投资活动有关的现金流入。例如企业购买股票和债券时,收回购买股票和债券时支付的已宣告但尚未领取的现金股利或已到付息期但尚未领取的债券的利息。

(5)“购建固定资产、无形资产和其他长期资产所支付的现金”项目,反映企业购买、建造固定资产,取得无形资产和其他长期资产所支付的现金,包括购买机器设备所支付的现金、建造工程支付的现金、支付的在建工程人员工资等现金支出。

(6)“投资所支付的现金”项目,反映企业进行权益性投资和债权性投资支付的现金,包括企业取得的除现金等价物以外的交易性投资、长期股权投资、债权投资支付的现金、以及支付的佣金、手续费等附加费用。

(7)“支付的其他与投资活动有关的现金”项目,反映企业除了上述各项以外,支付的其他与投资活动有关的现金流出。如企业购买股票和债券时,实际支付的价款中包含的已宣告但尚未领取的现金股利或已到付息期但尚未领取的债券的利息。

3. 筹资活动产生的现金流量的内容及填列方法

(1)“吸收投资所收到的现金”项目,反映企业收到的投资者投入的现金,包括以发行股票、债券等方式筹集的资金实际收到款项净额(发行收入减去支付的佣金等发行费用后的净额)。

(2)“借款所收到的现金”项目,反映企业举借各种短期、长期借款所收到的现金。

(3)“收到的其他与筹资活动有关的现金”项目,反映企业除上述项目外,收到的其他与筹资活动有关的现金流入,如接受现金捐赠等。

(4)“偿还债务所支付的现金”项目,反映企业以现金偿还债务的本金,包括偿还金融机构的借款本金、偿还债券本金等。

(5)“分配股利、利润或偿付利息所支付的现金”项目,反映企业实际支付的现金股利、支付给其他投资单位的利润以及支付的借款利息、债券利息等。

(6)“支付的其他与筹资活动有关的现金”项目,反映企业除了上述各项外,支付的其他与筹资活动有关的现金流出,如捐赠现金支出、融资租入固定资产支付的租赁费、减少资本支付的现金;以发行股票、债券等方式筹集资金而由企业直接支付的审计、咨询费用;为购建固定资产而发生的借款利息资本化的部分。

4.“汇率变动对现金的影响”项目

反映企业外币现金流量及境外子公司的现金流量折算为人民币时,所采用的现金流量发生日的汇率或平均汇率折算的人民币金额与“现金及现金等价物净增加额”中外币现金净增加额按期末汇率折算的人民币之间的差额。

5. 补充资料项目的内容及填列

补充资料中的“将净利润调节为经营活动的现金流量”，实际上是以间接法编制的经营活动的现金流量。间接法是以净利润为出发点，净利润是利润表上反映的数字，在利润表中反映的净利润是按权责发生制原则确定的，其中有些收入、费用项目并没有实际发生现金流入和流出，通过对这些项目的调整，即可将净利润调节为经营活动的现金流量。

采用间接法将净利润调节为经营活动的现金流量时，需要调整的项目可分为四大类：实际没有支付现金的费用、实际没有收到现金的收益、不属于经营活动的损益和经营性应收应付项目的增减变动。

“将净利润调节为经营活动的现金流量”各项目的填列方法如下：

(1)“资产减值准备”项目，反映企业本期计提的各项资产的减值准备。企业计提各项资产的减值准备时，记入了“资产减值损失”等账户，列入了利润表中，减少了当期利润，但实际上并没有发生现金流出。

(2)“固定资产折旧”项目，反映企业本期累计提取的折旧(但计入在建工程的除外)。

(3)“无形资产摊销”和“长期待摊费用摊销”两个项目，分别反映企业本期累计摊入成本费用的无形资产的价值及长期待摊费用。这两个项目计提时计入了有关的成本费用，减少了当期利润，但实际上并没有发生现金流出。

(4)“处置固定资产、无形资产和其他长期资产的损失(减收益)”，反映企业本期由于处置固定资产、无形资产和其他长期资产而发生的净损失。

(5)“固定资产报废损失”项目，反映企业本期固定资产盘亏、报废的净损失。固定资产盘亏、报废净损失计入了营业外支出，列入了利润表，但这部分损失并没有发生现金流出，所以调节净利润时应将其加回。本项目可以根据“营业外支出”“营业外收入”账户所属有关明细账户分析填列。

(6)“财务费用”项目，反映企业本期发生的应属于投资活动或筹资活动的财务费用。如企业筹资活动中支付的利息，减少了企业的净利润，由于这项支出不属于经营活动的现金流出，所以调节净利润时应将其加回。

(7)“投资损失(减收益)”项目，反映企业本期投资所发生的损失减去收益后的净损失。

(8)“存货的减少(减增加)”项目，反映企业本期存货减少(减增加)。

(9)“经营性应收项目的减少(减增加)”项目，反映企业本期经营性应收项目(包括应收账款、应收票据和其他应收款中与经营活动有关的部分及应收的增值税销项税额等)的减少(减增加)。

(10)“经营性应付项目的增加(减减少)”项目，反映企业本期经营性应付项目(包括应付账款、应付票据、应付职工薪酬、应交税费、其他应付款中与经营活动有关的部分以及应付的增值税进项税额等)的增加(减减少)。

现金流量表补充资料中的“现金及现金等价物净增加额”与现金流量表中的“五、现金及现金等价物净增加额”的金额相等。

现金流量表补充资料中“不涉及现金收支的投资和筹资活动”，反映企业一定期间内影响资产或负债但不形成该期现金收支的所有投资和筹资活动的信息。不涉及现金收支的投资和筹资活动各项目的填列方法如下：

(1)"债务转为资本"项目，反映企业本期转为资本的债务金额。

(2)"一年内到期的可转换公司债券"项目，反映企业一年内到期的可转换公司债券的本息。

(3)"融资租入固定资产"项目，反映企业本期融资租入固定资产记入"长期应付款"账户的金额。

第五节 所有者权益变动表及附注

在会计实践中，企业除了编制资产负债表、利润表、现金流量表外，还应当编制所有者权益(或股东权益)变动表。

一、所有者权益变动表

所有者权益变动表应当反映构成所有者权益的各组成部分当期的增减变动情况。即：当期损益、直接计入所有者权益的利得和损失、所有者投入和减少的资本、利润分配、所有者权益内部结转等。

所有者权益变动表应当单独列示反映下列信息的项目：

(1) 净利润。

(2) 直接计入所有者权益的利得和损失项目及其总额。

(3) 会计政策变更和差错更正的累计影响金额。

(4) 所有者投入资本和向所有者分配利润等。

(5) 按照规定提取的盈余公积。

(6) 实收资本(或股本)、资本公积、盈余公积、未分配利润的期初和期末余额及其调节情况。

所有者权益变动表的格式如表 12-7 所示。

二、财务报表附注

财务报表中规定的内容具有一定的固定性和规定性，只能提供定量的会计信息，其所能反映的会计信息受到一定的限制。为了对财务报表不能包括的内容，或者披露不详尽的内容作进一步的解释说明，以有助于财务报表使用者理解和使用会计信息，通常使用财务报表附注来对财务报表进行补充说明。具体来说，就是对在资产负债表、利润表、现金流量表、所有者权益变动表等报表中列示的重要项目的文字描述或明细资料、以及对未能在这些报表中列示项目的说明等。

表 12-7 所有者权益变动表

会企 04 表

编制单位： 年度 单位：元

项目	本年金额						上年金额					
	实收资本（或股本）	资本公积	减:库存股	盈余公积	未分配利润	所有者权益合计	实收资本（或股本）	资本公积	减:库存股	盈余公积	未分配利润	所有者权益合计
一、上年年末余额												
加:会计政策变更												
前期差错更正												
二、本年年初余额												
三、本年增减变动金额(减少以"—"号填列)												
(一)综合收益总额												
(二)所有者投入和减少资本												
1. 所有者投入的普通股												
2. 其他权益工具持有者投入资本												
3. 股份支付计入所有者权益的金额												
4. 其他												
(三)利润分配												
1. 提取盈余公积												
2. 对所有者(或股东)的分配												
3. 其他												
(五)所有者权益内部结转												
1. 资本公积转增资本(或股本)												
2. 盈余公积转增资本(或股本)												
3. 盈余公积弥补亏损												
4. 设定收益计划变动额结转留存收益												
5. 其他综合收益结转留存收益												
6. 其他												
四、本年年末余额												

财务报表附注是财务报表的组成部分之一。企业应当按规定披露附注信息，主要包括下列内容：

(1) 企业的基本情况。

(2) 财务报表的编制基础。

(3) 遵循企业会计准则的声明。

(4) 重要会计政策和会计估计。

(5) 会计政策和会计估计变更以及差错更正的说明。

(6) 报表重要项目的说明。

【相关知识介绍】

《小企业会计准则》规定，小企业的财务报表至少应当包括下列组成部分：①资产负债表；②利润表；③现金流量表；④附注。即三表一注。

小企业财务报表按照财务报表的编制期间可以分为中期财务报表和年度财务报表。

中期财务报表是以短于一个完整会计年度的报告期间为基础编制的财务报表，包括月报、季报、半年报等。中期财务报表至少包括资产负债表、利润表、现金流量表和附注，其中，中期资产负债表、利润表、现金流量表应当是完整报表，其格式和内容应当与年度财务报表一致。而中期财务报表与年度报表相比，其附注披露可以适当简略。

小企业会计准则与企业会计准则相比，除了在资产负债表报表项目名称上的规定略有不同外，在项目填列上的规定也存在较大的差异，下面列表进行对比(表 12-8)。

表 12-8　资产负债表项目填列对比

报表项目	小企业会计准则	企业会计准则
货币资金	“库存现金”和“银行存款”账户的期末余额合计	“库存现金”“银行存款”和“其他货币资金”账户的期末余额合计
其他应收款	“其他应收款”账户的期末余额	“其他应收款”“应收利息”“应收股利”三个账户的期末余额之和减去对应的“坏账准备”账户的期末余额
应收账款	“应收账款”账户的期末余额	“应收账款”和“预收账款”明细账户借方期末余额合计减去对应的“坏账准备”账户期末余额
预付账款(预付款项)	“预付账款”账户的期末余额	“预付账款”和“应付账款”明细账户借方期末余额合计
存货	存货类各账户期末余额之和	存货类各账户期末余额之和减去“存货跌价准备”账户期末余额
长期股权投资	“长期股权投资”账户的期末余额	“长期股权投资”账户的期末余额减去“长期股权投资减值准备”账户期末余额
固定资产(原价)	“固定资产”账户的期末余额	“固定资产”账户期末余额减去“累计折旧”和“固定资产减值准备”账户的期末余额
累计折旧	“累计折旧”账户的期末余额	不单独列示
无形资产	“无形资产”账户的期末余额	“无形资产”账户期末余额减去“累计摊销”和“无形资产减值准备”账户的期末余额
应付账款	“应付账款”账户的期末余额	“应付账款”和“预付账款”明细账户贷方期末余额合计
预收账款(预收款项)	“预收账款”账户的期末余额	“预收账款”和“应收账款”明细账户贷方期末余额合计
其他应付款	“其他应付款”账户的期末余额	“其他应付款”“应付利息”“应付股利”三个账户的期末余额合计

小企业会计准则和企业会计准则规定的利润表格式、主要项目基本相同，但小企业需要更详细的列示有关税费和费用的内容。在项目填列上，“上期金额”栏两者的填法不同，小企业会计准则需区分月报和年报，而企业会计准则不加以区分。

本章小结

财务报表是企业在会计期末以日常会计核算资料为依据编制的，系统反映本企业特定日期的财务状况，以及特定时期的经营成果和现金流量状况的表式报告。财务报表主要包括资产负债表、利润表、现金流量表、所有者权益（或股东权益）变动表和附注等。

资产负债表是反映企业在某一特定日期（月末、季末、半年末、年末）资产、负债和所有者权益状况的静态财务报表。资产负债表的结构是根据会计等式编制的账户式结构，报表左方排列的是资产项目，它表明企业在某一特定日期所拥有或控制的经济资源；右方排列的是权益项目，表明企业在某一特定日期所承担的现有义务和投资人对净资产的要求权。报表项目是在计算、分析资产、负债及所有者权益类账户期末余额的基础上编制的。

利润表，是反映企业一定期间的生产经营成果。它是把一定会计期间的营业收入与同一期间的相关费用进行配比，计算出企业一定时期的净利润（或净亏损），是从总体上反映企业利润的实现和构成情况的报表。一般采用多步式利润表格式。报表各项目主要根据各损益类账户的发生额分析填列。

现金流量表是以现金为基础编制的，反映企业一定会计期间内有关现金和现金等价物流入和流出信息的报表，以便报表使用者了解和评价企业获取现金和现金等价物的能力。这里的现金是广义的现金的概念，由企业的库存现金、可以随时用于支付的银行存款、其他货币资金和现金等价物几部分组成。现金流量表将现金流量划分为：经营活动产生的现金流量、投资活动产生的现金流量和筹资活动产生的现金流量。报表中各项目按各类活动的内容分析、计算填列。

所有者权益变动表是反映构成所有者权益的各组成部分当期的增减变动情况。财务报表附注是对财务报表进行的补充说明，即对在资产负债表、利润表、现金流量表、所有者权益变动表等报表中列示项目的文字描述或明细资料以及对未能在这些报表中列示项目的说明等。

思 考 题

1. 编制财务报表的目的及编制要求有哪些?
2. 财务报表种类有哪些?
3. 资产负债表的内容、结构与编制方法有哪些?
4. 利润表的内容、结构与编制方法有哪些?
5. 现金流量的分类与内容有哪些?
6. 现金流量表的编制基础是什么?
7. 股东权益变动表和财务报表附注反映的主要内容有哪些?

核 算 题

一

1. **目的:**练习资产负债表的编制方法。
2. **资料:**A公司20×5年12月31日部分账户的余额如表12-9所示。

表12-9 账户的余额表

单位:元

账户名称	余额		账户名称	余额	
	借方	贷方		借方	贷方
库存现金	800		短期借款		60 000
银行存款	100 000		应付账款		100 000
其他货币资金	2 500		预收账款		29 680
应收账款——甲	150 000		其他应付款		11 200
——乙		30 000	应交税费	2 180	
坏账准备		600			
预付账款	15 000		长期借款		150 000
			其中:		
原材料	100 000		一年内将到期借款		30 000
包装物	1 000				
生产成本	2 200		实收资本		160 000
库存商品	40 000		资本公积		1 300
固定资产	120 000		盈余公积		4 200
累计折旧		36 000	未分配利润		700
在建工程	30 000				
无形资产	20 000				
合　计	581 500	66 600	合　计	2 180	517 080

注:“应交税费”账户借方余额2 180元均为待抵扣的增值税进项税额。

3. **要求**:根据表12-9资料,按简化资产负债表格式(表12-10)编制A公司20×5年度的资产负债表(年初数略)。

表12-10 资产负债表(简表)

单位: 20×5年12月31日 单位:元

资产	期末余额	年初余额	负债及所有者权益	期末余额	年初余额
流动资产:		(略)	流动负债:		(略)
货币资金			短期借款		
应收票据			应付票据		
应收账款			应付账款		
预付款项			预收款项		
其他应收款			应交税费		
存货			其他应付款		
一年内到期的非流动资产			一年内到期的非流动负债		
其他流动资产			其他流动负债		
流动资产合计			流动负债合计		
非流动资产:			非流动负债:		
固定资产			长期借款		
在建工程			应付债券		
无形资产			非流动负债合计		
			所有者权益:		
			实收资本		
			资本公积		
			盈余公积		
			未分配利润		
非流动资产合计			所有者权益合计		
资产总计			负债及所有者权益总计		

二

1. **目的**:练习利润表的编制方法。

2. **资料**:C公司20×5年1—11月损益类账户累计余额如下:

主营业务收入	6 000 000元(贷)
主营业务成本	3 800 000元(借)
税金及附加	200 000元(借)
其他业务收入	62 000元(贷)
其他业务成本	40 000元(借)
销售费用	400 000元(借)
管理费用	300 000元(借)
财务费用	150 000元(借)
投资收益	80 000元(贷)
营业外收入	4 000元(贷)
营业外支出	2 400元(借)
所得税费用	313 400元(借)

C公司为一般纳税人,12月份发生的经济业务如下:

(1) 转让无形资产所有权价款60 000元(不含税),增值税税率6%,开具增值税专用发票。无形资产的原值为80 000元,累计摊销44 000元。全部款项均已通过银行收付。

(2) 无形资产摊销4 500元。

(3) 预提短期借款利息20 000元。

(4) 转让短期股票投资,转让价款为50 000元,发生的交易费用为500元。该股票的账面成本为33 000元。全部款项均已通过银行收付。

(5) 销售乙产品一批。开出的增值税专用发票上注明价款400 000元、增值税税额52 000元,款项收到已存入银行。该批产品成本为250 000元。该批产品还应缴纳消费税40 000元。

(6) 本月月初通过银行支付上月月末暂欠的购入材料价款及增值税款共计339 000元。

(7) 期末,根据应收账款余额提取坏账准备2 800元。

(8) 计提本月固定资产折旧5 500元,其中:公司行政管理部门资产折旧3 500元,专设销售机构资产折旧2 000元。

(9) 开出现金支票,缴纳本月应缴纳的各项税金95 600元,其中,增值税税额55 600元,消费税40 000元。

3. 要求:

(1) 编制C公司上述业务的会计分录。

(2) 计算C公司本月应缴纳的城市维护建设税和教育费附加,并编制相应的会计分录。假定城市维护建设税税率为7%,教育费附加率为3%。

(3) 计算C公司本月应纳所得税,并编制计算和结转所得税费用的会计分录。公司适用的所得税税率为25%。

(4) 计算C公司1—11月份的营业利润、利润总额和净利润。

(5) 按变形的利润表格式(表12-11)编制C公司12月份的利润表,并在报表的最后一栏"本年累计金额"反映报表项目全年的发生额。

表12-11　利润表(简表)

单位:　　　　20×5年12月　　　　单位:元

项　　目	本期金额	本年累计金额
一、营业收入		
减:营业成本		
税金及附加		
销售费用		
管理费用		
研发费用		
财务费用		

续表

项　　目	本期金额	本年累计金额
加：其他收益		
投资收益（损失以“－”号填列）		
公允价值变动收益（损失以“－”号填列）		
信用减值损失（损失以“－”号填列）		
资产减值损失（损失以“－”号填列）		
资产处置收益（损失以“－”号填列）		
二、营业利润（亏损以“－”号填列）		
加：营业外收入		
减：营业外支出		
其中：非流动资产处置损失		
三、利润总额（亏损总额以“－”号填列）		
减：所得税费用		
四、净利润（净亏损以“－”号填列）		

第十三章　会计核算形式

第一节　会计核算形式概述

会计核算形式也称账务处理程序，是指以账簿体系为中心，将凭证、账簿、记账程序和财务报表有机结合在一起，相互配合地进行会计处理的会计核算组织形式。其核心是规定如何登记总分类账的方法，这是会计制度设计的一项重要内容，也是区分各种会计核算形式的主要依据。合理的会计核算形式能将企业的会计核算工作组织成既有分工、又有协作的有机整体，将各个会计核算岗位的工作有效地组织起来，既减少了会计人员的工作量，节约了人力物力，又有效地提高了工作效率和质量。

按照登记总分类账的依据不同，会计核算形式主要有：

(1) 记账凭证核算形式。

(2) 科目汇总表核算形式。

(3) 汇总记账凭证核算形式。

(4) 日记总账核算形式。

(5) 多栏式日记账核算形式。

按照设计会计核算形式的要求，结合中国会计工作的实际情况，各经济单位常用的会计核算形式主要有：记账凭证核算形式、科目汇总表核算形式、汇总记账凭证核算形式。其中，科目汇总表核算形式的应用更为广泛。

一、记账凭证核算形式

(一) 特征及步骤

记账凭证核算形式是直接依据记账凭证逐笔登记总账的一种核算形式。它是最基本的核算形式。其他几种核算形式都是在记账凭证核算形式的基础上，根据经济管理的需要而发展起来的。其程序概述如下：

(1) 根据原始凭证或原始凭证汇总表编制记账凭证。

(2) 根据收、付款凭证(或通用记账凭证)登记库存现金日记账和银行存款日记账。

(3) 根据原始凭证、汇总原始凭证和记账凭证登记各种明细账。

(4) 根据记账凭证逐笔登记总分类账。

(5) 期末,将日记账、明细账余额分别与总账中相应账户的余额进行核对。

(6) 期末,根据核对相符的总账和明细账的记录,编制财务报表。

记账凭证核算形式程序如图 13-1 所示。

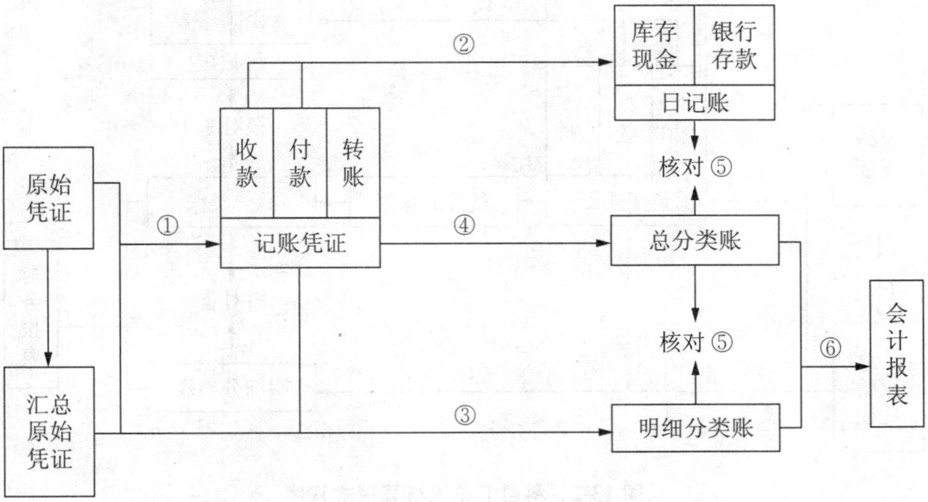

图 13-1　记账凭证核算形式

(二) 优缺点及适用范围

优点:账务处理程序简单明了,易于理解。总分类账可以较详细地反映经济业务的发生情况。

缺点:登记总账的工作量较大。

适用范围:适用于规模小、经济业务量较少的单位。

二、科目汇总表核算形式

(一) 特征及步骤

科目汇总表核算形式是先根据记账凭证定期编制出科目汇总表,然后再据其登记总分类账的一种核算形式。科目汇总表核算形式是在记账凭证核算形式基础上对所涉及的会计科目分借贷方发生额进行汇总而发展起来的。

其程序概述如下:

(1) 根据原始凭证或原始凭证汇总表编制记账凭证。

(2) 根据收、付款凭证(或通用记账凭证)登记库存现金日记账和银行存款日记账。

(3) 根据原始凭证、汇总原始凭证和记账凭证登记各种明细分类账。

(4) 根据记账凭证定期编制科目汇总表。
(5) 根据科目汇总表登记总分类账。
(6) 期末,将日记账、明细分类账余额分别与总分类账中相应账户的余额进行核对。
(7) 期末,根据核对相符的总分类账和明细分类账的记录,编制财务报表。
科目汇总表核算形式程序如图 13-2 所示。

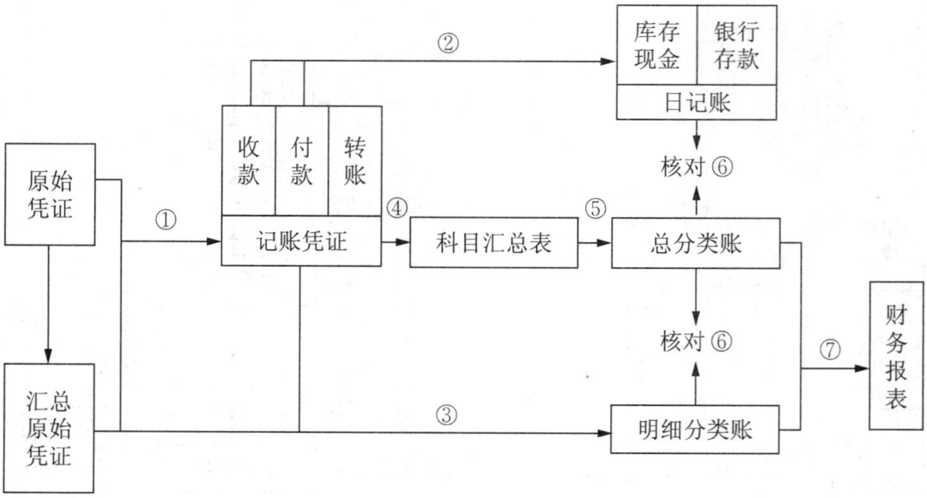

图 13-2　科目汇总表核算形式程序

(二) 优缺点及适用范围

优点:减轻了登记总账的工作量,并可以做到试算平衡,简明易懂。
缺点:不能反映账户对应关系,不便于查对账目。
适用范围:适用于经济业务量较多的单位。

三、汇总记账凭证核算形式

(一) 特征及步骤

汇总记账凭证核算形式是根据记账凭证先定期编制出汇总记账凭证,然后再据以登记总分类账的一种核算形式。其程序概述如下:
(1) 根据原始凭证或原始凭证汇总表编制记账凭证。
(2) 根据收、付款凭证(或通用记账凭证)登记库存现金日记账和银行存款日记账。
(3) 根据原始凭证、汇总原始凭证和记账凭证登记各种明细分类账。
(4) 根据记账凭证定期编制汇总记账凭证。
(5) 根据汇总记账凭证登记总分类账。
(6) 期末,将日记账、明细分类账余额分别与总分类账中相应账户的余额进行核对。
(7) 期末,根据核对相符的总分类账和明细分类账的记录,编制财务报表。

汇总记账凭证核算形式程序如图 13-3 所示。

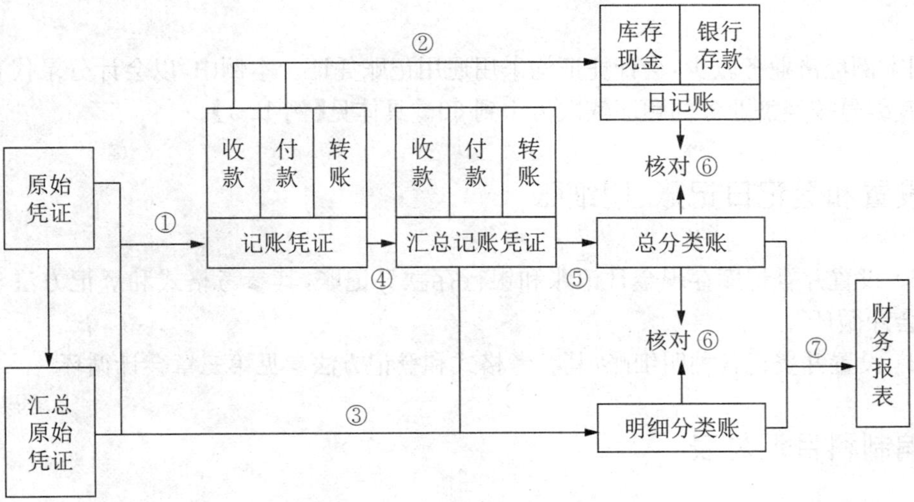

图 13-3　汇总记账凭证核算形式程序

（二）优缺点及适用范围

优点：减轻了登记总账的工作量，由于按照账户对应关系汇总编制记账凭证，便于了解账户之间的对应关系。

缺点：不利于会计的日常分工，当转账凭证较多时，编制汇总转账凭证的工作量较大。

适用范围：适用于规模较大、经济业务量较多的单位。

第二节　科目汇总表核算形式的运用

为了便于理解并掌握科目汇总表核算形式的具体操作流程，现以本书中 W 公司的资料为例，说明根据原始凭证和记账凭证，编制科目汇总表、登记库存现金日记账、银行存款日记账和有关明细分类账的方法，根据科目汇总表登记总分类账的方法，以及根据余额试算平衡表编制财务报表的方法。

一、资料

以本书中 W 公司 20×5 年 10 月份发生的全部经济业务为例，即业务[1]到[60]，具体业务内容详见【例 12-1】。经济业务的原始凭证，假定是【例 12-1】中用文字所表述的经济业务。

二、编制记账凭证

因本例经济业务较少,会计凭证均采用通用记账凭证。本例中,以会计分录代替记账凭证,其编号按经济业务的顺序依次为 1 到 60。具体见【例 12-1】。

三、设置和登记日记账、明细账

(1) 设置并登记库存现金日记账和银行存款日记账,其参考格式和登记方法参见第三章“会计循环”。

(2) 设置并登记各种明细账,其参考格式和登记方法参见第三章会计循环。

四、编制科目汇总表

(一) 建 T 字形账户

根据记账凭证编制科目汇总表工作底稿(建 T 字形账户),汇总各账户发生额。

这里采用半个月汇总一次,即 1—15 日汇总一次,16—31 日汇总一次。为了减少篇幅,本例仅编制“库存现金”“原材料”“应付账款”和“主营业务收入”账户的工作底稿,如图 13-4、图 13-5、图 13-6、图 13-7 所示,其他账户从略。

借方	库存现金		贷方
[34]	18 000	[35]	12 500
[39]	200	[36]	2 000
		[37]	1 000
		[40]	800
		[42]	500
		[43]	800
		[44]	300
合计	18 200	合计	17 900

图 13-4　T 字形“库存现金”总账户

借方	原材料		贷方
[7]	100 000	[16]	35 000
[8]	40 200	[32]	400
		[53]	205.31
合计	140 200	合计	35 605.31

图 13-5　T 字形“原材料”总账户

借方	应付账款		贷方
		[7]	113 000
		合计	113 000

图 13-6　T 字形“应付账款”总账户

借方	主营业务收入		贷方
[56]	71 500	[25]	40 000
		[27]	17 500
		[28]	14 000
合计	71 500	合计	71 500

图 13-7　T 字形“主营业务收入”总账户

(二) 编制科目汇总表

根据上述科目汇总表工作底稿汇总的账户发生额，编制“科目汇总表”，如表 13-1、表 13-2 所示。

表 13-1　科目汇总表

20×5 年 10 月 15 日　　　　凭证编号汇 1

会计科目	发生额	
	借方	贷方
银行存款	260 000.00	439 026.00
交易性金融资产	62 400.00	
原材料	140 200.00	
在途物资	3 000.00	3 000.00
周转材料	4 200.00	
库存商品	3 000.00	
长期股权投资	100 000.00	
债权投资	10 000.00	
固定资产	180 340.00	100 000.00
在建工程	200 000.00	
无形资产	300 000.00	
短期借款		60 000.00
应付账款		113 000.00
应付票据		3 390.00
应交税费	55 276.00	
长期借款		200 000.00
实收资本		400 000.00
合计	1 318 416.00	1 318 416.00

注：15 日所汇总的发生额是 1—15 日所发生的经济业务[1]至[15]。

表 13-2　科目汇总表

20×5 年 10 月 31 日　　　　凭证编号汇 2

会计科目	发生额	
	借　　方	贷　　方
库存现金	18 200.00	17 900.00
银行存款	46 385.00	23 300.00
应收票据	19 775.00	
应收账款	15 820.00	
其他应收款	2 000.00	2 000.00
原材料		35 605.31
周转材料		880.00
库存商品	49 257.70	41 012.40
累计折旧		1 500.00
在建工程	1 000.00	
累计摊销		1 250.00
待处理财产损溢	719.70	719.70
生产成本	48 770.00	48 770.00
制造费用	3 510.00	3 510.00
应交税费		12 678.14
应付职工薪酬	13 500.00	18 687.50
应付利息		1 250.00
利润分配		9 874.35
本年利润	72 000.00	72 000.00
主营业务收入	71 500.00	71 500.00
其他业务收入	500.00	500.00
主营业务成本	41 012.40	41 012.40
其他业务成本	400.00	400.00
税金及附加	800.00	800.00
销售费用	2 680.00	2 680.00
财务费用	250.00	250.00
管理费用	14 299.50	14 299.50
所得税费用	3 291.45	3 291.45
合计	425 670.75	425 670.75

注:31 日所汇总的发生额是 16—31 日所发生的经济业务[16]至[60]。

五、设置并登记总分类账

根据科目汇总表 13-1、表 13-2 登记各总分类账户。

为减少篇幅，本案例仅登记“银行存款”“原材料”“应付账款”和“主营业务收入”账户，如表 13-3、表 13-4、表 13-5、表 13-6 所示，其他账户的登记从略。

表 13-3 总分类账

会计科目：银行存款 第 页

20×5 年		凭证字号	摘要	借方	贷方	借或贷	余额
月	日						
9	30		月末余额			借	200 000.00
10	15	汇 1	1—15 日汇总	260 000.00	439 026.00		
	31	汇 2	16—31 日汇总	46 385.00	23 300.00		
	31		本月合计	306 385.00	462 326.00	借	44 059.00

表 13-4 总分类账

会计科目：原材料 第 页

20×5 年		凭证字号	摘要	借方	贷方	借或贷	余额
月	日						
10	15	汇 1	1—15 日汇总	140 200.00			
	31	汇 2	16—31 日汇总		35 605.31		
	31		本月合计	140 200.00	35 605.31	借	104 594.69

表 13-5 总分类账

会计科目：应付账款 第 页

20×5 年		凭证字号	摘要	借方	贷方	借或贷	余额
月	日						
10	15	汇 1	1—15 日汇总		113 000.00		
	31		本月合计		113 000.00	贷	113 000.00

表 13-6 总分类账

会计科目：主营业务收入 第 页

20×5 年		凭证字号	摘要	借方	贷方	借或贷	余额
月	日						
10	31	汇 2	16—31 日汇总	71 500.00	71 500.00		
	31		本月合计	71 500.00	71 500.00	平	0

六、对账与试算平衡

(一) 对账

月末,将库存现金日记账、银行存款日记账的余额,以及各种明细账的余额合计数,分别与总账中有关科目的余额核对相符。

(二) 试算平衡

月终,根据核对无误的总分类账记录,编制"总分类账发生额及余额试算平衡表"如表13-7 所示。

表 13-7 总分类账发生额及余额试算平衡表 编号:

20×5 年 10 月 31 日

序号	会计科目	期初余额		本期发生额		期末余额	
		借方	贷方	借方	贷方	借方	贷方
1	库存现金			18 200.00	17 900.00	300.00	
2	银行存款	200 000.00		306 385.00	462 326.00	44 059.00	
3	交易性金融资产			62 400.00		62 400.00	
4	应收票据			19 775.00		19 775.00	
5	应收账款			15 820.00		15 820.00	
6	其他应收款			2 000.00	2 000.00	0	
7	原材料			140 200.00	35 605.31	104 594.69	
8	在途物资			3 000.00	3 000.00	0	
9	周转材料			4 200.00	880.00	3 320.00	
10	库存商品			52 257.70	41 012.40	11 245.30	
11	长期股权投资			100 000.00		100 000.00	
12	债权投资			10 000.00		10 000.00	
13	固定资产	400 000.00		180 340.00	100 000.00	480 340.00	
14	累计折旧				1 500.00		1 500.00
15	在建工程			201 000.00		201 000.00	
16	无形资产			300 000.00		300 000.00	
17	累计摊销				1 250.00		1 250.00
18	待处理财产损溢			719.70	719.70	0	
19	生产成本			48 770.00	48 770.00	0	
20	制造费用			3 510.00	3 510.00	0	
21	短期借款				60 000.00		60 000.00

续　表

序号	会计科目	期初余额		本期发生额		期末余额	
		借方	贷方	借方	贷方	借方	贷方
22	应付账款				113 000.00		113 000.00
23	应付票据				3 390.00		3 390.00
24	应交税费			55 276.00	12 678.14		−42 597.86
25	应付职工薪酬			13 500.00	18 687.50		5 187.50
26	应付利息				1 250.00		1 250.00
27	应付股利						
28	长期借款				200 000.00		200 000.00
29	实收资本		600 000.00		400 000.00		1 000 000.00
30	盈余公积						
31	利润分配				9 874.35		9 874.35
32	本年利润			72 000.00	72 000.00	0	
33	主营业务收入			71 500.00	71 500.00	0	
34	其他业务收入			500.00	500.00	0	
35	主营业务成本			41 012.40	41 012.40	0	
36	其他业务成本			400.00	400.00	0	
37	税金及附加			800.00	800.00	0	
38	销售费用			2 680.00	2 680.00	0	
39	财务费用			250.00	250.00	0	
40	管理费用			14 299.50	14 299.50	0	
41	所得税费用			3 291.45	3 291.45	0	
	合　　计	600 000.00	600 000.00	1 744 086.75	1 744 086.75	1 352 853.99	1 352 853.99

七、编制财务报表

试算平衡后，根据有关总分类账户和明细分类账户，编制资产负债表和利润表，具体见第十二章的表 12-3 和 12-5 所示。

【相关知识介绍】

小企业设立建账流程

任何企业在成立初始，都面临建账问题。建账即企业根据行业要求和将来可能发生的会计业务，购置所需要的账簿，然后根据企业日常发生的业务情况和会计处理程序登记账簿。小企业一般采用记账凭证会计核算形式。建账主要流程包括：选择会计准则、准备账簿、设置会计科目、填制账簿等步骤。

首先,企业成立后,根据企业经营的行业、规模以及内部核算的特点,可以选择执行《小企业会计准则》或《企业会计准则》。

其次,准备账簿。由于小企业规模较小,业务量少,通常一个会计可以处理企业发生的所有经济业务,因此,不需要设置太多的账簿。一般只需设置一本现金日记账、一本银行存款日记账、一本总账和三本明细账即可以满足企业管理的需要。对于现金日记账、银行存款日记账和总账应采用订本式账簿;明细账采用活页式账簿,其中,存货类账户要用数量金额式账页,收入、费用、成本类账户使用多栏式账页,其他账户基本都可以使用三栏式账页。当然,对于准备多少账簿,并没有强制性的规定,主要考虑应与企业的规模相适应,以满足企业管理需要为前提。

再次,设置会计科目。企业可以依据选定的会计准则中列示的会计科目及其主要的账务处理,结合本企业的业务和企业管理的需要,依次从资产类、负债类、所有者权益类、成本类、损益类中选择出企业需要设置的会计科目。

最后,填制账簿。账簿启用后,先应将账簿扉页上的账簿启用及经管人员一览表中的有关内容填制完整。包括单位名称、账簿名称、启用日期、会计主管、记账人员以及单位印鉴等信息;粘贴印花税税票并划双横线注销。然后,填写总账和明细账的账户目录。通常按资产类、负债类、所有者权益类、成本类、损益类会计科目的顺序编制目录。总账每个账户预留 2—4 页,并将会计科目名称写在对应的账页上,或加盖会计科目章,使目录和账页中的会计科目一一对应。由于总账采用订本式,页码已经事先印制在账页上,可根据单位具体情况预留账页。明细账由于采用的是活页式,不需要预留账页,可以根据实际需要取用,会计年度结束,将其装订成册,统一进行编号。对于存货类明细账,既要登记数量又要登记金额;对于多栏式明细账,应分具体项目列示,如费用账,应分为工资、办公费、水电费、折旧费等等,一般根据企业管理的需要,以费用的分析项目列示。此外,为了查找、登记方便,在设置明细账页时,每个账户的第一张账页外侧粘贴口取纸,填写会计科目名称,并且各个账户错开粘贴。对于现金和银行存款日记账不需对账页进行特别设置。

本章小结

会计核算形式也称账务处理程序,是指以账簿体系为中心,将凭证、账簿、记账程序和财务报表有机结合在一起,相互配合地进行会计处理的会计核算组织形式。常用的会计核算形式主要有:记账凭证核算形式、科目汇总表核算形式和汇总记账凭证核算形式。其中,科目汇总表核算形式的应用更为广泛。

记账凭证核算形式是直接依据记账凭证逐笔登记总账的一种核算形式。它是最基本的核算形式。科目汇总表核算形式是先根据记账凭证定期编制出科目汇总表,然后再据以登记总分类账的一种核算形式。科目汇总表核算形式是在记账凭证核算形式基础上对所涉及的会计科目分借贷方发生额进行汇总而发展起来的。汇总记账凭证核算形式是根据记账凭证先定期编制出汇总记账凭证,然后再据以登记总分类账的一种核算形式。

思　考　题

1. 简述会计核算形式的含义。

2. 简述会计核算形式的分类。

3. 记账凭证核算形式、科目汇总表核算形式和汇总记账凭证核算形式分别包括哪些步骤？

4. 记账凭证核算形式、科目汇总表核算形式、汇总记账凭证核算形式分别有哪些优缺点？

5. 记账凭证核算形式、科目汇总表核算形式、汇总记账凭证核算形式各自的适用范围是什么？

核　算　题

1. **目的**：练习科目汇总表账务处理程序。

2. **资料**：宏达公司 20×9 年 1 月期初总分类账户余额如表 13-8 所示。

表 13-8　账户余额　　单位：元

账户名称	借方余额	账户名称	贷方余额
库存现金	12 000	应付账款	85 000
银行存款	260 000	短期借款	200 000
应收账款	100 000	实收资本	550 000
其他应收款	3 000	盈余公积	170 000
原材料	86 000	利润分配	14 000
库存商品	71 000	累计折旧	170 000
长期股权投资	100 000		
固定资产	557 000		
合　计	1 189 000	合　计	1 189 000

宏达公司 20×9 年 1 月份 1—10 日发生以下经济业务：

(1) 1 月 1 日，向五丰公司购入甲材料 200 千克，每千克 130 元，计 26 000 元，增值税税率为 13%，货款以银行存款支付，材料未验收入库。

(2) 1 月 4 日，以银行支票偿还欠天明公司货款 30 000 元。

(3) 1月4日,购入不需要安装的新机器一台,价值为50 000元,增值税税率为13%,以银行支票支付。

(4) 1月4日,销售A产品230件给欣欣公司,每件200元,计46 000元,增值税税率为13%,货款尚未收到。

(5) 1月5日,以银行存款支付车间修理费350元。

(6) 1月6日,仓库发出车间一般耗费的丁材料50千克,每千克20元。

(7) 1月7日,以现金430元购买管理部门办公用品。

(8) 1月7日,从三洋公司购入乙材料300千克,计30 000元,增值税税率为13%,开出商业汇票,材料已入库。

(9) 1月8日,售出B产品150件,计60 000元,增值税税率为13%,货款已存入银行。

(10) 1月9日,管理部门人员出差回来报销差旅费1 300元,已预借1 500元,余款交回现金。

3. 要求:

(1) 填制通用记账凭证。

(2) 按科目汇总表账务处理程序编制科目汇总表,每10日汇总编制一次科目汇总表,并根据科目汇总表登记总账。

(3) 编制总分类账户本期发生额及余额试算平衡表。

第十四章 会计分析

第一节 本量利分析

本量利分析是成本、业务量和利润三者依存关系分析的简称，它是指在成本性态分析的基础上，运用数学模型和图式，对成本、利润、业务量与单价等因素之间的依存关系进行具体的分析，研究其变动的规律性。

本量利分析的主要作用在于通过损益平衡计算找出并确定一个损益平衡点，以及进一步突破此点后增加数量，控制成本，提高利润的可能性。本量利分析还有助于发展和确定企业增加利润的潜在能力以及各有关因素变动对成本、利润的影响程度。

一、成本性态分析

成本性态是指成本总额与业务量之间，在数量方面的依存关系。这里的业务量可以是生产或销售的数量，也可以是反映生产工作量的直接人工小时数；成本总额是指为取得营业收入而发生的各种成本费用，包括生产成本和非生产成本。

成本按其性态，可分为固定成本、变动成本和混合成本三大类。

（一）固定成本

固定成本是指成本总额在一定时期和一定业务量范围内，不随业务量变动而变动的成本，如固定资产折旧、广告费等。

固定成本具有以下特点：

(1) 在一定时期和一定的业务量范围内，成本总额保持不变。

(2) 单位固定成本随业务量的增减变动成反比例变动。

【例 14-1】 甲公司为增加净水机的销售，支付一季度广告费 200 000 元，不论甲公司销售多少台净水机，广告费成本保持相对稳定，是一项固定成本。单位广告费成本则随销量的变化成反比例变动。具体如表 14-1、图 14-1、图 14-2 所示。

表 14-1　固定成本与业务量关系

业务量/台	固定成本总额/元	单位成本(固定成本总额/业务量)/(元/台)
1 000	200 000	200
2 000	200 000	100
3 000	200 000	66.7
4 000	200 000	50

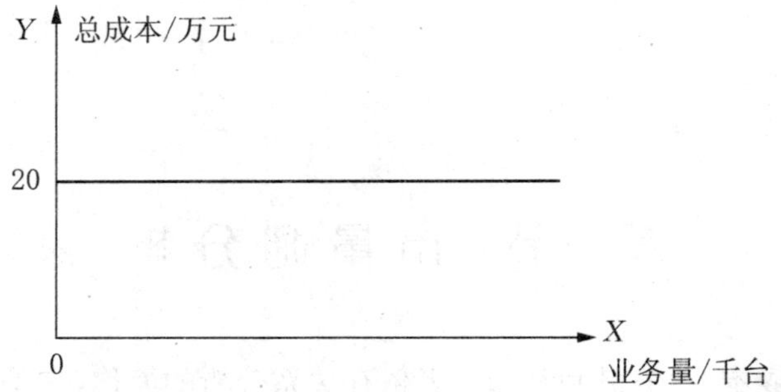

图 14-1　固定成本总额与业务量关系图

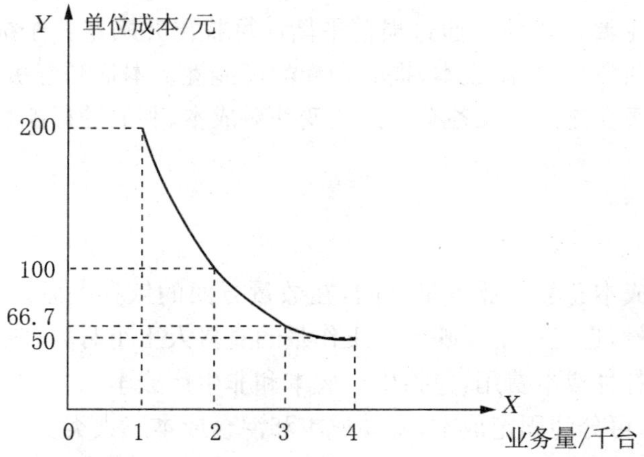

图 14-2　单位固定成本与业务量关系图

(二) 变动成本

变动成本是指在一定时期和一定业务量范围内,成本总额随着业务量变化而成正比例增减变动的成本,如直接人工、直接材料、产品包装费及销售佣金等。变动成本总额直接受产量的影响,两者保持正比例关系,比例系数稳定。这个比例系数就是单位产品的变动成本。

【例 14-2】甲公司生产的净水机,每台净水机需支付的成本为 1 000 元,其变动成本与业务量关系如表 14-2、图 14-3、图 14-4 所示。

表 14-2 变动成本与业务量关系

业务量/台	变动成本总额/元	单位成本(变动成本总额/业务量)/(元/台)
1 000	100 000	100
2 000	200 000	100
3 000	300 000	100
4 000	400 000	100

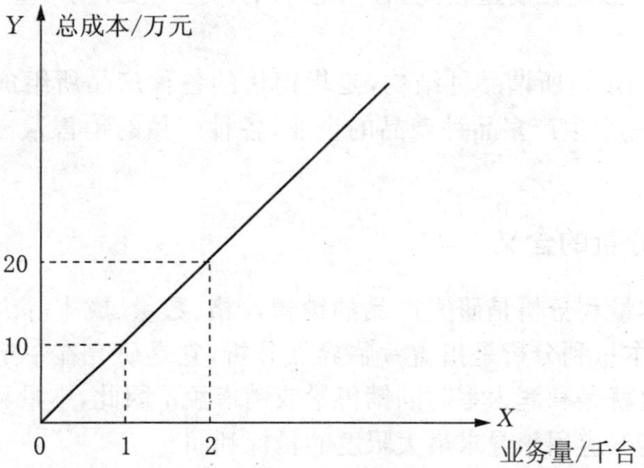

图 14-3 变动成本总额与业务量关系图

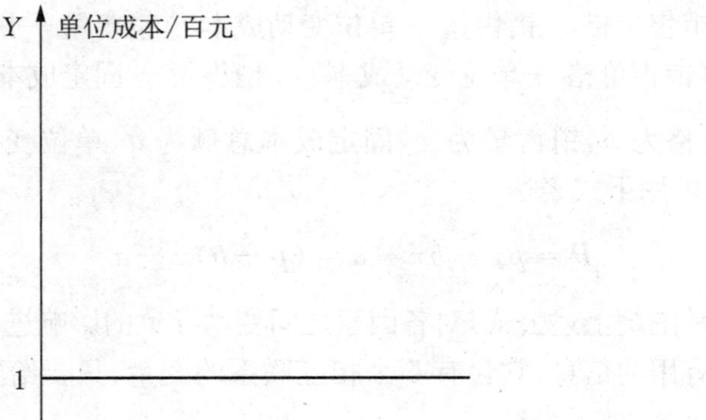

图 14-4 单位变动成本与业务量关系图

如果把成本分为固定成本和变动成本两大类，产量增加时固定成本不变，只有变动成本随产量的增加而增加，那么，总成本的增加额是由于变动成本增加而引起的。因此，变动成本是产品生产的增量成本。总成本公式为：

$$总成本(y)=固定成本(a)+变动成本(bx)$$

二、本量利分析概述

(一) 本量利分析的基本假设

本量利分析理论建立在一定的假定基础上,一般有以下几方面假定:

(1) 销售价格假定。假定售价为常数,其前提条件是产品处于成熟期,售价比较稳定。

(2) 成本是线性的。假定总成本是一元线性方程。

(3) 产销平衡。假定在制造企业,存货总水平保持不变,则产量等于销量,可以实现产销平衡。

(4) 品种结构固定。所谓品种结构,是指销售的各种产品所组成的比例关系。品种结构固定是假定在一个生产多品种产品的企业,各种产品的销售量占全部产品销售总量的比例保持不变。

(二) 本量利分析的含义

从广义上讲,本量利分析是研究产品的销售价格、数量、成本等因素的变动对利润的影响;从狭义上讲,本量利分析是指盈亏临界点分析,它是研究在一定期间内销售收入与销售成本相平衡,也就是利润为零时的销售量或销售额。因此,本量利分析既可以用来测定盈亏临界点,也能够应用于寻求最大限度的目标利润。

把成本、业务量和利润三者之间的依存关系用方程式来表达,可得到如下公式:

利润=销售收入－变动成本－固定成本
=销售价格×销售量－单位变动成本×销售量－固定成本
=(销售价格－单位变动成本)×销售量－固定成本

这里,设销售价格为 p,销售量为 x,固定成本总额为 a,单位变动成本为 b,利润为 P,则这些变量之间可用下式表达:

$$P = px - bx - a = (p - b)x - a$$

本量利分析就是围绕上述公式,对各因素之间变动导致的影响进行系统的分析,从而为预测和决策提供有用的信息,它含有 5 个相互联系的变量,只要给定其中 4 个,便可求出另外 1 个变量。

三、贡献毛益及相关指标

(一) 贡献毛益

在本量利分析中,贡献毛益是一个十分重要的概念。所谓贡献毛益,是指销售收入减去变动成本后的余额,也称边际贡献、边际利润或创利额。

贡献毛益通常有两种表现形式:

一种是绝对数形式,表现为单位贡献毛益和贡献毛益总额。

单位贡献毛益(用CM来表示),它是指产品的销售价格减去单位变动成本后的余额。单位贡献毛益反映的是每个单位产品的创利能力,即每增加一个单位产品销售所提供的创利额,用公式表示如下:

$$单位贡献毛益(CM)=销售价格-单位变动成本=p-b$$

贡献毛益总额(用TCM表示),它是指产品的销售收入总额减去变动成本总额后的余额,用公式表示如下:

$$\begin{aligned}贡献毛益总额(TCM)&=销售收入-变动成本=单位边际贡献\times 销售量\\&=px-bx=CM\cdot x\end{aligned}$$

另一种是相对数表示,即贡献毛益率来表示。贡献毛益率又称边际贡献率,是指贡献毛益总额占销售收入总额的百分比,或单位贡献毛益占销售价格的百分比。它反映产品为企业创利的能力,用公式表示如下:

$$贡献毛益率(CMR)=\frac{贡献毛益}{销售收入}\times 100\%=\frac{(p-b)x}{px}=\frac{(p-b)}{p}=\frac{单位贡献毛益}{销售价格}$$

(二)变动成本率

变动成本率是指变动成本总额占销售收入总额的百分比,或单位变动成本占销售价格的百分比。它反映每百元销售额中变动成本所占的金额,用公式表示如下:

$$变动成本率=\frac{变动成本(bx)}{销售收入(px)}\times 100\%=\frac{单位变动成本(b)}{销售价格(p)}\times 100\%$$

【例14-3】 A公司10月份生产某一产品,产品单位售价为10元,单位变动成本为4元,销售量为1 000件,发生固定成本2 000元。

则:贡献毛益总额(TCM)=(10−4)×1 000=6 000(元)

$$贡献毛益率(CMR)=\frac{10-4}{10}\times 100\%=60\%$$

$$变动成本率=\frac{4}{10}\times 100\%=40\%$$

由贡献毛益率和变动成本率可知,变动成本率与贡献毛益率之和为1。由此可见,贡献毛益率与变动成本率属于互补性质。产品的变动成本率低,则其贡献毛益率就高,创利能力就大;反之,产品的变动成本率高,则其贡献毛益率就低,创利能力就小。

四、盈亏临界点

(一)盈亏临界点的确定

盈亏临界点是指使企业达到盈亏平衡状态,即企业的销售收入等于总成本。由此可以看出,企业的销售收入扣除变动成本以后得到贡献毛益,它首先要补偿固定成本,只有补偿固定成本以后的余额,才能为企业创造利润;反之,企业则会发生亏损。如果贡献毛益恰好等于固定成本,则企业处于不盈不亏的状态,此时的销售量即为盈亏临界点,盈亏临界点也被称为盈亏平衡点或保本点等。

盈亏临界点通常有两种表现形式:一种是实物量表现,称为盈亏平衡点销售量;另一种是金额表现,称为盈亏平衡点销售额。确定盈亏平衡点的方法主要有基本等式法、贡献毛益法以及盈亏临界图等。

1. 基本等式法

基本等式法是指在本量利关系的基本公式基础上,计算出盈亏平衡点销售量和盈亏平衡点销售额的一种方法。

根据公式 $P=(p-b)x-a$,在盈亏平衡状态,$P=0$,则公式就成为:

$$x=\frac{a}{p-b}$$

$$盈亏临界点销售量=\frac{固定成本}{销售单价-单位变动成本}$$

$$盈亏临界点销售额=销售单价\times盈亏临界点销售量$$

【例 14-4】假定 A 公司产品的单位变动成本为 320 元,销售价格为 400 元,每个月的固定成本为 80 000 元。要求:计算该公司的盈亏临界点。

根据资料,该公司的盈亏临界点计算如下:

$$盈亏临界点销售量=\frac{80\ 000}{400-320}=1\ 000(件)$$

$$盈亏临界点销售额=400\times1\ 000=400\ 000(元)$$

2. 贡献毛益法

贡献毛益法是指利用贡献毛益与业务量、利润之间的关系直接计算盈亏临界点的一种方法。当产品提供的贡献毛益总额正好等于固定成本总额时,就处于不盈不亏状态,达到盈亏平衡点。用公式表示为:

$$贡献毛益(\text{TCM})=固定成本(a)$$

即:$\text{CM}\cdot x=a\Rightarrow x=\frac{a}{CM}$

即:$盈亏临界点销售量=\frac{固定成本}{单位贡献毛益}=\frac{a}{p-b}$

$$盈亏临界点销售额=销售单价\times盈亏临界点销售量=p\times\frac{a}{p-b}=\frac{固定成本}{贡献毛益率}$$

【例 14-5】仍沿用【例 14-4】的资料。

根据资料,该公司的盈亏平衡点计算如下:

$$盈亏临界点销售量=\frac{80\ 000}{单位贡献毛益}=\frac{80\ 000}{80}=1\ 000(件)$$

$$盈亏临界点销售额=\frac{80\ 000}{贡献毛益率}=\frac{80\ 000}{80/400}=400\ 000(元)$$

企业经营管理者总是希望企业的盈亏临界点越低越好,因为盈亏临界点越低,企业的经营风险就越小。从盈亏临界点的计算公式可以看出,降低盈亏临界点的途径有以下三种:

(1) 降低固定成本总额。在其他因素不变时，盈亏临界点的降低幅度与固定成本的降低幅度相同。

(2) 降低单位变动成本。在其他因素不变时，通过降低单位变动成本来降低盈亏临界点。

(3) 提高销售单价。在其他因素不变时，通过提升销售单价来降低盈亏临界点。

(二) 盈亏临界图

盈亏临界图是围绕盈亏点，将影响企业利润的有关因素及其相应关系，通过一张图形象地表现出来，通常有基本式、贡献毛益式和量利式三种，它们都能够直观地从动态角度揭示本量利之间的相互依存关系。

1. 基本式

基本式能反映最基本的本量利关系。它所反映的总成本是以固定成本为基础，能清晰地反映固定成本总额不变的特点，同时，能揭示盈亏平衡点。

基本式盈亏临界图的绘制方法如下：

第一步，在直角坐标系中，横轴代表销售量，纵轴代表成本和销售收入金额。

第二步，绘制固定成本线。在纵轴上根据固定成本的金额绘出固定成本线，使之与横轴平行，并与纵轴相交。

第三步，绘制销售收入线。以坐标原点为起点，在横轴上取一销售量数值，计算出销售收入，在坐标上，找出该销售量与销售收入所对应的点，连接原点与该点，即为总收入线。

第四步，绘制总成本线。总成本线是起始于固定成本线与纵轴交点之处的一条直线。

第五步，确定盈亏平衡点。销售收入线与总成本线的交点即为盈亏平衡点，在这一点销售收入总额等于总成本。

根据【例 14-4】的资料，绘制基本式盈亏临界图，如图 14-5 所示。

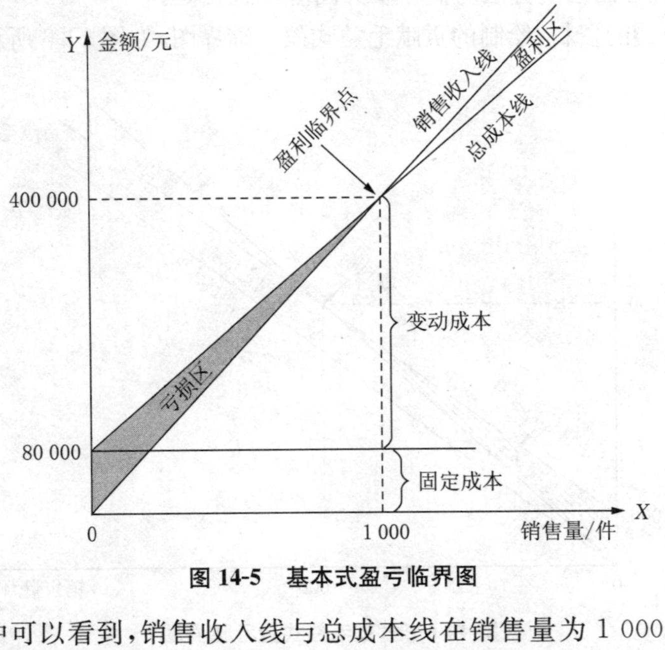

图 14-5 基本式盈亏临界图

从图 14-5 中可以看到，销售收入线与总成本线在销售量为 1 000 件、销售金额为 400 000 元时相交，这就是盈亏平衡点销售量和盈亏平衡点销售额。在销售量小于 1 000

时,企业处于亏损状态,且亏损额随销售量的减少而逐渐增加;在销售量大于 1 000 时,企业处于盈利状态,且盈利额随着销售量的增加而增加。

通过观察基本式,可以掌握本量利之间的如下规律:

(1) 在盈亏临界点不变的情况下,销售量越大,实现的盈利就越多;反之,销售量越小,亏损额就越大。

(2) 在销售量不变的情况下,盈亏临界点越低,盈利区的面积就会扩大,亏损区的面积就会缩小;反之,盈亏平衡点越高,盈利区的面积就会缩小,亏损区的面积就会扩大。

(3) 在销售收入不变的情况下,盈亏临界点的高低取决于单位变动成本和固定成本总额的大小。单位变动成本或固定成本总额越小,盈亏平衡点就越低;反之,盈亏平衡点就越高。

(4) 在总成本不变的情况下,盈亏临界点受单位售价变动的影响而变动。单位售价越高,销售收入线的斜率越大,盈亏临界点就越低;反之,销售收入线的斜率越小,盈亏临界点就越高。

基本式盈亏临界图在实际工作中得到广泛应用,原因在于它比数字计算更加直观地反映企业相关范围内不同业务量对利润的影响,便于管理人员规划企业的产品生产和销售。

2. 贡献毛益式

基本式盈亏临界图虽然反映了本量利之间的基本关系,但却无法反映出贡献毛益的形成和作用。贡献毛益式将固定成本置于变动成本线之上,总成本线是一条平行于变动成本线的直线,因而能直观地反映出贡献毛益的形成及其与利润之间的关系。

贡献毛益式盈亏临界图的绘制方法如下:

第一步,以坐标原点为始点,绘制变动成本线:$y=bx$。

第二步,绘制与变动成本线平行的总成本线:$y'=a+bx$,使得变动成本线与总成本线之间的竖直距离为固定成本。

第三步,其他方面绘制方法与盈亏临界图基本式相同。

根据【例 14-4】的资料,绘制的贡献毛益式盈亏临界图,如图 14-6 所示。

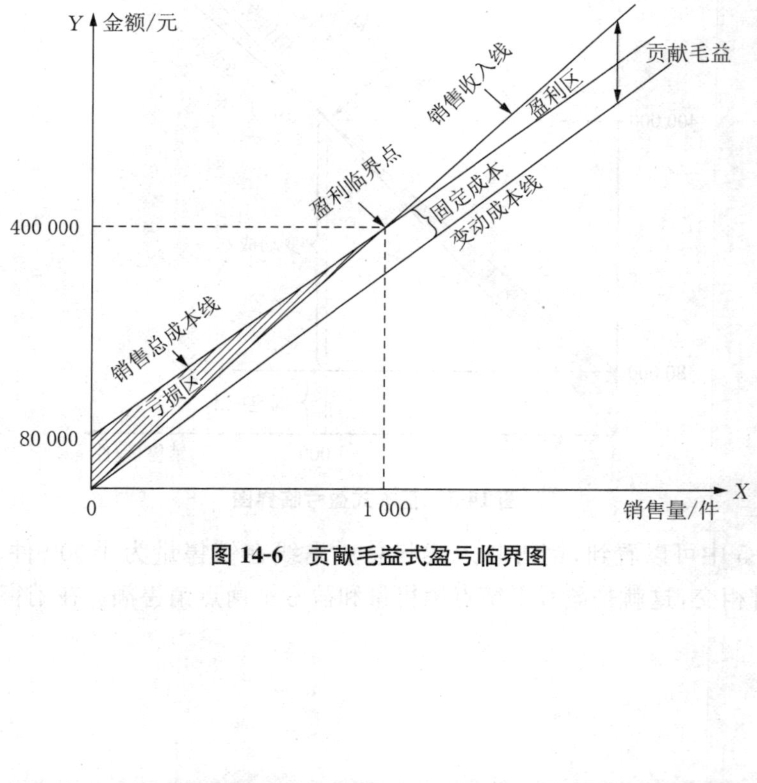

图 14-6 贡献毛益式盈亏临界图

从图 14-6 中可以看出，销售收入线与变动成本线之间的部分即为贡献毛益。贡献毛益首先用于弥补固定成本，在盈亏临界点左侧，贡献毛益不足以弥补固定成本，为亏损区；在盈亏临界点右侧，边际贡献弥补固定成本后还有剩余，即为利润区。

3. 量利式

量利式又称利润图，它表现了利润与销售量的直接关系，简明扼要，更便于企业管理人员理解。

根据【例 14-4】的资料，量利式盈亏临界图的绘制方法如下：

第一步，绘制直角坐标系，以横轴表示销售量，纵轴代表利润；其中纵轴原点以上部分为正，代表盈利额；原点以下部分为负，代表亏损额。

第二步，在原点以下的纵轴上找出销售量为零时的利润点，即固定成本点(0，−80 000)。

第三步，任意选定一销售量，确定该销售量下的利润或亏损点。连接该点与第二步所找到的点，即得到利润线。

第四步，利润线与横轴交点即为盈亏临界点。

量利式盈亏临界图如图 14-7 所示。

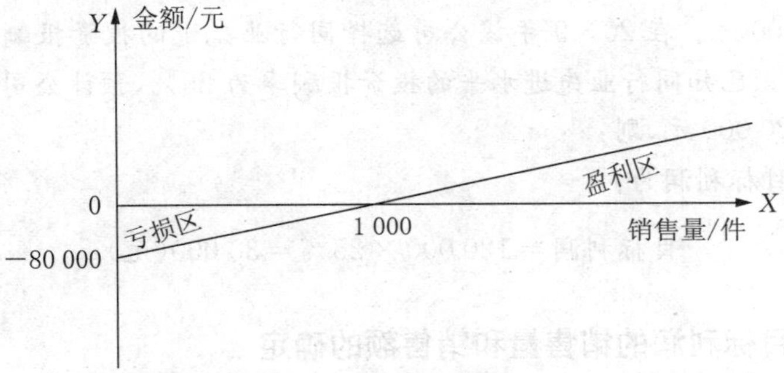

图 14-7　量利式盈亏临界图

量利式虽然直观、明了地反映了利润与销售量之间的关系，但它不能揭示出成本和销售量之间的内在联系。

五、保利分析

保利分析其实是盈亏临界点模型的一个拓展。保利分析是指在假定售价、单位变动成本和固定成本均已知的情况下，为确定保证目标利润实现而应达到的销售量或销售额而采取的一种分析方法，它是本量利分析的另一个重要内容。在进行保利分析之前，首先要确定企业计划期应达到的目标利润，然后再根据保利分析的基本方法测算实现目标利润的销售量。

(一) 保利分析的确定

传统的利润预测就是根据事先预计的销售量、价格和成本水平来测算企业预期实现的利润额。利润在这里是因变量，它只能随着销售量、销售单价和成本的变动而变动。现代利润预测则是以目标利润预测为中心。所谓目标利润，是指企业在未来计划期间内，经过努力应该达到的最优化利润目标。它是由企业管理层根据本单位在计划期间的实际生产能力、生产技术条件、材料供应状况、运输条件,以及市场环境等因素确定的最优化战略目标,是未来企业可能实现的最佳利润水平。目标利润必须经过反复测算、验证、调整后才能最终确定,目标利润不应当是现有销售量、销售单价和成本的消极后果,相反,它应当对销售量、销售单价和成本等因素的未来发展起着某些约束作用。

目标利润的预测一般是在调查研究的基础上,通过了解和掌握企业历史上利润率最高水平以及同行业或社会平均利润率水平,从中选择先进合理的利润率作为预测基础。通常用于预测目标利润的利润率主要是投资报酬率。在实际应用中,投资报酬率标准不宜定得过高或偏低,否则会挫伤企业各方面的积极性或主动性。

将企业预期的平均资产占用额与选定的投资报酬率相乘,便可测算出目标利润,其计算公式如下:

$$目标利润=预计资产平均占用额\times 投资报酬率$$

【例 14-6】假设甲企业目前只生产和销售一种产品,该产品在 20×8 年销售价格为 10 元,单位变动成本为 6 元,全年销售量为 10 000 件,全年固定成本为 20 000 元,则 20×8 年实现利润 20 000 元。在 20×9 年该公司选择同行业先进的投资报酬率作为预测该年目标利润的标准。已知同行业先进水平的投资报酬率为 25%,预计公司 20×9 年的资产平均占用额为 120 000 元,则:

20×9 年的目标利润为:

$$目标利润=120\ 000\times 25\%=30\ 000(元)$$

(二)实现目标利润的销售量和销售额的确定

实现目标利润的销售量和销售额,是指在价格和成本水平既定的条件下,为保证事先确定的目标利润能够实现而应当达到的销售量和销售额。为了保证目标利润的实现,目标利润应与固定成本一样,均需要由边际贡献总额来补偿。因此,实现目标利润的销售量和销售额的计算公式和盈亏临界点的计算公式基本相似。

实现目标利润的销售量和销售额可分为税前和税后两种形式确定:

1. 实现税前目标利润

$$目标利润=实现目标利润的销售量\times(销售单价-变动成本)-变动成本$$

$$实现目标利润的销售量=\frac{目标利润+固定成本}{销售单价-变动成本}$$

$$=\frac{目标利润+固定成本}{单位贡献毛益}$$

等式两边同时乘以销售单价,则公式变为:

$$实现目标利润的销售额=\frac{目标利润+固定成本}{贡献毛益率}$$

【例 14-7】假定以【例 14-6】为例。

$$\text{实现目标利润的销售量}=\frac{30\,000+20\,000}{10-6}=12\,500(\text{件})$$

$$\text{实现目标利润的销售额}=\frac{30\,000+20\,000}{40\%}=125\,000(\text{元})$$

2. 实现税后目标利润

上述所讲的目标利润是指缴纳所得税前的利润，但真正影响企业生产经营中现金流量的现实因素不是税前利润，而是税后利润。所以，从税后利润着眼，进行目标利润的规划和分析，将更符合企业生产经营的实际，为此，需进一步考虑所得税变动对实现目标利润的影响。

具体公式推导如下：

依据前面所学知识可知，税后利润＝税前利润×(1－所得税税率)，即：

$$\text{税前利润}=\frac{\text{税后利润}}{1-\text{所得税税率}}$$

因此，

$$\text{实现目标利润的销售量}=\frac{\dfrac{\text{税后的目标利润}}{1-\text{所得税税率}}+\text{固定成本}}{\text{单位贡献毛益}}$$

$$\text{实现目标利润的销售额}=\frac{\dfrac{\text{税后的目标利润}}{1-\text{所得税税率}}+\text{固定成本}}{\text{贡献毛益率}}$$

【例 14-8】 以【例 14-6】为例，假定所得税税率为 25%，其他条件不变，税后目标利润＝30 000×(1－25%)＝22 500(元)。

则 20×9 年实现税后目标利润的销售量和销售额为：

$$\text{实现目标利润的销售量}=\frac{\dfrac{22\,500}{1-25\%}+20\,000}{10-6}=12\,500(\text{件})$$

$$\text{实现目标利润的销售额}=\frac{\dfrac{22\,500}{1-25\%}+20\,000}{40\%}=125\,000(\text{元})$$

第二节　财 务 分 析

一、财务分析概述

(一) 财务分析的含义

财务分析又称财务报表分析，是企业相关利益主体以企业财务报表和其他资料为依据,运用一定的分析方法和技术,对企业的财务状况、经营成果和现金流量状况进行全面分析,为相关决策提供信息支持。其目的是评价过去的经营业绩,衡量现在的财务状况,预测未来的发展趋势。

(二)财务分析的意义

财务分析对不同的信息使用者具有不同的意义。具体来说,财务分析的意义主要体现在如下方面:

(1)财务分析是评价财务状况、衡量经营业绩的依据。通过对资产负债表和利润表有关资料进行分析,了解企业的偿债能力、营运能力、盈利能力和发展能力,可以评价和考核企业的经营业绩,揭示财务活动存在的问题。通过指标的计算、分析和比较,能够评价和考核企业的盈利能力和资产周转状况,揭示其经营管理的各个方面和各个环节问题,找出差距,得出分析结论。

(2)挖掘企业潜力,改进工作,实现理财目标。企业进行财务分析的目的不仅仅是发现问题,其理财的根本目标是努力实现企业价值最大化。通过财务分析,应保持和进一步发挥生产经营管理中成功的经验,不断挖掘企业改善财务状况、扩大财务成果的内部潜力,对存在的问题应提出解决的策略和措施,以达到扬长避短、提高经营管理水平和经济效益的目的。

(3)评价企业的发展趋势,合理实施投资决策。通过对企业财务报表的分析,可以判断企业的发展趋势,预测其生产经营的前景及偿债能力,了解投资后的收益水平和风险程度,为投资者进行投资决策和债权人进行信贷决策提供重要的依据,避免因决策失误给其带来重大的损失。

(三)财务分析的主体

财务分析的主体一般也是财务信息需求的主体。不同主体对于财务信息的需求内容不同,但最终目的都是为了满足自身决策的需要。财务信息需求的主体主要包括:企业经营管理者、债权人、投资者和中介机构、政府机构、职工及工会、社会公众。

1. 企业经营者

企业经营者出于受托责任、管理企业以及自身价值的体现等目的,更多地关注企业的生存和发展,因此它关心与企业生存和发展有关的全方位信息。他们进行财务分析的主要目的是全面评价企业的经营业绩、偿债能力和资产运营效率,并从中找出问题。经理人员可以获取外部使用人无法得到的内部信息,他们通过财务报表分析发现有价值的线索,设法改善业绩,使得财务报表能让投资人和债权人满意。

2. 债权人

债权人是指企业资金的供给者,如银行、债券持有者和其他一些贷款给公司的机构或人员。相对于股东而言,债权人承担的风险较小,在清偿顺序上债权优先于所有权,但债权人不具有表决权,不能参与企业的重大投资决策。他们最为关心资金的安全完整,企业财务状况的好坏,尤其是偿债能力的强弱,极大地影响着债权人的资金安全和本息的收回,企业债权人出于对其债权本金的安全性与可靠性考虑,需要了解、估计和判断企业的资产质量、偿债能力以及企业的稳定性,分析盈利状况和资本结构,以了解债务人的长期偿债能力。

3. 投资者和中介机构

投资者也称为股东，包括公司现有和潜在的股东，是提供资金给公司的出资人，也是公司风险的最终承担者。由于普通股股东权益受多种因素的影响，投资者进行财务分析主要是从出资者的角度来关注企业的盈利能力和风险水平；为决定是否投资，潜在股东与中介机构需要分析公司的未来盈利能力和经营风险；为决定是否转让股份，现有股东或中介机构需要分析盈利状况和发展前景。

4. 政府部门

政府部门也是公司财务报表的使用人。包括税务部门、证券管理机构、会计监管机构和社会保障部门等。政府部门出于履行社会管理职能的目的需要了解企业社会责任的履行情况，他们通过财务分析了解企业遵守政府法规情况、纳税情况和市场秩序的情况、职工收入和就业状况等，以维护正常的市场经济秩序、保障国家和社会的利益。

5. 企业员工

企业员工出于就业和发展等目的，更多地关心工作的安全性和报酬前景，因此，他们对企业的发展前景和稳定性将尤为关心。

6. 社会公众

社会公众有众多理由关心企业，如企业提供的就业机会、环境保护以及社会公益事业等。

二、财务分析的方法

（一）比率分析法

比率分析法是指利用财务报表中两项相关数值的比率，揭示企业财务状况和经营成果的一种分析方法。在财务分析中，比率分析法应用得比较广泛，主要包括以下几种分析方法：

（1）相关比率是指同一时期财务报表中两项相关数值的比率。这一类比率包括：①反映偿债能力的比率，如流动比率、速动比率等；②反映营运能力的比率，如应收账款周转率、存货周转率。

（2）构成比率又称结构比率，是指财务报表中个别项目数值与全部项目总和的比率，如流动资产占总资产的百分比。

（3）效率比率。它是某项经济活动中投入与产出的比率，可以进行得失比较，考察经营成果，评价经济效益，如总资产利润率、成本费用利润率。

比率分析法的优点是计算简便，计算结果容易判断，而且可以使某些指标在不同规模的企业之间进行比较。

（二）比较分析法

比较分析法是指将不同时间或不同空间的指标进行比较，以确定差异的方法。比较分析法往往采用不同的比较对象进行比较分析：

（1）与本企业历史比，如本期实际与上期实际比较，也称“趋势分析”。

(2) 与计划预算比,即实际执行结果与本期计划数比较,也称“差异分析”。

(3) 与同类企业比较,即与行业平均数或竞争对手比较,也可以本期实际与国内外同行业先进企业水平比较,也称“横向比较”。

(三) 因素分析法

因素分析法也称因素替换法、连环替代法,是将某一综合经济指标分解为若干具有内在联系的因素并计算每一因素对综合经济指标变动影响程度的一种分析方法。

因素分析法的具体思路是:以基数或计划数为基础,确定相互联系的各个因素的替代顺序,将各个因素的基数或计划数一次替换为实际数,每次替换计算的结果与替换前的结果相比较,以确定该替换因素的变化对综合经济指标变动差异的影响方向和影响程度。该过程可重复进行,直到各影响因素都替换为实际数为止。

(四) 趋势分析法

趋势分析法是运用若干期的财务报表资料,对比有关项目各期的增减方向和幅度,解释有关财务状况和经营状况的变化及趋势的方法。观察研究连续数期的财务报表,比单看一期的财务报表了解的情况更多,财务状况分析更准确。

三、财务指标分析

(一) 偿债能力分析

偿债能力是指企业如期偿付债务的能力,它包括短期偿债能力和长期偿债能力。主要通过对企业的财务报表等会计资料进行分析,可以了解企业资产的流动性、负债水平以及偿还债务的能力,可以判断企业的经营状况,为管理者、投资者和债权人提供企业偿债能力的财务信息。

1. 短期偿债能力分析

短期偿债能力是指企业以流动资产对流动负债偿还的能力,它取决于可以在近期转变为现金的流动资产的多少,是衡量流动资产变现能力的重要标志。其分析目的对债权人来说,企业要有偿还能力以保证债权的安全,按期取得利息,到期取回本金;对投资者来说,如果企业的短期偿债能力发生问题,就会筹集资金,以应付还债,这会增加企业筹资的难度,影响企业的盈利能力。短期偿债能力分析的指标主要有营运资本、流动比率、速动比率和现金比率。

(1) 营运资本。营运资本的概念有狭义和广义的解释。广义营运资本的意义就是企业的流动资产总额,这个概念主要在研究企业资产的流动性和周转状况时使用;狭义的营运资本是指企业的流动资产总额减去各类流动负债后的余额,也称净营运资本。

在研究企业的偿债能力时使用的是狭义的概念,其计算公式为:

$$营运资本=流动资产-流动负债$$

【例 14-9】以第十二章资产负债表(表 12-3)中的数据为例。

$$营运资本=307\ 403.30-186\ 118.95=121\ 284.35(元)$$

营运资本是一个绝对数指标。如果流动资产高于流动负债，表明企业有一定的短期偿付能力，该指标越高，表示企业可用于偿还流动负债的资金越充足，企业的短期偿付能力越强，债权人安全程度越高。

(2) 流动比率。流动比率是指流动资产与流动负债的比率，它表示每 1 元的流动负债有多少流动资产作为偿还的保证。其计算公式为：

$$流动比率=\frac{流动资产}{流动负债}$$

【例 14-10】 以第十二章资产负债表(表 12-3)中的数据为例。

$$流动比率=\frac{307\ 403.30}{186\ 118.95}=1.65$$

营运资金是个绝对数，当企业规模不同时，很难进行比较；而流动比率是个相对数，更适合企业之间横向比较以及本企业不同历史时期的纵向比较。流动比率越高，表明企业短期偿债能力越强，企业可以变现的资产数额较大，债权人承担的风险较小。但是过高的流动比率也不是好现象，因为过高的流动比率意味着企业流动资产占用资金较多，或者应收账款过多，或者存货过多。根据一般的商业经验，流动比率保持在 2.0 以上为好，因为通常在流动资产中，存货约占流动资产的一半，扣除这部分，剩下的流动资产至少要等于流动负债。

(3) 速动比率。速动比率又称为酸性测试比率，是企业速动资产除以流动负债。所谓速动资产，是指流动资产减去变现能力较差且不稳定的存货之后的余额。其计算公式为：

$$速动比率=\frac{速动资产}{流动负债}=\frac{流动资产-存货}{流动负债}$$

在计算速动比率时，剔除了存货的因素，是因为在企业变现过程中，部分存货可能会滞销，导致无法变现。由于剔除了存货的因素，因此，传统经验认为速动比率为 1 较合适。速动比率过低，企业面临偿债风险；但速动比率过高，会因占用现金及应收账款过多而增加企业的机会成本，因此分析时还要结合其他因素进行评价。

【例 14-11】 以第十二章资产负债表(表 12-3)中的数据为例。

$$速动比率=\frac{307\ 403.30-119\ 159.99}{186\ 118.95}=1.01$$

(4) 现金比率。现金比率又称现金资产比率，是企业现金类资产与流动负债的比率，它反映了企业即时现付能力。现金类资产包括企业所拥有的货币资金和持有的有价证券(即资产负债表中的短期投资)。其计算公式为：

$$现金比率=\frac{货币资金+有价证券}{流动负债}$$

该指标反映企业实际的短期偿债能力。因为债务最终是用现金偿还的，所以，该比率越高，说明企业偿还短期债务的能力越强。它比传统的衡量偿债能力的指标——流动比率和速动比率更为真实,因为在计算流动比率和速动比率两个指标的过程中,所涉及的应收账款及存货存在着变现价值、变现能力和变现时间的问题,并且这两个指标受人为因素的影响大,有很强的掩饰作用,因而容易使反映的结果失真。

【例 14-12】 以第十二章资产负债表(表 12-3)中的数据为例。

$$现金比率=\frac{44\ 359+62\ 400}{186\ 118.95}=0.57$$

现金比率一般认为 20%以上为好。这一比率过高,就意味着企业流动负债未能得到合理运用,而现金类资产获利能力低,这类资产金额太高会导致企业机会成本增加。

2. 长期偿债能力分析

长期偿债能力是指企业对债务的承担能力和对偿还债务的保障能力。长期偿债能力分析是企业债权人、投资者、经营者和与企业有关联的各方面等都十分关注的重要问题。长期偿债能力的指标主要有:资产负债率,产权比率,权益乘数、有形净值债务率、利息保障倍数。

(1) 资产负债率。资产负债率又称负债比率、举债经营比率,是企业的负债总额与资产总额的比率。它是用来衡量企业利用债权人提供资金进行经营活动的能力。其计算公式为:

$$资产负债率=\frac{负债总额}{资产总额}\times 100\%$$

资产负债率是衡量企业负债水平及风险程度的重要标志。它包含以下几层含义:

① 资产负债率能够揭示出企业的全部资金来源中有多少是由债权人提供。

② 从债权人的角度看,其最关心的是提供给企业的贷款的安全程度,如果负债比率过高,说明企业资产中仅有小部分是股东提供的,这样,债权人承担的风险相对就大些。因此,债权人希望该指标越低越好。

③ 对投资人或股东来说,其最关心的是投资报酬率,只要企业的资产收益率高于借款利率,所有者的投资收益就越大。

④ 从经营者的角度看,他们最关心的是在充分利用借入资金给企业带来好处的同时,尽可能降低财务风险。

【例 14-13】 以第十二章资产负债表(表 12-3)中的数据为例。

$$资产负债率=\frac{386\ 118.95}{1\ 395\ 993.30}\times 100\%=27.66\%$$

在企业管理中,资产负债率的高低也不是一成不变的,它要看从什么角度分析,债权人、投资者(或股东)、经营者各不相同;还要看国际国内经济大环境是顶峰回落期还是见底回升期;还要看管理层是激进者、中庸者还是保守者,所以多年来也没有统一的标准,但是一般认为,资产负债率的适宜水平是 40%~60%。

(2) 产权比率。产权比率也称资本负债率、债务股权比率,是指负债总额与所有者权益(股东权益)总额的比率,是企业财务结构稳健与否的重要标志。其计算公式为:

$$产权比率=\frac{负债总额}{所有者权益总额}\times 100\%$$

一般来说，产权比率可反映企业所有者权益对债权人权益的保障程度，从另一个侧面表明企业借款经营的程度。这一比率是衡量企业长期偿债能力的指标之一，它是企业财务结构稳健与否的重要标志。

【例 14-14】以第十二章资产负债表(表 12-3)中的数据为例。

$$产权比率=\frac{386\ 118.95}{1\ 009\ 874.35}\times100\%=38.23$$

产权比率越低，表明企业长期偿债能力越强，自有资本占总资产的比重越大，从而其资产结构越合理。

(3) 权益乘数。权益乘数是资产总额与所有者权益的比率。其计算公式为：

$$权益乘数=\frac{资产总额}{所有者权益}$$

【例 14-15】以第十二章资产负债表(表 12-3)中的数据为例。

$$权益乘数=\frac{1\ 395\ 993.30}{1\ 009\ 874.35}=1.38$$

权益乘数越大，说明股东投入的资本在资产中所占比重越小，偿债能力越弱，反之偿债能力越强。

(4) 有形净值债务率。有形净值债务率是企业负债总额与有形净值的比值，表示企业有形净资产对债权人权益的保障程度。其中企业有形净资产是股东权益减去无形资产净值后的净值。其计算公式为：

$$有形净值债务率=\frac{负债总额}{有形净资产}\times100\%$$

其中：有形净资产＝所有者权益－无形资产

【例 14-16】以第十二章资产负债表(表 12-3)中的数据为例。

$$有形净值债务率=\frac{386\ 118.95}{1\ 009\ 874.35-298\ 750}\times100\%=54.30\%$$

对有形净值债务率的分析，可以从以下几个方面进行：

① 有形净值债务率反映了负债总额与有形资产净值之间的关系，从长期偿债能力来说，指标越低越好。

② 有形净值债务率指标最大的特点是在可用于偿还债务的净资产中扣除无形资产，这主要是因为无形资产不一定能够用来还债，所以该指标更为谨慎、保守地反映了在企业清算时债权人投入资本受到股东权益保障的程度。

③ 有形净值债务率指标的分析和产权比率分析相同，负债总额和有形资产净值应维持 1∶1 的比例。

(5) 利息保障倍数。利息保障倍数又称已获利息倍数(或者叫做企业利息支付能力)，是指企业生产经营所获得的息税前利润与利息费用的比值。它是衡量企业支付负债利息能力的指标(用以衡量偿付借款利息的能力)。其计算公式为：

$$利息保障倍数=\frac{息税前利润}{利息费用}$$

其中：息税前利润(EBIT)=净利润+所得税费用+利息费用=利润总额+利息费用

【例 14-17】以第十二章利润表(表 12-5)中的数据为例。

$$利息保障倍数=\frac{13\ 165.8+250}{250}=53.66$$

企业生产经营所获得的息税前利润与利息费用相比，倍数越大，说明企业支付利息费用的能力越强。因此，债权人要分析利息保障倍数指标，以此来衡量债权的安全程度。

(二) 营运能力分析

营运能力主要是指企业资产运用、循环的效率高低，反映了企业对资产的利用和管理能力。企业的生产经营过程就是利用资产取得收益的过程。营运能力分析不仅关系企业的盈利能力水平，还反映企业生产经营、市场营销等方面的情况，通过营运能力分析企业所有者可以发现企业资产利用效率的不足，挖掘资产潜力，提高资产的使用效果。营运能力分析的指标主要有应收账款周转率、存货周转率、总资产周转率、固定资产周转率。

1. 应收账款周转率

应收账款周转率又称应收账款周转次数，是反映公司应收账款周转速度的比率，指一定时期内商品或产品销售收入净额与应收账款平均余额的比值。表示方法有两种：一是应收账款周转次数；二是应收账款周转天数。其计算公式为：

$$应收账款周转率=\frac{销售收入净额}{平均应收账款余额}$$

其中：销售收入净额=营业收入-销售折扣与折让

$$平均应收账款余额=\frac{期初应收账款余额+期末应收账款余额}{2}$$

$$应收账款周转率=\frac{360}{应收账款周转天数}$$

值得注意的是，这里的销售收入净额虽然是营业收入减去销售折扣与折让，从理论上讲可行，但存在的问题是首先不便于财务报表外部使用者直接计算、复核该指标；其次，逐笔统计现销收入带来不必要的工作量。在实务中，将现销收入理解为当日的赊销收入，因此，可以直接用利润表中"营业收入"的数据。

按照新企业会计准则的规定，企业赊销业务产生的债权，一般涉及的会计科目有"应收账款""应收票据""长期应收款"等。因此，应收账款周转率不能仅仅用资产负债表中"应收账款"项目的数值作为计算依据，而应正确理解为销售业务中的债权资金周转率。在企业实际操作中，计算平均应收款项余额时，应用"应收账款""应收票据""长期应收款"科目余额之和。

【例 14-18】以第十二章资产负债表(表 12-3)、利润表(表 12-5)中的数据为例。

$$应收账款周转率=\frac{72\ 000}{35\ 595}=2.02$$

注:本书中没有期初数,所以只用期末数计算。

一般来说,应收账款周转率越高越好,表明公司收账速度快,平均收账期短,坏账损失少,资产流动快,偿债能力强。

但是,在分析这一指标时应将公司本期指标和公司前期指标、行业平均水平或其他类似公司的指标相比较,判断该指标的高低。

2. 存货周转率

存货周转率也称存货利用率、库存周转率。是指一定时期内企业销售成本与存货平均余额的比率。在流动资产中,存货所占比重较大、存货的流动性将直接影响企业的流动比率,因此,必须特别重视对存货流动性的分析。存货周转率一般有两个指标:存货周转次数和存货周转天数。其计算公式为:

$$存货周转率=\frac{销售成本}{存货平均余额}$$

$$存货平均余额=\frac{期初存货+期末存货}{2}$$

$$存货周转天数=\frac{360}{存货周转率}$$

存货周转率越高,存货周转速度越快,存货占用水平越低,流动性越强,存货转化为现金或应收账款的速度就越快,这样会增强企业的短期偿债能力及获利能力。

3. 总资产周转率

总资产周转率是指企业在一定时期业务收入净额同平均资产总额的比率,可以用来反映全部资产的利用效率。其计算公式为:

$$总资产周转率=\frac{营业收入净额}{平均资产总额}$$

$$平均资产总额=\frac{资产期初数+资产期末数}{2}$$

值得注意的是,如果企业各期资产总额的波动性较大,则企业应采用更详细的资料进行计算,如按照各月份的平均资产总额计算。

总资产周转率用来衡量企业全部资产的使用效率。如果该比率较高,说明资产周转快,资产运营效率高,销售能力强。如果该比率较低,说明企业全部资产营运效率较低,可采用薄利多销或处理多余资产等方法,加速资产周转,提高运营效率。

4. 固定资产周转率

固定资产周转率,又称固定资产利用率,是衡量固定资产利用效率的一项指标,指企业一定时期的营业收入与平均固定资产净值的比率。其计算公式为:

$$固定资产周转率=\frac{营业收入净额}{固定资产平均净值}$$

$$平均固定资产净值=\frac{期初固定资产净值+期末固定资产净值}{2}$$

需要说明的是,与固定资产有关的价值指标有固定资产账面余额、固定资产净值和固定资产净额等。其中,固定资产账面余额是指固定资产的账面原价;固定资产净值是固定资产余额减去累计折旧;固定资产净额,也称固定资产账面价值,是指固定资产净值减去固定资产减值准备。

值得注意的是:

(1) 由于采用平均固定资产净值,因此指标的比较将受到折旧方法和折旧年限的影响,使固定资产净值缺乏可比行;

(2) 当企业固定资产净值率过低(如因资产陈旧或过度计提折旧),或者当企业属于劳动密集型企业时,这一比率就可能没有太大的意义。

(三) 盈利能力分析

盈利能力分析反映企业的综合素质,反映了企业增值的能力。主要通过将资产、负债、所有者权益与经营成果相结合来分析企业的各项报酬率指标,从而从不同角度判断企业的获利能力。其包含的主要指标有:营业利润率、成本费用利润率、净资产收益率、每股收益、市盈率。

1. 营业利润率

营业利润率是衡量企业经营效率的指标,指企业在一定时期营业利润与营业收入的比率,其计算公式为:

$$营业利润率=\frac{营业利润}{营业收入}\times 100\%$$

需要说明的是,企业的利润包括营业利润、利润总额和净利润三种形式,因此,在实务中也经常使用营业毛利率、营业净利率等指标来分析企业经营业务的获利水平。营业利润率越高,表明企业市场竞争力越强,发展潜力越大,从而获利能力越强。

【例 14-19】以第十二章利润表(表 12-5)中的数据为例。

$$营业利润率=\frac{13\,165.80}{72\,000}\times 100\%=18.29\%$$

2. 成本费用利润率

成本费用利润率体现了经营耗费所带来的经营成果,是企业一定时期利润总额与成本费用总额的比率。其计算公式如下:

$$成本费用利润率=\frac{利润总额}{成本费用总额}\times 100\%$$

其中:成本费用总额=营业成本+税金及附加+期间费用

【例 14-20】以第十二章利润表(表 12-5)中的数据为例。

$$成本费用利润率=\frac{13\ 165.80}{41\ 412.40+800+2\ 680+13\ 811.80+130}\times 100\%=22.38\%$$

成本费用利润率越高，表明企业为取得利润而付出的代价越小，获利能力越强，成本费用控制得越好。

3. 净资产收益率

净资产收益率也称为股东权益收益率或净值报酬率，是企业一定时期净利润占平均净资产的比重。其计算公式为：

$$净资产收益率=\frac{净利润}{平均净资产}\times 100\%$$

$$平均净资产=\frac{净资产期初数+净资产期末数}{2}\times 100\%$$

净资产收益率指标通用性强，使用范围广，在我国上市公司业绩的综合评价中，该指标居于首位。通过对该指标的分析，可以看出企业的获利能力在同行业中所处地位。指标值越高，说明投资带来的收益越高，对投资者、债权人的保障程度越高。

4. 每股收益

每股收益又称每股税后利润、每股盈余，反映企业普通股股东持有每一股份所能享有的企业利润和承担的企业亏损，是衡量上市公司获利能力时常用的财务分析指标。其计算公式为：

$$每股收益=\frac{净利润-优先股股利}{年末普通股股数}$$

从本质上来看，每股收益就是每股净利润，代表着每1股股票所能带来的利润。企业的每股收益与公司股票市场价表现之间具有相关性，每股收益越高，说明公司的获利能力越强。

5. 市盈率

市盈率是反映上市公司获利能力的一个重要财务比率，是投资者做出投资决策的重要参考因素之一。市盈率是指上市公司普通股每股市价与每股收益的比值，反映投资者对于上市公司每1元净利润愿意支付的价格，可以用来估计股票的投资风险和报酬。其计算公式为：

$$市盈率=\frac{每股市价}{每股收益}$$

市盈率高，说明投资者看好该公司的发展前景，愿意出较高的价格购买该公司的股票，所以一些成长性较好的高科技公司股票的市盈率通常要高一些。但是，如果某一股票的市盈率过高，也意味着这只股票具有较高的投资风险。

（四）发展能力分析

企业发展的内涵是企业价值的增长，无论是企业的经理层，还是投资者、债权人都十分关注企业的发展能力，这关系到他们的切身利益。企业发展不仅是规模的扩大，更重要的是企业收益能力的上升，一般认为是净收益的增长。通过对企业发展能力进行分析，可以判断企业的发展潜力，预测企业的经营前景，从而为企业管理者和投资者进行经营决策和投资决策提供重要的依据。

1. 资本保值增值率

资本保值增值率反映了企业本年资本的实际增减变动情况。它是企业扣除客观因素后的年末所有者权益总额与年初所有者权益总额的比率：

$$\text{资本保值增值率}=\frac{\text{扣除客观因素后的年末所有者权益总额}}{\text{年初所有者权益总额}}\times 100\%$$

所有者权益包括实收资本、资本公积、盈余公积和未分配利润成，四个项目中任何一个变动都将引起所有者权益总额的变动。至少有两种情形并不反映真正意义的资本保值增值：一是本期投资者追加投资，使企业的实收资本增加，还可能产生资本溢价，从而引起资本公积变动；一是本期接受外来捐赠、资产评估增值导致资本公积增加。所以不能简单地将期末所有者权益的增长理解为资本增值，或期末所有者权益未减少理解为资本保值。

2. 营业收入三年平均增长率

营业收入三年平均增长率表明企业营业收入连续三年的增长情况，反映企业的持续发展态势和市场扩张能力，该指标消除了营业收入短期波动而对营业增长率指标的影响。其计算公式为：

$$\text{营业收入三年平均增长率}=\left(\sqrt[3]{\frac{\text{本年年末营业收入总额}}{\text{三年前年末营业收入总额}}}-1\right)\times 100\%$$

3.总资产增长率

总资产增长率又名总资产扩张率，指企业本年总资产增长额与年初资产总额的比率，它反映了企业资产规模的增长情况，是企业发展的一个重要衡量指标。其计算公式为：

$$\text{总资产增长率}=\frac{\text{本年总资产增长额}}{\text{年初资产总额}}\times 100\%$$

其中：本年总资产增长额＝年末资产总额－年初资产总额

总资产增长率越高，表明企业一定时期内资产经营规模扩张的速度快，但应当注意，资产规模扩张的质和量的关系，以及企业的后续发展能力，避免盲目扩张。

四、财务综合分析

财务综合分析的方法很多，其中应用比较广泛的有沃尔比重评分法和杜邦财务分析体系。

(一) 沃尔比重评分法

沃尔比重评分法是指将选定的财务比率用线性关系结合起来，并分别给定各自的分数比重，然后通过与标准比率进行比较，确定各项指标的得分及总体指标的累计分数，从而对企业的信用水平做出评价的方法。创造这种方法的先驱者之一是美国的亚历山大·沃尔教授，因此被称作沃尔评分法。

亚历山大·沃尔20世纪初出版的《信用晴雨表研究》和《财务报表比率分析》中提出了信用能力指数的概念，以此来评价企业的信用水平。他选择了七个财务比率，即流动比率、产权比率、固定资产比率、存货周转率、应收账款周转率、固定资产周转率和自有资金周转率，分别给定各自的比重，然后确定标准比率，将这七项财务比率与标准比率进行比较，评出各项指标的得分及总体指标的累计分数，从而对企业的信用水平做出评价。

沃尔比重评分法最主要的贡献就是它将互不关联的财务指标按照权重予以综合联动，使得综合评价成为可能。沃尔的评分法从理论上讲有一个明显的问题，就是未能证明为什么要选择这七个指标，而不是更多或更少些，或者选择别的财务比率，以及未能证明每个指标所占比重的合理性，这个问题至今仍然没有从理论上得到解决。

（二）杜邦财务分析法

杜邦财务分析法利用几种主要的财务比率之间的关系来综合地分析企业的财务状况，这种分析方法最早由美国杜邦公司使用，故名杜邦分析法。其基本思想是以净资产收益率为核心，将其逐级分解为多项财务比率乘积，以此揭示企业的获利能力及其变动原因，有助于深入分析比较企业经营业绩。

杜邦财务分析法将净资产收益率分解成如图14-8所示的结构。其分析关系式为：

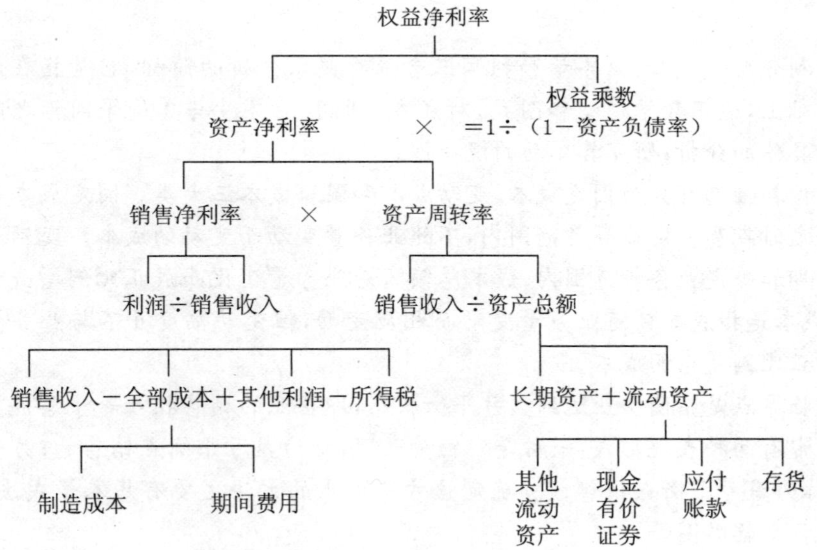

图14-8　杜邦财务分析模型

【相关知识介绍】

《企业会计准则第34号——每股收益》

第二章　基本每股收益

第四条　企业应当按照归属于普通股股东的当期净利润，除以发行在外普通股的加权平均数计算基本每股收益。

第五条　发行在外普通股加权平均数按下列公式计算：

发行在外普通股加权平均数＝期初发行在外普通股股数＋当期新发行普通股股数×已发行时间÷报告期时间－当期回购普通股股数×已回购时间÷报告期时间

已发行时间、报告期时间和已回购时间一般按照天数计算;在不影响计算结果合理性的前提下,也可以采用简化的计算方法。

第六条　新发行普通股股数,应当根据发行合同的具体条款,从应收对价之日(一般为股票发行日)起计算确定。通常包括下列情况:

(一)为收取现金而发行的普通股股数,从应收现金之日起计算。

(二)因债务转资本而发行的普通股股数,从停计债务利息之日或结算日起计算。

(三)非同一控制下的企业合并,作为对价发行的普通股股数,从购买日起计算;同一控制下的企业合并,作为对价发行的普通股股数,应当计入各列报期间普通股的加权平均数。

(四)为收购非现金资产而发行的普通股股数,从确认收购之日起计算。

本章小结

本量利分析是成本、业务量和利润三者依存关系分析的简称,它是指在成本性态分析的基础上,运用数学模型和图式,对成本、利润、业务量与单价等因素之间的依存关系进行具体的分析,研究其变动的规律性。

成本按其性态可分为固定成本、变动成本和混合成本三大类。固定成本是指成本总额在一定时期和一定业务量范围内,不随业务量变动而变动的成本。变动成本是指在一定时期和一定业务量范围内,成本总额随着业务量变化而成正比例增减变动的成本,混合成本是指成本额随业务量变动而相应变动,但变动幅度并不与业务量变动而保持严格正比例关系的成本。

盈亏临界点是指使企业达到盈亏平衡状态,即企业的销售收入等于总成本。盈亏临界点通常有两种表现形式:一种是实物量表现,称为盈亏平衡点销售量;另一种是金额表现,称为盈亏平衡点销售额。确定盈亏平衡点的方法主要有基本等式法、贡献毛益法以及盈亏临界图等。

保利分析其实是盈亏临界点模型的一个拓展。保利分析是指在假定售价、单位变动成本和固定成本均已知的情况下,为确定保证目标利润实现而应达到的销售量或销售额而采取的一种分析方法。

财务分析又称财务报表分析,是企业相关利益主体以企业财务报表和其他资料为依据,运用一定的分析方法和技术,对企业的财务状况、经营成果和现金流量状况进行全面分析,为相关决策提供信息支持。财务分析的方法主要有:比率分析法、比较分析法、因素分析法、趋势分析法。财务指标的分析主要从偿债能力分析、营运能力分析、盈利能力分析、发展能力分析四个方面进行;财务综合分析的方法包括沃尔比重评分法和杜邦财务分析法。

思考题

1. 何为本量利分析？本量利分析的基本假设有哪些？
2. 盈亏临界图的画法有哪几种？
3. 影响盈亏临界点和保利点的因素有哪些？
4. 哪些因素的变化会对实现目标利润的销售量产生影响？
5. 财务分析的目的和意义有哪些？
6. 财务分析的基本方法有哪些？
7. 请比较各种财务分析方法的特点。
8. 比率分析法有哪些具体的指标，应该如何应用？

核算题

1. 某公司新建一厂，设计能力为年产建材30万吨，每吨价格为650元，单位产品可变成本为400元/吨，总固定成本为3 000万元。

要求：计算该公司的盈亏平衡点（分别用实物量和金额表示）。

2. 某企业只产销一种产品，20×2年销售量为8 000件，单价为240元，单位成本为180元，其中单位变动成本为150元，该企业计划20×3年利润比20×2年增加10%。

要求：运用本量利分析原理进行规划，从哪些方面采取措施，才能实现目标利润（假定采取某项措施时，其他条件不变）。

3. 某公司20×9年预计销售某种产品50 000件，若该产品变动成本率为50%，安全边际率为20%，单位贡献毛益为15元。

要求：

(1) 预测20×9年该公司的保本销售额。

(2) 20×9年该公司可获得多少税前利润？

4. 某公司20×5年度部分财务报表资料如下：现金年初580万元，年末320万元；应收账款年初1 240万元，年末1 380万元；存货年初760万元，年末940万元；总资产年初3 800万元，年末3 800万元；长期负债1 200万元，流动负债1 300万元，本年度公司销售收入8 500万元，销售成本6 600万元，利息费用500万元，净利润230万元。

要求:

(1) 根据上述资料,计算该公司有关的偿债能力指标并填入表14-3。

(2) 与平均水平比较,说明该公司偿债能力可能存在的问题。

表14-3 偿债能力指标

财务比率	本公司	行业平均水平
流动比率		2
速动比率		1
现金比率		20%
资产负债率		50%
存货周转率		6
应收账款周转率		9
利息保障倍数		4

主要参考文献

[1] 中华人民共和国财政部.企业会计准则应用指南 2019 年版(含企业会计准则及会计科目)[M].上海:立信会计出版社,2019.

[2] 中华人民共和国财政部.企业会计准则第 30 号——财务报表列报[EB/OL].[2019-08-01].http://kjs.mof.gov.cn/zhuantilanmu/kuaijizhuanzeshishi/200806/t20080618_46218.html.

[3] 企业会计准则编审委员会.企业会计准则第 30 号——财务报表列报讲解[M].上海:立信会计出版社,2015.

[4] 陈国辉,迟旭升.基础会计[M].6 版.大连:东北财经大学出版社,2018.

[5] 孙茂竹,支晓强,戴璐.管理会计学[M].8 版.北京:中国人民大学出版社,2018.

[6] 余绪缨,汪一凡.管理会计学[M].3 版.北京:中国人民大学出版社,2010.

高等教育出版社

教学资源索取单

尊敬的老师：

您好！

感谢您使用**金树颖**编写的**《会计学基础》（第三版）**。为便于教学，本书另配有课程相关教学资源，如贵校已选用了本书，您只要添加服务 QQ 号 800078148，或者把下表中的相关信息以电子邮件或邮寄方式发至我社即可免费获得。

我们的联系方式：

联系电话：(021)56718921/56718739　　电子邮箱：800078148@b.qq.com

服务 QQ：800078148(教学资源)　　财务与会计教师论坛 QQ 群：960638476

传真：(021)56718517　　地址：上海市虹口区宝山路 848 号　　邮编：200081

姓　名		性别		出生年月		专　业	
学　校				学院、系		教 研 室	
学校地址						邮　编	
职　务				职　称		办公电话	
E-mail						手　机	
通信地址						邮　编	
本书使用情况	用于______学时教学，每学年使用______册						

您对本书有什么意见和建议？

您还希望从我社获得哪些服务？

☐ 教师培训　　☐ 教学研讨活动

☐ 寄送样书　　☐ 相关图书出版信息

☐ 其他____